XIAOZHANG
RUHE TIAOSHI
WAIBU
HUANJING

U0573764

姜 男 王莉方◎编著

校长如何调适
外部环境

北京师范大学出版集团
BEIJING NORMAL UNIVERSITY PUBLISHING GROUP
北京师范大学出版社

图书在版编目(CIP)数据

校长如何调适外部环境/姜男,王莉方主编.—北京:北京师范
大学出版社,2016.3(2025.7重印)
中小学校校长培训用书/楚江亭,苏君阳,毛亚庆主编
ISBN 978-7-303-19571-8

Ⅰ.①校… Ⅱ.①姜…②王… Ⅲ.①中小学—校长—学校管
理 Ⅳ.①G637.1

中国版本图书馆 CIP 数据核字(2015)第 248177 号

出版发行:北京师范大学出版社 https://www.bnupg.com
　　　　北京市西城区新街口外大街 12-3 号
　　　　邮政编码:100088
印　　刷:北京虎彩文化传播有限公司
经　　销:全国新华书店
开　　本:730mm×980mm　1/16
印　　张:20
字　　数:240 千字
版　　次:2016 年 3 月第 1 版
印　　次:2025 年 7 月第 6 次印刷
定　　价:58.00 元

策划编辑:伊师孟　　　　　　　责任编辑:鲍红玉
美术编辑:焦　丽　　　　　　　装帧设计:焦　丽
责任校对:陈　民　　　　　　　责任印制:马　洁

总　序

　　一个好校长，可以成就一所好学校；一批教育家，可以影响国家和民族的未来。为此，《国家中长期教育改革和发展规划纲要（2010—2020 年）》提出"要造就一批杰出的教育家"，并大力倡导"教育家办学""创建特色学校"等。要让校长成为教育家，让教育家来管理学校、培养祖国的下一代，使学校成为优质、特色学校，是中国社会发展对学校教育的诉求，也是广大人民群众的呼声。

　　为促进义务教育学校校长专业发展、建设高素质的校长队伍，深入推进义务教育均衡发展，根据《中华人民共和国教育法》和《中华人民共和国义务教育法》的规定及相关原则，2012 年 12 月，国家教育部出台了《义务教育学校校长专业标准（试行）》（以下简称《标准》）。该《标准》是对义务教育学校合格校长专业素质的基本要求，是制定义务教育学校校长任职资格标准、培训课程标准、考核评价标准等的重要依据。其基本理念主要包括以下五个方面。

　　第一，以德为先。该《标准》坚持社会主义办学方向，贯彻党和国家的教育方针政策，将社会主义核心价值体系融入学校教育全过程，依法履行法律赋予的权利和义务；热爱教育事业和学校管理工作，具有服务国家、服务人民的社会责任感和使命感；履行职业道德规范，立德树人、为人师表、公正廉洁、关爱师生、尊重师生人格。

第二，育人为本。把促进每个学生健康成长作为学校一切工作的出发点和落脚点，扶持困难群体，推动平等接受教育；遵循教育规律，注重教育内涵发展，始终把全面提高义务教育质量放在重要位置，使每个学生都能接受有质量的义务教育；树立正确的人才观和科学的质量观，全面实施素质教育，为每个学生提供适合的教育，促进学生生动活泼地发展。

第三，引领发展。校长作为学校改革发展的带头人，担负着引领学校和教师发展、促进学生全面发展与个性发展的重任；将发展作为学校工作的第一要务，秉承先进教育理念和管理理念，建立健全学校各项规章制度，完善学校目标管理和绩效管理机制，实施科学、民主管理，推动学校可持续发展。

第四，能力为重。将教育管理理论与学校管理实践相结合，突出学校管理的实践能力和创新能力，不断提高与完善规划学校发展、营造育人文化、领导课程教学、引领教师成长、优化内部管理和调适外部环境等方面的能力；坚持实践、反思、再实践、再反思，强化专业能力提升。

第五，终身学习。牢固树立终身学习的观念，将学习作为改进工作的不竭动力；优化知识结构，提高自身科学文化素养；与时俱进，及时把握国内外教育改革与发展的趋势；注重学习型组织建设，使学校成为师生共同学习的家园。

　　该《标准》的基本内容分为六大领域，即：规划学校发展、营造育人文化、领导课程教学、引领教师成长、优化内部管理、调适外部环境。每一领域又提出了相应的专业要求，包括：专业理解与认识、专业知识与方法、专业能力与行为三个具体方面。比如在"优化内部管理"方面，其"专业理解与认识"的内容主要有："坚持依法治校，自觉接受师生员工和社会的监督。崇尚以德立校，处事公正、严格律己、廉洁奉献。倡导民主管理和科学管理，坚持教书育人、管理育人、服务育人。""专业知识与方法"的内容主要有："把握国家相关政策对校长的职责定位和工作要求。掌握学校管理的基本理论与方法，了解国内外学校管理的变化趋势。熟悉学校人事财务、资产后勤、校园网络、安全保卫与卫生健康等管理实务。""专业能力与行为"的内容主要有："形成学校领导班子的凝聚力，发挥党组织的政治核心作用，充分听取党组织对学校重大决策的意见。尊重和支持教职工代表大会参与学校管理的民主权利，定期向教职工代表大会报告工作，实行校务会议等管理制度。建立健全学校人事、财务、资产管理等规章制度，提高学校管理规范化水平，不得违反国家规定收取费用，不得以向学生推销或者变相推销商品、服务等方式谋取利益。努力打造平安校园，建立和完善学校各种应急管理机制，定期实施安全演练，正确应对和妥善处置学校突发事件。"

　　在实施要求方面，该《标准》指出：第一，本《标准》适用于国家和社会力量举办的全日制义务教育学校的正、副校长。各地可据此制订符合本地区实际情况的实施意见，并在执行过程中逐步完善。第二，各地应将该《标准》作为义务教育学校校长队伍建设和校长管理的重要依据，发挥其引领和导向作用，制订校长队伍建设规划、严格任职资格标准、完善校长选拔任用制度、推行校长职级制、建立校长培养培训质量保障体系、形成科学有效的校长队伍建设与管理机制，为实现义务教育均衡发展提供制度保障。第三，有关培训机构要将该《标准》作为校长培养培训的主要依据，重视校长的职业特点，加强相关学科和专业建设。根据校长发展阶段的不同需求，完善培养培训方案、科学设置培养培训课程、改革教育教学方式。注重校长职业理想与职业道德教育，增强校长教书育人、管理育人的责任感和使命感。第四，义务教育学校校长要将该《标准》作为自身专业发展的基本准则。制订自我专业发展规划、爱岗敬业、增强专业发展自觉性；大胆开展学校管理实践，不断创新；积极进行自我评价，主动参加校长培训和自主研修，不断提升专业发展水平，努力成为教育教学和学校管理专家。

为更好地帮助校长在多、杂、碎、烦的学校管理工作中扮演好学校管理者的角色，结合几年来我们参与联合国儿童基金会、国家教育部和有关省市基础教育发展项目的经验，特别是与不同类型学校的校长深度接触、感受其角色、分析其工作、深知校长工作的意义与价值的基础上，我们组织本领域的资深专家、学者共同编写了这套丛书。本套丛书共分六册，分别是《校长如何规划学校发展》《校长如何营造育人文化》《校长如何提升课程领导力》《校长如何引领教师成长》《校长如何优化内部管理》《校长如何调适外部环境》。

在该丛书的编写原则、基本要求上，我们注重：第一，切合中小学校长的阅读口味，让校长喜欢看，具有可读性；第二，以通俗易懂的方式呈现相关理论、模式、策略等，避免理论性过强；第三，注重选择经典案例进行分析；第四，清楚阐明某项事情的具体做法、技术要求等；第五，解决校长的现实困惑，提出明确的注意事项。

　　该丛书在编写思路上强调：第一，从各种相关资料(文献、校长微博或 QQ 等)中呈现校长遇到的某一领域的问题，发现其价值或意义；第二，清楚呈现该领域的核心概念、历史演变、相关理论等；第三，如何有效开展该领域的工作？解读中外经典理论、阐释重要理念，并结合中国实际，说明实施步骤、评价方法等；第四，介绍涉及的技术、模式、策略、方法等，会增加经典案例分析说明；第五，展现不同群体的评价与反思；第六，有关结论及对校长做好该领域工作的意见或建议。

　　真诚祝愿每位校长都能从该丛书中受益，祝大家成为中国的优秀校长。

楚江亭

于北京师范大学英东教育楼

2015 年 2 月 25 日

目　　录

>>>>>>>>> 下篇　实践指导篇 <<<<<<<<

上篇　理论基础篇

第一章 学校公共关系管理的基本解读

第一节 学校公共关系的内涵

一、基本概念

(一)公共关系

公共关系(Public Relations)是组织成员与组织相关的内外公众进行沟通，以建立并发展良好的互动关系，并使组织目标和社会期望达成一致的一种管理职能。在当今信息过剩、充满不确定性的时代，公共关系能够有效指导组织多项活动的开展，促进组织之间、组织内部、组织与环境之间等的沟通与交流，从而使组织运行更为有效。斯科特·卡特里普认为："公共关系是这样一种管理功能，它建立并维护一个组织和决定其成败的各类公众之间的互利互惠关系。"①

理想状态的公共关系除了依附于人力资源培养、市场开发、大众

---

① Scott M. Cutlip，Allen H. Center，Glen M. Broom. 公共关系教程(第八版)[M]. 明安香，译. 北京：华夏出版社，2001：7.

媒体等方面外，还可以帮助组织确立经营哲学、实现目标，以及适应变化的环境等。公共关系既具有一般性，又具有特殊性。一般性指组织中部分公共关系职责由全体人员共同分担，组织所有管理者及员工，在公众面前，都代表他们的组织。特殊性指组织内某些特殊职责的公共关系由公共关系专家承担。[①] 美国著名公共关系专家亨得利·拉尔特明确指出：公共关系是90％靠自己做得对，10％靠宣传。北欧航空公司丹麦分公司一位公关经理认为：好比一名青年追求伴侣，这位青年经过周密的研究思考，制订出计划，并且埋头苦干，以成绩来获得他人的称赞，通过他人的口将对自己的优良评价传递开，取得心仪对象的青睐，这就是公共关系。

公共关系旨在塑造组织形象，增强公众对组织形象的认识，从而更好地为组织发展服务。由此可见，组织是公共关系的主体，与社会环境发生多样的关系是组织生存与发展的必然。公众是组织公共关系沟通的对象。组织在实施公共关系时，必须厘清目标公众及其态度、行为、看法等对组织的影响，并做好有效沟通，争取公众对组织的了解、认同与合作。而传播沟通是组织公共关系的手段，只有掌握各种传播手段，提高组织的沟通传播能力，才能实现组织和公众之间有效的信息传播与反馈。

（二）学校公共关系

学校公共关系曾被称为"公共学校关系""学校与社会关系"等。1937 年，美国教育家 J.G. 卡特和贺拉斯·曼在马萨诸塞成立教育委

---

① 奥蒂斯·巴思金，克雷格·阿伦诺夫丹·拉铁摩尔. 公共关系：职业与实践 [M]. 孔祥军，等译. 北京：中国人民大学出版社，2008：5-10.

员会，使公众开始有机会参与学校事务，学校公共关系开始发展起来。① 学校公共关系是一种特殊的公共关系。学校日常管理主要集中于学校内部事务的管理，如教学管理、学生管理、财务管理等。但学校良好的运行与发展不仅要处理好学校内部事务，还要面对学校之外的公众，如上级主管部门、学生家长、社区以及其他相关个人与组织等，这就是学校外部公共关系管理。学校外部公共关系管理旨在协调社会组织与其外部各类公众之间的关系，获得社会各界的支持与合作，为学校发展创造一种良好的外部环境。美国学者西格尔曾指出："学校不是孤立的组织，它的运行结构要不断地受到外界的影响，它既不能独立地确立其目标，也不能排除其他社会机构而完全独立地通过自己的努力来实现目标，它是与其他因素相互作用的。"②

目前，国内外学者都认同学校公共关系是学校的重要组成部分，但是不同学者对其内涵理解有所差别。归结起来，大致可以分为以下几种类型。

1. 关系论

关系论认为，公共关系是学校与公众之间的一种合作关系，其主要代表为美国学者 Reeder 和美国学校管理协会等。Reeder 认为学校公共关系是学校行政中的重要环节，其目的在于谋求学校与公众之间和谐关系的建立。美国学校管理协会（American Association of School Administrator）认为，学校公共关系不只是宣传或者解释，而是一种

① 顾明远主编. 中国教育大百科全书（第 1 卷）[M]. 北京：中国大百科全书出版社，2012：730.
② Spindler，G. D.. Education and Cultural Process[J]. Council on Anthropology and Education Quarterly，1974(4)：41.

双向沟通的历程，是通过学校与社区的双向沟通，促进学校与公众之间的了解与有效合作的关系。刘健儿在《教育公共关系学》中对教育公共关系的界定是："教育组织与其公众之间的利益关系。"①

2. 手段论

手段论认为，学校公共关系是实现教育目标、达成教育效能的一种手段，其主要代表为美国学校公共关系协会及中国学者张连生等。美国学校公共关系协会（National School Public Relations Association）对学校公共关系下了这样一个定义："教育组织的公共关系是一种有计划、有系统的管理职能，用来帮助提高教育组织的教育与服务工作。它通过组织与其内外部公众之间进行全面的、双向的信息交流，以达到使公众对组织的角色、目标、成就及需要有更好的了解以及进一步理解的目的。"②张连生认为，学校为在竞争中求得生存与发展，为使学校获得一个良好的生存环境，运用沟通、信息传播等方法，与学校目标公众之间形成一种相互信任、理解、支持、合作的社会关系，进而实现树立良好学校形象的目标。③ 美国学者 Holliday 指出："学校公共关系是一种贯穿学校所有层面和环节的系统性功能，其目的在于帮助学生提高学业成就，并力争将其维持在一个最佳状态，以此来争取公众的支持。"他认为，学校公共关系主要有两个目的：一是促进学生获得更大的成就，二是让社区居民对教育有更多的理解，谋

---

① 刘健儿. 教育公共关系学[M]. 北京：中国广播电视出版社，2000：39.

② National School Public Relations Association（NSPRA）. Raising the Bar for School PR. New Standards for School Public Relations Profession. Rockville, MD：NSPRA. p. 1.

③ 张连生. 学校形象论——学校公共关系的理论与实践[M]. 北京：现代知识出版社，2002：22.

求更多的财政支持。① 台湾学者陈世聪认为，学校公共关系是指学校在有计划的步骤下，与公众建立良好的关系，进而对学校教育的发展有所帮助，使学校成为有效能的学校的手段。公共关系是促进学校效能的手段，最终目的在于学校教育效能的促进与提升。因此，学校公共关系，仍以学校为主体，公共关系为手段，以利于学校教育的发展。②

3. 过程论

过程论认为，学校公共关系是一种发展历程，需要经历计划、组织、领导和控制等各个管理环节。其典型代表为张保光、陈孝彬等。张保光认为，学校公共关系是学校行政的重要环节，学校领导者应使全体成员建立共识，对于专业理念，通过双向沟通活动，结合公众利益，以获得社会资源与民意支持，进而协助学校健全发展的历程。③陈孝彬认为，学校公共关系是在借鉴一般公共关系理论和实践经验的基础上发展起来的，它是学校与其内部和外部公众之间有计划、有系统的双向沟通过程。④

4. 本书对学校公共关系的定义

基于国内外学者对学校公共关系给出的定义，本书认为学校公共关系既是一种实现教育目标的手段，也是一种发展历程，又是学校内部之间、内外部之间的一种双向沟通、平等合作的关系。学校公共关

---

① 唐·倍根，唐纳德·R·格莱叶. 学校与社区关系[M]. 周海涛，主译. 重庆：重庆大学出版社，2005：41.
② 陈世聪，等著. 学校公共关系[M]. 台北：五南图书出版股份有限公司，2007：4.
③ 张保光. 谈学校公共关系与校园开放原则[J]. 桃县文教，1996：10-12.
④ 陈孝彬. 教育管理学[M]. 北京：北京师范大学出版社，1999：449.

系实质上是学校组织管理的重要组成部分，也称学校公共关系管理，它是对组织与社会公众之间传播沟通的目标、资源、对象、手段、过程和效果等基本要素的管理。因此，本书对学校公共关系的定义如下：学校公共关系是学校在有计划的步骤下，运用多种沟通方式，在学校内部之间、内外部之间建立起彼此平等、信任的双向沟通关系，从而进行决策、计划、组织、领导和控制的过程。具体来讲，学校公共关系管理包含如下含义。

(1)学校公共关系是学校与相关公众之间形成的互利合作关系。学校通过构建和谐的关系网络，赢得教职员工、学生、校友、政府、新闻媒介、基金会等多方面的支持。同时，促使学校教育能适当反映社会的期望，赢得社会对学校的信心与支持，取得社会对学校政策与措施的支持，使学校得以适当运用社区资源。

(2)学校公共关系的目的在于促进社会公众对特色学校的办学目标、发展内容、具体措施及途径等的理解和认同，营造良好的外部环境，并直接或间接地促进学校各项任务的顺利完成。

(3)学校公共关系是一种特殊的公共关系管理。学校作为培养人才的教育机构，它的主要任务是为社会培养人才，而学校公共关系，也是为实现这些教育任务而存在的。

(4)学校公共关系管理是一个过程，它包括决策、计划、组织、领导和控制等环节。

二、主要目的

随着时代的发展、科学技术的进步，当今的学校处在极其复杂的公共环境中。学校需要与各种各样的公众接触，既包括学生、家长、学校的教职员工、毕业生的就业单位，也包括学校所在社区、政府机关等。在这种情况下，学校与公众之间的关系就显得尤为必要。具体来讲，学校公共关系的目的主要表现在以下四方面。

（一）为学校发展提供依据

现代社会，学校的社会关系日趋复杂，学校和外界的联系和协调不断增加。学校的发展和运作必然受到社区和其他外部环境的影响，学校各项工作的处理都是在不断发展和变化的复杂的社会环境中进行的。另外，学校的发展建设需要充分的信息传播与沟通，如果能够有效运用学校公共关系，积极地进行信息的交流与沟通，就可以争取学校内外部公众对学校的了解、理解、谅解和支持，保持并逐步提高学校在公众心目中的形象。因此，学校要深刻地了解所处的环境，必须收集和整理与学校相关的信息。信息的收集和获取对象包括教职工、学生、学生家长、政府主管部门、其他同行教育机构及整个社区。这些信息的收集可以是正式的，也可以是非正式的。

此外，学校公共关系是通过信息双向传播与沟通来进行的。也就是说，学校公共关系管理是学校利用各种媒介手段，将自身信息或观点有计划地与公众进行交流的沟通活动，使学校与相关公众之间实现信息共享，通过全面、客观、准确、生动地向公众传递学校的信息和观点，以及所制定的政策、方针，影响公众，赢得公众，营造和谐氛围。

（二）协助管理者做出正确决策

学校公共关系的发展，一方面，可以获得各方面的支持与协助，以排除教育不利因素，有助于学校教育整合获取各项有利资源，从而更好地促进学校办学；另一方面，学校公共关系还能使学校管理者清晰地认识到社会公众对学校创建的态度和支持力度，以便鉴别有关政策的正确性、有效性，审议各项工作进展的成效以及与社区公众的利益、愿望等的符合程度等。[①]

学校公共关系的最终目的是要协助决策者做出正确的决定。因此，学校公共关系要起到参谋的作用，公共关系的各项工作的目的，是要不断地给学校提供有关公众的可靠情况，从而指导决策者能够了解当前的教育环境，了解学校发展的相关背景，进而做出正确的分析和判断。

(三)塑造学校良好形象

学校是一个存在于社会环境之中的非平衡的动态开放系统。学校从外部环境中摄取物质(生源)、能量(政策及资金)和信息(社会需求)，并向外部环境输出特定的"产品"(学生)。学校要保持生存和永续，就必须从外界环境中获得内部活动所需的各种要素和能量，并将内部活动产生的成果输出到外界环境中去。

学校是否能够持续的良性循环，很大程度上取决于学校声誉和形象。学校形象是社会公众对学校状态的一种认识反映，这种认识反映可能包括对学校的工作成就、师资队伍、教学、学生、校风、学风等各方面的评价。良好的学校形象是提高公众对学校的信任、获得公众支持的基本前提。因此，学校公共关系必须致力于改善和提高学校形象，为学校获得来自多方的支持创造条件。

公共关系可以帮助人们通晓社交礼仪，熟悉人情世故，而学校教育的首要任务就是教会学生学会做人，如果在学校内外教育中都适当

---

① 楚江亭. 论特色学校创建中的公共关系管理[J]. 北京科技大学学报，2009(3)：141-145.

地运用公共关系知识，有助于加强学生良好习惯的养成。播种行为收获习惯，播种习惯收获性格，播种性格收获命运。当老师们将行为习惯播种给学生的时候，相信对自己、对学校的整体建设和发展都是一种有效的促进。

 案例分享

中关村第四小学教育理念的网络诠释①

打开中关村第四小学网站，首先映入眼帘的是孩子们一张张自信的面庞，在多彩的活动中，绽放自信的笑脸。在校园缤纷的活动中，孩子们努力拼搏，展现出似火的热情。

每个人都很重要，展现了中关村第四小学(以下简称"四小")的教育理念，"四小"成为展现孩子个性的沃土。如果你是孩子的家长，怎能不愿意把孩子送到这里来；如果你是一名教师，怎能不被一张张灿烂的笑脸折服；如果你是一名校长，怎能不希望自己学校的孩子也如此，一张张小脸上洋溢着自信而幸福的光芒。在"四小"网站首页上，

---

① 中关村四小网站，http：//www.zgcsx.com/cms/zgcdsxx/shouy/index.jhtml [EB/OL]，2015-06-06.

不仅仅展现了学校的特色，也是学校多年理念的流露。这对于"四小"形象塑造具有无形的传播力，它深深地打动着浏览者心灵深处的柔软地带，令人难以忘怀。

（四）赢得学校内外认同

对于学校而言，公共关系已经不是可有可无的奢侈品，而是获得良好信誉和正面形象的有效工具和管理策略。现代社会，随着家长受教育程度的提高，他们对教育的质疑也越来越多。公众在注重学校教育质量服务的同时也越来越关注教育成本，他们希望与之打交道的学校是自己所熟悉和信赖的学校。学校通过与各类公众的沟通与合作，赢得公众的兴趣、理解和信任。

学校发展不是校长一个人的事，它关系到学校所有教职员工、学生和其他工作人员的整体利益。因此，学校公共关系的作用之一就是积极地宣传公共关系的观念，使所有员工都明确自己是学校的一分子，让他们意识到：提高学校的良好声誉关系到每个人的利益。这样，可以使学校所有的员工都能自觉加入到维护学校的整体形象上来，共同为学校的发展而努力奋斗。

学生是学校精心培育的"产品"，外界通过学校毕业生的仪表、素质、能力等方面的表现，形成对学校的基本看法；上级主管部门通过教育教学指标，了解高校的基本情况；新闻部门通过学校的突出贡献与社会效益，形成对学校的看法；政府部门通过考察学校办学效益，建立对学校的印象；社区公众通过学子风范、校容校貌等，了解学校的文明程度；家长们则通过子女就业来传递学校口碑。公众产生的感受和看法均与学校培养的学生紧密相关，即学生的质量与学校的形象正相关。

　　总之，面对激烈的社会竞争，学校应该全面开展公共关系，推动学生素质的提升，提高学校的知名度获得社会认同有助于学校吸引优质生源，有助于学校得到政策与资金扶持，进而有助于学校的长远发展。学校通过开展公共关系，树立良好形象，赢得学校内外的认同。

　　(五)促进学校的变革与发展

　　学校不断变革发展的进程是改革旧的低效的教育思想、教育方式和教育内容，代之以新的高效的教育思想、教育方式和教育内容的过程。而学校的任何一项改革措施是对已有制度的扬弃，包含着新的观念和行为。改革措施的成功与否很大程度上依赖学校公共关系的信息传播与沟通。新的改革措施是否正确、是否科学需要充分的信息资源，其能否顺利推行以及推行的广度和深度如何，也都依赖于学校公共关系的宣传与沟通。因此，为了学校变革成功地推行与不断深化，应积极运用各种公共关系手段，实现信息的双向传播与沟通，从而促进学校的变革。

第二节　学校公共关系管理的基本特征与原则

一、基本特征

　　营利组织是指以追求经济利益为主的社会组织。非营利组织是指不以营利为目的的组织，其目的在于推动某种社会事业的发展，唤起公众对某种社会现象的普遍关心，促进社会问题的解决。学校就是典型的非营利组织。与企业及其他营利组织相比，学校的公共关系具有其独特之处。具体来讲，包括以下几方面特征。

(一)对象的特殊性

学校公共关系涵盖众多范围,既包括校内,也包括校外各项关系的处理。对于校内来说,包含教师间的公共关系、行政人员的公共关系、行政人员与教师之间的公共关系、上下级之间以及教师与学生之间的公共关系等。校外的公共关系涉及学校与家长之间、学校与社区之间、学校与学校之间、学校与上级政府部门之间、学校与媒体之间、学校与其他社会组织之间等。这些都是学校公共关系的范畴。

(二)情境的复杂性

学校财政主要依靠政府拨款、社会及个人的捐助。由于学校的非营利组织特性,使得其与校外个人及组织之间的关系较为松散。学校与个人及组织缺乏固定和指向性较强的利益关系,因而针对性和相关性相对较弱,这使得学校外部公共环境面对的情境较为复杂。这是学校公共关系活动推进缓慢的原因之一。学校公共关系很大程度上取决于学校的办学和管理理念,它不像营利组织那样必须纯粹依靠市场和顾客才能取得效益和活力。[1] 因此,学校在进行公共关系时,必须抽丝剥茧、拨云见雾,通过管理智慧建立良好的公共关系。

(三)目标的一致性

学校公共关系是以信息传播、沟通为主要手段达到建立良好公众关系的目的。它超越了单纯的传播和沟通技术的范畴,成为和组织文化、管理、营销等密切相关的综合性管理活动,最终目的是创造学校内外优良的人气指数,形成良好的学校形象。学校的最终目标是实现学生的发展,因此,学校的任何工作都围绕这个目标服务,公共关系

---

① 张东娇. 学校公共关系管理[M]. 北京:北京师范大学出版社,2012:47.

也不例外。学校公共关系开展的任何互动及其对学校其他工作环节所施加的影响，也必须为实现这个最终目标而服务。

(四)媒体的选择性

随着社会的发展，大众传媒的影响力日益扩大，几乎涉及社会生活的每个领域，学校也不例外。为了谋求更好发展，树立良好的公众形象，越来越多的学校将大众传媒作为学校活动中的一部分，利用大众传媒来宣传学校开展的各种教育活动。追求教育的有效性是学校发展永恒的主题，如何使学校发展与大众传媒进行有效的结合，追求大众传媒对学校发展的正效应，是学校对大众传媒的期待，也是大众传媒应该产生的效果。

学校与大众传媒之间的合作与交流，需要一些基本规则，比如将新闻工作者视为合作伙伴，了解新闻媒体的行为管理，以便于实现自己的宣传报道目标。因此，建立良好的合作伙伴是一件双赢的事情。但是，对不同性质的传媒，学校可以采取不同的应对策略，这是学校与媒体博弈规则的需要。如果学校想让媒体报道，需先研究媒体。对地区所有覆盖的媒体做出承诺，听一听哪些电台或者电视台在做家长节目，多注意电视节目正在做些什么，考虑把学校的一些会议新闻等给地方媒体，认识媒体中人，研究什么样的突变或者新闻故事有吸引力。①

二、基本原则

学校公共关系活动的宗旨是沟通学校与公众的信息交流，树立学

---

① 唐劲松. 校长别样风景：美国式学校管理智慧赏析[M]. 上海：华东师范大学出版社，2013：28.

校良好的形象。而这些都取决于学校内部包括管理者在内的全体师生员工的努力，取决于学校组织与师生员工及其家属的关系状态。学校目标的实现与否和学校形象的优劣，取决于学校内部公共关系的状态如何。那么，如何与外界建立良好的公共关系呢？具体来说，需要遵循以下原则。

(一)有计划且长期实施

学校公共关系的实施过程应该是一个完整的过程。首先是实施的准备阶段，它包括设计实施方案、制订对各类公众的行动和沟通计划、确定实施的措施和程序，以及建立或组成实施机构、训练实施人员并向他们介绍计划的内容和实施所必需的条件；其次是实施的执行阶段，实施机构按照已经设计好的实施计划的程序，落实各项措施；最后是实施的结束阶段，实施机构为下一步的效果评估做好相应的准备。

学校公共关系工作是一项长期的、持久的任务。任何学校的良好形象的形成都建立在长期努力的基础上。学校在开展公共关系活动时，必须着眼于未来，以长远的目光来确定目标，并制定战略和政策。当然，随着社会经济、文化的发展，公众的价值观和需求也必然会发生相应的变化，对学校形象的评价标准也会不断变化，期望值也会越来越高，学校也必须不断地改造和更新自身的形象。

(二)全体师生责任一致

全体师生责任一致原则指，学校的公共关系工作不仅要依靠公关专门机构和专职公关人员的努力，还有赖于学校各部门的密切配合和全体员工的共同关心与参与。自身形象是学校开展公共关系活动的基石。学校公共关系需要全体师生员工的精诚团结，齐心协力地工作，树立起整体形象；同时，学校在教学质量、社会效益、办学方向上也要树立美好的形象。学校是社会大家庭的成员，应该自觉地履行社会责任和义务，培养有理想、有道德、有文化、有纪律的合格的社会主义需要的各方面人才，使家长把子女送到学校读书。这就要求学校全体成员树立公共关系意识，共同关注并参与公共关系工作。每位成员与外界交往时，都是学校形象的宣传载体，其活动都要体现学校的整体形象和风貌。因此，学校每位成员都必须注意自己的形象，自觉维护学校形象。

(三)做好学校内部关系

公共关系的任务是"内求团结，外求发展"。内部团结是外部发展的前提，外部发展是内部团结的结果。公共关系在现代学校的发展中起着越来越重要的作用，一个学校要发展，优质的硬件设备和师资是基础，同时还应该提高学校知名度，树立和发展学校良好形象，协调处理好学校内外关系，提高学校管理和处理问题的能力。公共关系在学校经营管理的各个环节上都能够发挥作用。尤其是现在，学校公共关系越来越多地注重学校外部开拓与内部管理的结合，特别是注重学校的内部管理，这对学校的发展起着重要的作用。学校公共关系的主要对象是公众，它包括内部公众和外部公众两方面，因此，内部关系和外部关系构成了学校公共关系的主要内容。其中，内部关系是指学校与教师、学生、行政及后勤人员、离退休人员等的关系，它是学校搞好一切工作的基础。

(四)充分利用大众媒体

新闻媒体是学校的重要公众之一，也是重要的社会资源之一。学校管理与媒体关系的目的是建立、维持、发展学校与媒体之间的良好关系，争取有利于学校的新闻报道，增进公众对学校的了解，为学校的发展创造良好的媒体环境。对于学校而言，学校与媒体的合作包括两方面：一是媒体本位的合作——即以新闻记者的需要为中心，学校为媒体着想，获得好感，累积信任；二是学校本位的合作——即以学校公共关系需要为中心，在获得好感的基础上，考虑如何利用媒体提升学校形象，获得更多媒体公众的好感。与媒体建立了良好的关系之后，学校对自己的成就和问题就应该展开新闻宣传工作，利用机遇，巩固形象，消除威胁。

（五）一切从实际出发

一切从实际出发指从实际对象出发，探求事物的内部联系及其发展的规律性，认识事物的本质。通常指按照事物的实际情况办事。一切从实际出发原则是指学校公共关系要以事实为基础，客观、全面地传递信息，反映情况。具体来说，就是要尊重事实，不掩饰；在调查研究的基础上，客观地反映现实，不以主观想象代替客观事实；对事实采取公众可接受的立场。

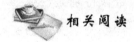 **相关阅读**

杜邦公司的门户开放①

19世纪末，伴随着"揭丑运动"，许多企业开始修建开放透明的"玻璃屋"，增强企业的透明度，加强与新闻界和社会公众的联系。杜邦公司是一家从事炸药生产事务的化学公司。当时化学工业刚起步不久，工艺技术尚不很先进，公司里难免发生一些爆炸事故。起初公司

---

① 转引自：刘宝珠主编. 公共关系学[M]. 上海：立信会计出版社，2008：24.

采取保密政策，一律不准记者采访。结果大道不传小道传，社会公众对此猜测纷纷，久而久之，杜邦公司在社会公众心目中留下一个"杜邦——流血——杀人"的可怕形象，对杜邦公司的市场扩展与企业发展造成极不利的影响，杜邦为之深感苦恼。后来，他的一位报界挚友建议他实行"门户开放"政策，杜邦采纳了他的建议，并聘请这位朋友出任公司新闻局局长。此后，公司在宣传方面改弦更张，坚持向公众公开公司事故真相与公司内幕；同时精心设计出一个口号并进行广泛宣传："化学工业能使你生活得更美好！"且重金聘请专家学者在公众场所演讲；此外，还积极赞助社会公益事业、组织员工在街头义务服务。这些措施一举改变了"杜邦——流血——杀人"的可怕形象。

（六）坚持合作共赢

学校公共关系是为实现学校既定教育目标服务的。这种服务要以一定的道德责任为前提，既要对学校负责，又要对公众负责。学校公共关系需要强调学校与客体的平等权利和义务，尊重双方的共同利益和各自的独立利益，信守组织与公众平等互利、共同发展的坚定信念。

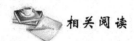 **相关阅读**

常州一中的对外交流①

近几年来，常州一中对外交流蓬勃开展。自 2004 年以来，学校与国家教育部中国教育国际交流协会、江苏省教育国际交流协会、江

———————

① 常州市第一中学完利梅：培养具有国际视野的世界公民［EB/OL］，http：//www.cedcm.com.cn/html/2013/lw _ 1022/14592.html，2015-06-06.

苏卓越国际交流教育基金会、IE国际交流组织合作，开展了面向在校高一学生的学年或短期国际文化交流项目，赴美国及部分欧洲国家参加文化交流活动。学生参加国际交流项目，住在精心挑选的接待国志愿者家庭里，就近进入当地学校的高中学习1学年。2005年开始，学校接待AFS项目学生。这些学生分别来自美国、德国、瑞士、比利时、意大利、日本、泰国、俄罗斯等国家，住在为他们精心挑选的志愿者家庭里，跟中学生一起上课、活动。经过一年的交流，AFS学生从不适应到适应，再到喜欢中国，他们跟接待家庭和班上的一些同学都建立了亲密的友谊，彼此所在学校也结成国际友好学校。在继新西兰北岸中学、韩国南杨州市光东高中、美国犹他州雷登中学之后，常州一中还和英国德拉赛尔中学建立国际合作伙伴关系。两校在平等互利的基础上开展了语言课程、师生互访、资源共享、教师专业发展等方面的合作。

(七)双向沟通

双向沟通原则是指一个组织在开展公共关系活动时，组织与公众互相传播、接受、反馈对方的信息，如对话、讨论等，从而使组织与公众互相影响，互相启发，最后达到相互信任。学校与公众之间建立良好的公共关系过程，其实质是学校与公众之间相互适应的过程，亦即信息交流和信息反馈修正的过程。双向沟通原则不仅立足于信息的相互交流，更注重于情感的相互沟通。

学校公共关系的成长历程就是对公众利益的认同过程。每当学校公共关系遇到挫折或者是停步不前的时候，它都能从公众那里发现错误的原因，从而改正、成长。学校公共关系主体与客体的这种互动关系，不是简单的说服、宣传，而是平等的心态和平等的交流。

合作给专业带来好处[①]

美国密尔沃基公立学校 22 位校长参加了公立学校校长协会。他们通过举行工作午餐和召开务虚会等多种方式进行沟通交流。该小组定期举办特邀发言，每月安排一次周六的务虚会，暑假还要安排两次务虚会。会议中，他们谈工作上的难点，而且其他成员则会出一些主意，这可能会帮助他们。佛里切特许学校罗宾校长说："我不想错过任何一次会议，除非我实在走不开，这是一个非常好的会议，有很多专业指导，而不是在一起互相抱怨。"校长们对学区的远景和今年的主题进行交流。该协会的负责人奥尼克认为，他的任务是把主题告诉每位校长，并为会议提供便利，校长会讨论这个问题的最佳做法，谈谈自己学校是如何在这方面开展工作的，而专业的委员会则根据主题制订今年工作坊的任务。"我们正在建立和保持积极的关系。""我们打破壁垒，互相帮助，我们属于一个团队，这让我们更有活力和创造力。"

这些会议让校长们感到互相信任和互相鼓励更为难得，因为他们有了这样的同行支持系统，工作起来更有信心。有校长说："我坐在这个位置上，有时真不知道如何开展下一步的工作，在这有大伙的资源，我可以获得帮助，真不错啊！"这种协作可以向上级主管部门放大这些校长的声音，这是一个集体的声音。这种协作已经扩展到了整个学区，会影响一些决策，他们还推动了晋级和保留教师的标准和能力要求等，他们还在学校中建立一个领导团队，这是一个教师的核心组

---

①　唐劲松. 美国教育借鉴力[M]. 成都：西南财经大学出版社，2012：171-173.

织，研究主题是课程、教法和学法。

美国校长的合作属于松散型组织，不具有很大的约束力，但正是民间的需求，所以校长们合作很务实，可以反映校长的呼声。落脚点是让学校进行变革，让教育质量提高，互相交流校长的经验做法。

第三节　学校公共关系管理的要素与内容

一、学校公共关系管理的要素

学校公共关系管理有三要素：主体、客体、媒介。即学校公共关系构成的主体是学校，客体是与学校有密切相关的公众，媒介就是各种传播媒体。

(一)学校是主体

学校指各类专门从事学生教育和组织教学活动的社会机构，是学校公共关系的主体，是学校公共关系中处于主动地位的一方。

(二)公众是客体

客体是与社会组织相关的有共同利益需求的个人、群体、组织集合而成的整体。在学校公共关系中特指与学校发展密切相关的社会组织和社会团体，包括上级主管教育行政机关，其他相关学校，与学校有联系的工商企业，学生家长和校友，为学校提供生源的组织，学生毕业后的用人单位，校内的学生、教师和员工，学校周围的社区等。

(三)传播媒体是媒介

媒介是指使社会组织与公众发生联系的人或事物。人通过语言、行动表达思想和情感，传递信息，使社会组织与公众建立和发展关系。事物包括为建立和协调公共关系所开展的活动，使社会组织与公众发生联系的物品、符号、标志、图画、图像等。学校公共关系的媒介即传播媒体，它把主体和客体联系起来，可以起发送和反馈的作用，是学校与相关公众之间的信息交流与沟通的媒介。

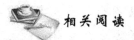 相关阅读

互联网传播：另类的革命①（有删节）

网络行动是中国新公民行动的缩影，也是其中最有活力的支流。在这个意义上，网络行动标志着草根阶层和公民民主的成长。它之所以是草根式民主，是因为其思想与行动的倡议来自公民。它的成长，明显地体现在思想意识和实践上。在意识上，主要的发展是公民权意识的提高，以及对权力和权威观念的转变。这并不是说这两个发展只体现在网络行动上，而是说它们因网络行动而得到了深化。争取公民权的斗争，恐怕是自1990年以来公民行动的核心。网络行动在宣传公民知情权以及加强民众对公民知情权的意识方面，起了重要作用。言论自由是早期社会运动的主要目标，现在依然如此。信息权，比如公民的知情权，对政府提出了更多的要求。公民不仅要求有权表达他们的观点，而且要求知晓与他们的利益相关的问题的信息。

网络行动提高了民众的知情权意识。2001年，江西省某农村学校发生爆炸，42人遇难；2002年，南京一起食物中毒，40多人死亡。在这两个事件中，最终因为网络上的曝光和争议，不得不公布事实。因此有研究者称，网络已导致基于对新闻和信息集中控制的宣传

① 杨国斌，邓艳华. 互联网传播：另类的革命（3）[EB/OL]. http://www.21ccom. net/articles/zgyj/hwkzg/article＿20140408104005＿3. html，2015-06-06.

模式的死亡 。至于这一所说的死亡是否真正发生，有待商榷，但显然，集中的信息控制已经日益难以为继。

负面的经验也提供了有意义的教训，凸显了信息权的重要性。2003 年 SARS 危机以及 2005 年松花江水污染危机期间，最初的信息控制加剧了人们的困惑和不安。突发事件后，信息不明，谣言就会四起。信息通畅，反而会防止谣言泛滥。近一两年官方媒体在对某些突发事件的报道中，比较及时迅速，说明吸取了以前的教训。最近例子是发生在 2013 年 7 月 20 日首都机场的爆炸事件。事件发生的第一时间，新华社和人民日报就在微博上做了报道。

二、学校公共关系管理的内容

(一)多元的对象

学校公共关系的对象是多元的。学校要获得生存和发展需要妥善处理好与教育、教学、业务部门的来往关系，如生源学校、学生去向学校或单位、教学研究机构等。学校需要主动建立和发展各种非专业性的社会关系，如与家长的关系、与校友的关系、与社区的关系、与新闻界的关系等。学校要尽可能扩大组织的公共关系网络，学校公共关系活动主要目的是为了扩大学校知名度、树立学校的美誉度，以获得其他组织或人员对学校的信任与支持。学校要妥善处理好与各种权力制约部门，特别是上级主管部门的关系，如教育局、物价局、财政局、城监局、环保局、公安局等。由此可见，学校关系对象很多，简单来说，可以分为校内和校外两部分，如图 1-1 所示。其中，校内包括学校教师、职员及学生，校外包括家长、社区、社会组织、其他学校、新闻媒体、政府相关部门。

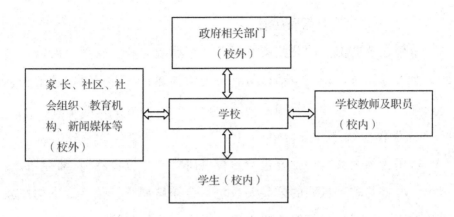

图 1-1　学校公共关系的对象示意图

(二)复杂的内容

面对校内外多种对象,学校在做公共关系时,需根据不同的对象,有不同的内容。从按对象分类的公共关系内容来看,学校公共关系分为与教职工的公共关系、与学生的公共关系、与家长的公共关系、与社区的公共关系、与政府及教育主管部门的公共关系、与教育机构的公共关系、与新闻媒体的公共关系等。

1. 学校与家长

学校与家长的公共关系是学校公共关系中最直接、最重要的方面。其内容主要包括要不断提高学校的教学和教育质量,通过周密的组织引导家长参与学校的教育活动和管理工作,妥善处理好与家长的矛盾等。

2. 学校与社区

学校坐落在某社区中,与社区有着千丝万缕的联系。具体来说学校与社区的公共关系主要包括:树立良好的校风,全体师生共同遵守社区的规章制度,维护社区治安和环境卫生;积极参与社区的公益活动;发挥文化优势,为社区的经济建设和其他建设服务等。

3. 学校与政府及教育主管部门

学校与政府部门的公共关系涵盖：把握政府和主管部门所制定的政策及工作要求，积极主动地与有关上级沟通，赢得上级的理解和支持；利用好各种机会，与领导沟通，以增强他们对学校的了解。

4. 学校与教育机构

这里指的教育机构主要包括教育科研机构、教育培训（辅导）机构两类。学校与教育机构的公共关系包括合作与冲突，包括提供优质教育资源平台、促进教师专业化水平的提高、开展课题研究等。

5. 学校与新闻媒体

学校与新闻媒体的公共关系包括学校与媒体的关系、学校与媒体的互动、校长如何应对新媒体等方面。

6. 学校与教职工

对教职工的公共关系包括培养教职工的归属感、积极开展对非正式团体的工作、注意分析学校内部教职工的舆论动向及各种小道消息等。

7. 学校与学生

对学生公共关系的重点在于建立良好的师生关系，尊重学生的民主权利；培养和增强学生的荣誉感，提高他们维护学校声誉的自觉性。

第二章　学校公共关系的今昔

第一节　公共关系的起源与发展

公共关系自古有之，但到 20 世纪初，公共关系才成为一门独立的学科。远古时期，由于传播手段等客观因素的限制，公共关系活动涉及范围小、人员少，影响力也小，主要是指人与人之间在交际过程中为了达到一方目的而进行的说服行为。即便如此，也不能因此否认这些历史的客观存在，不能否认它们为今天公共关系产生和发展带来的宝贵历史经验财富。

一、古代公共关系

古代西方社会，个体间的交往孕育了公共关系的萌芽。古希腊人在人际交往中为了说服对方，采用最朴素但极富智慧和内涵的方法，如发表演讲。有些人在演讲过程中还会利用修辞增加自己观点的说服力。亚里士多德的《修辞学》教授人们运用语言来影响听众的思想与行为。另外，古代统治者除了运用语言，还利用文字来说服臣民拥护自己。比如写下诗歌歌颂自己的英雄事迹，搭建神庙、雕刻塑像或纪念碑来纪念并且宣告统治的宗教神性。

古代中国，与西方《修辞学》同属一个性质的著作比比皆是。《论语》《易经》《孟子》《荀子》等诸子百家的著述，都起着传播言论和沟通的作用。除了著述之外，许多政治、外交或军事活动，也体现了公共关系的思想，如秦国的"商鞅变法"，就是一个公共关系的成功实践典例。商鞅用"徙木赏金"来宣传他变法改革的决心，由此获得了民众的信赖和支持，为变法的成功实施打下了良好的基础。又如合纵家苏秦，周游列国宣传自己的合纵说，运用出色的游说手段影响公共和社会舆论，维持了长达十几年的和平，并抵挡了秦国的吞并。

总之，不管国内国外，古代公共关系思想主要运用在支持统治者、支持宗教、推动战争、推动政治事业中。这也为现代公共关系的发展提供了许多典型的范例。

二、现代公共关系

(一)产生条件

公共关系从蒙昧阶段走向成熟并不是凭空发生的，它的实质性转变依赖于整个社会条件的转变和发展。学者们普遍认同民主政治制度的出现、大众传播技术的发展和市场经济的发展是现代意义公共关系产生的条件。

1. 民主政治制度的出现

民主政治取代专制政治是公共关系产生的政治基础。在当今民主社会之前的很长时期，人类社会都处于严厉的封建专制和独裁统治之下。封建或专制统治者掌握着军队、监狱等国家机器，利用各种手段强化贵贱之分、等级之别，形成了官贵民贱、官威民卑的局面。那时，势力完全倒向国家和官府这一边，民众对其没有任何约束作用，只能绝对服从其统治。在这种政治氛围下，公共关系根本无法存在，因为公共关系需要建立在对话协商的基础上。然而社会并没有停滞不前，社会的发展要求变革政治制度。随着大工业社会的来临，专制独裁的封建政治垮台，民主政治活跃起来。这时候，民众间的社会联系日益紧密，逐渐萌生了共同意识，在个体联结的过程中，民众的力量渐渐强大，由此公民意识和民主意识日益凸显，人们的思想被解放，选举制应运而生。一个政权只有体现大多数人的意愿，满足大多数人的要求才能生存下去，因此，民众支持成为政党选举成功的最重要保证，体现了"得民心者得天下"，在这样的政治氛围中，孕育着公共关系的产生。

2. 现代科学技术的发展

现代科学技术的发展是公共关系成熟的技术基础。古代受科技水平的限制，信息传播手段和工具都很落后，人们生活在一个相对封闭甚至与世隔绝的自然状态中。民众间没法做到及时有效的信息传播，人际联系非常松散和贫乏，广泛深刻的公共关系更是无法形成。随着科技水平的不断进步，加上经济水平的不断发展，汽车、火车等各种交通工具和电报、广播、电视和移动电话等通信工具实现普及，各种信息可以在最短的时间内传遍世界每一个角落，由此，民众间的交往和联系变得紧密，广泛而深刻的公共关系的发展成为可能，比如社会舆论的发起，公众意愿的表达，促进了公共关系的产生。

3. 市场经济的发展

社会分工促使社会生产朝着专业化和规模化的方向发展，公司或企业组织应运而生。市场经济逐渐形成和发展起来。市场经济是交换和竞争的经济形态，也就是说，通过市场竞争、供求变化和价格波动来实现资源配置，调节社会生产，满足人们的消费需要。相对自然经济，市场经济具有显著的优越性。第一，市场经济具有较强的公平性。消费者和生产者间的交易是按照价值尺度进行的，以此实现了平等。这种平等交易背后的假设是双方都享有平等的地位和权利，即人人平等，是对人的重要解放。第二，市场经济根植于竞争，而优胜劣汰是竞争的必然结果。人们为了在竞争中脱颖而出，会想尽办法使用先进的技术，提高劳动生产率、降低生产成本。这一系列的过程，既把人们从劳动的束缚中解放出来，又促进了人类自身的发展。第三，市场经济使商品的生产、流通和消费社会化、普遍化。在市场经济中，每个社会成员不再仅仅扮演生产者或消费者的单一角色，而是具有双重性质。这极大地提高了社会的组织化程度，建立起广泛的社会联系和交往，使人们乃至整个社会紧密联系在一起，并逐步形成了一个开放的系统。

由此可见，专业化的分工并没有使人与人、人与组织或人与社会之间的关系变得独立，反而越来越紧密，因为市场经济不像自然经济那般自给自足，对社会的依赖较小，它必须努力建立并维持在社会中的地位。市场竞争日益激烈，企业要把产品销售出去，必须获取社会和民众的广泛认同和支持。企业与民众的沟通，获取了有利于企业改进的信息，促进了企业公共关系的产生。

(二)美国的公共关系

国内外公共关系学者普遍认为，现代公共关系起源于美国。这是因为美国符合上文提到的公共关系产生需要满足的各个条件。首先，美国是典型的移民国家，人权意识和民主平等意识在民众间广泛传扬，并且三权分立和制衡体制都比较成熟稳固；其次，在19世纪30年代，美国的"报刊宣传运动"直接影响了社会公众和工商企业，人们开始从正面重视报刊舆论传播的社会功能和价值；最后，美国市场体系发育十分健全，基本所有经济活动都以市场为中心。这一切，都为公共关系的产生和发展提供了温床。时势造就英雄，与美国现代公共关系同时崛起的还有几位公共关系大师。他们分别代表美国公共关系发展的不同阶段：巴纳姆（P. T. Barnum）代表了现代公共关系的发端时期，艾维·李（Ivy Lee）代表职业化时期，爱德华·伯内斯（Edward Bernays）代表科学化时期。如果以与公众的关系作为划分标准，则三个时期又可分别对应为"公众该死的时期""公众该被告知的时期"①和"投公众所好的时期"②。

很多人认为20世纪的公共关系源自19世纪的新闻代理，巴纳姆就利用媒体宣传将马戏团生意经营得风生水起。在他事业刚起步时，为了招来观众，他并不使用常规的方法直接宣传演出的精彩，而是雇用了一名叫乔伊斯·海斯的黑人奴隶，声称她已经160岁了，在100年前曾照顾过美国第一任总统华盛顿。巴纳姆用假名给报社写信辩论此事的真假，引发了公众的争论和轰动，于是大家在好奇心的驱使下纷纷到马戏团一看究竟，马戏团的生意一下子红火起来。然而，到海斯去世以后，尸检显示她实际只有80岁。骗局曝光后，大家谴责巴纳姆是骗子，而巴纳姆却声称自己也被骗了。由此可以直观地感受到巴纳姆时期的公共关系特点，就是在报刊宣传的辅助下，不择手段甚

---

① 胡百精. 公共关系学［M］. 北京：中国人民大学出版社，2008：9.
② 费明胜. 公共关系学［M］. 广州：中山大学出版社，2009：15.

至不惜愚弄公众来争取公众的关注，以此达到谋取利益的目的。"从思想实质上来看，这时期实际上是一个反公众、反公关的时期。"①

随着社会的发展以及公众意识的提高，早期的公共关系开始走向以事实为依据的时期。艾维·李毕业于普林斯顿大学，先当了一名纽约记者，后来去做了政治宣传员。1904 年，他和乔治·F·帕克一起成立美国第三家宣传事务顾问所，成为公共关系实践职业化的第一人。1906 年，艾维·李临危受命解决一场煤矿工人大罢工事件，在处理这个劳资双方尖锐矛盾的问题中，他发布了《原则宣言》，提出了企业和公众关系的原则，即要公开管理。《原则宣言》中还提出："坦白且公开地讲，我们的计划是……为美国媒体和公众提供迅速和准确的信息，信息的题材要对公众有用，还要是观众乐于见到的。"李为公共关系赢得了尊重，他坚持说真话，尊重公众舆论的主张，也是现在公共关系的重要特征。他的"公众必须迅速被告知"和"向公众说真话"的原则，标志着公共关系进入新阶段。由此，他因为如此突出的贡献，被学术界誉为"公共关系之父"。

不管是巴纳姆还是艾维·李，公共关系都是单方向的传播工作，只不过巴纳姆强调单向吹嘘式的传播，而李强调的是保持真实度的传播。而当公共关系逐渐成熟，并且走到伯内斯时期时，其传播特点由单向转变成了沟通式的双向，即所谓投公众所好。伯内斯是著名心理学家弗洛伊德的外甥，他从小移居美国，毕业后从事新闻工作，其后还担任了福特公司的公共关系经理。他在公共关系职业出现的基础上，将公共关系理论化、完善化和系统化。1923 年，他出版了《舆论

---

① 费明胜. 公共关系学[M]. 广州：中山大学出版社，2009：14.

之凝结》一书，这个里程碑式的著作，是第一步研究公共关系理论的专著，由此他被称为"公共关系理论之父"。伯内斯的理论核心就是要在了解公众的喜好和需要的基础上，确定公众的价值取向，然后再有目的地从事宣传工作，以便迎合公众的需求。显然，此时的公共关系比先前增加了调查的环节。伯内斯把他的一生都奉献给了公共关系学，也为公共关系的学科化建设付出了很多精力，具有划时代的意义。

（三）中国的公共关系

公共关系对于中国来说无疑是一种舶来品，但当它于 20 世纪 80 年代被引入到中国之后，不仅在理论上被认可，也随着改革开放的步伐在实践中被加以运用，得到了良好的发展。

中国的公共关系实践，首先以公共关系部的形式展开，比如在深圳、广州等这些改革开放的桥头开办的一些中外合资企业和外商独资企业，都按照西方国家的管理模式，设立了公共关系部，以此招徕顾客。此后，公共关系以一门课程的形式进入一些高校的课堂，随之公共关系专业应运而生。1987 年 6 月，中国公共关系协会在北京正式成立，标志着中国公共关系事业进入了一个全面发展的时期，此后各省纷纷加入协会创立的热潮，中国的公共关系事业运作欣欣向荣。虽然在 20 世纪 80 年代出现了"公关热"，但是毕竟中国在理论、人才、经验和规范等很多方面都缺乏必要的准备，公共关系从业人员也没有经过专门和系统的培训，素质普遍较低，因此，公共关系活动陷入了混乱无序甚至庸俗违法的境地。

随着 20 世纪 90 年代后新一轮的改革风潮席卷全国，中国的公共关系事业抓住良好的发展机遇，取得了较大的突破。特别在邓小平同志视察南方时发表的中国姓"社"不姓"资"的重要讲话后，中国在思想上解放了枷锁，进一步吸收和借鉴资本主义发达国家的先进经营和管理方式，公共关系事业由此日益受到党政领导部门和企业的重视，中国的公共关系的队伍和组织一步一步更加壮大起来。此外，公共关系的理论建设在逐渐丰富的实践经验基础上，取得了进展，专业教育体系逐步建立，包括出版公共关系专著、教材、译著、论文集和工具书等。我国高校公共关系教学体系也培养出许多专业人才。

公共关系对于中国而言毕竟是舶来品，缺乏自己的历史实践积淀和思想积淀，很容易陷进模仿和搬抄国外的案例的怪圈。不管是做公关策划还是利用媒体等传播工具，中国的公关公司还有待进一步完善发展。未来，中国的公共关系要朝更加专业、科学和系统的方向前进。

三、当代公共关系发展状况

第二次世界大战以后，以美国为代表的大多数国家从工业社会转变成了信息社会。公共关系也逐步向双向对称式的高级阶段迈进。双向对称式的公共关系强调"双向沟通、双向平衡、公众参与"，提出这一思想的公共关系学者是斯科特·卡特里普和阿伦·森特，他们在1952年出版的《有效的公共关系》一书中详细阐述了他们的观点。有学者认为这种公关理论比伯内斯时期的公关理论又更进了一步，因为它把公共关系看成了组织和公众之间的一个互动过程。

卡特里普的公共关系理念提倡的是开放系统取向。他认为封闭系统会忽视环境传递给组织的信息，只有开放系统才能做到将组织和公众联系起来，在维持良好关系的基础上建立"输出—反馈—调整"的一系列环节。当公共关系发挥这样的职能时，才能够发挥参谋或顾问的作用，从而对决策过程施加影响，甚至可以预警，阻止潜在的危机发生。

卡特里普在上述理念的指引下，提出了"四步工作法"，即寻找事实和反馈信息、提出公共关系计划项目、开展公共关系活动、进行信息传播和对公共关系活动效果进行评估。

当代公共关系的繁荣不仅体现在理论思想的跨越上，还体现在实践工作中。公共关系的专门从业人员在几十年来增长势头迅猛，可以说公共关系从业人员已经"职业化"和"行业化"。另一方面，第二次世界大战以后，世界各国政治、经济和文化的交流越来越密切和广泛，全球化的浪潮席卷到世界各个角落，公共关系由此在世界各国全球化的交流中扮演的作用日益重要。1955 年，国际公共关系协会在伦敦成立，经过协定，各会员国共同制订了《国际公共关系协会行为准则》。公共关系在 1947 年从日本开始传入亚洲，首先在日本获得快速发展。1964 年，日本成立了公共关系协会。20 世纪 50 年代以后，第三世界国家比如东南亚、拉丁美洲和非洲的各个国家也汲取了公共关系的思想，其实践在其国内生根发芽，逐渐发展起来。

第二节　学校公共关系管理的发展

学校公共关系是公共关系和学校管理的交叉领域，它的出现是公共关系向纵深和分类发展的必然趋势。和公共关系一样，学校公共关系的相关研究也在美国由来已久，20 世纪 40 年代之前，学校公共关系被称为"公共学校关系""学校与社会关系"等。直到 1937 年，美国教育家 J.G. 卡特和贺拉斯·曼在马萨诸塞成立教育委员会，由此公众开始有机会参与到学校事务中去，学校公共关系逐渐发展起来。20世纪50年代，学校公共关系领域主要从公共关系学中汲取理论和实践的指导，并运用信息传播手段，与公众建立起相互了解和信赖的关系，树立良好的学校形象和信誉，以促进学校总目标的实现。美国等发达国家由此开展了一系列研究，组成了完整的学科体系。

一、美国学校公共关系的发展

美国学校公共关系在历史的时间轴上经历了不断完善的演变。如果以参与公共关系的对象为标准进行划分，在不同的时间段，美国学校公共关系所涉及内容的侧重点也有所不同。

(一)家校沟通阶段

20世纪30年代到40年代初期，是学校公共关系的家校沟通阶段。在该阶段，一种新的较为人性化的学校管理思想逐渐取代了专断独裁的科学管理思想。在学校内部，教师会对学生的思想品德、行为举止和与他人相处的能力等方面进行评估，评估结果以成绩报告单的形式发放并告知家长，希望家长能够协助教师一起帮助学生成长。在这样的"告知"过程中，家长和教师或者家长和学校接触联系的机会就增加了，学校由此更加重视如何有效地处理公共关系方面的问题。

(二)学校内部关系处理阶段

20世纪50年代，正值美国移民高峰期，学校的学生成分有了巨大的变化，学校公共关系进入学生多样化阶段。学生来自不同的背景，因此学校管理人员和教师要应付不同种族、不同信仰、不同社会经济阶层的学生，肯定也要应付许多棘手的问题。毫无疑问，这些问题的解决需要借助公共关系的技巧。在这样的大环境下，学校公共关系研究如火如荼地开展起来。

在以上所述的阶段，学校公共关系问题主要运用的是人际关系的思想。比如在美国学校管理协会 1944 年鉴《自由世界（美国，但不仅仅是美国）的士气》中，就刊载了专章论述"学校管理中的人际关系"。此后出现了许多围绕学校管理中人际关系问题展开论述的文章或专著。比如丹尼尔·格里菲斯写的《教育管理中的人际关系》，威尔伯·约奇写的《改善学校管理中的人际关系》等。这些专著或文章的论述重点都放在了学校内部公共关系上，也就是学校管理人员和教职工之间的公共关系问题，比如提倡教师要积极参与到学校的管理中来，要参与学校包括预算分配、课程制定、监督在内的各项决策，教师面对不同的学生应该如何因材施教，如何处理好与学生的关系等。

（三）学校、社区互动阶段

20 世纪 60 年代，增进学校与社区的合作与交流成为一种潮流，学校公共关系进入学社互动阶段。美国对教育管理采用的是地方分权的自治制度，大部分学校由社区进行管理。显然，由于社区及其公众支持，教师和行政者是作为大众的委托人在法定范围内经营学校的。当地居民向社区缴纳税金以维持学校的正常运行，而社区则通过居民的选举产生负责管理学校的理事会。正因为美国学校教育在财政上受地方支持、在管理上由地方控制、在服务上主要面向地方社区、地方办学，学校由此必须符合大众的需要和地方社会发展的需要。社区对学校的主要影响削弱了政府对学校的控制，虽然中央和地方政府对各级学校有不同程度的影响力，但大众可以通过立法来支持或反对政府对学校的干涉，换句话说，影响学校的实际力量是社区及其公众。

这一时期，在理论方面，开放系统的观点迅速得到了很多学者的支持，并且深刻地改变了大家对组织的认识。开放系统着重注意组织和其所在环境之间的相互作用和影响，这种新观点为教育工作者看待学校与社会公众之间的公共关系提供了新角度，为解决学校与社会公众之间的公共关系问题提供了新思路。

理论指导实践，学校公关工作重点放在了学校和社区二者之间的了解和有效的双向沟通上。美国的学校主要是帮助大众了解学校经营的情形，除此之外还致力于学校和社区间所有人的交往活动。同时，对学校和社区关系的研究逐渐发展成为一门成熟的学科，甚至成为学校公共关系的一门分支学科，许多院校都开设了"学校与社区关系"的必修课。

美国学校公共关系秉承"大众积极参与教育"的理念：凡是受到公共事业影响的人都应积极地参与做决定的过程。正因为他们致力于实现这样的理想，美国的很多学术机构研究的主题都与学校公共关系相关。美国各州都设立了学校公共关系的专门教育机构和部门，以便于开展各项活动。还有些州由于地区民意压力较大、种族多而复杂或者民间团体活跃，其学校公共关系的表现更加活跃和积极，并得到联邦政府的专款补助来研究和发展学校公共关系，研究论著及出版的刊物颇为丰富。该阶段美国已经成立了专门的全国性和地方性的学校公共关系协会，有专门的职业主管，提供组织结构和管理人员的保障；有完整的学校公共关系评价体系和组织评价的机制等。

(四)家校合作阶段

20世纪70至90年代，美国学校公共关系进入家校合作阶段。早在20世纪30年代，家校沟通就开始了，但家校关系在第二次世界大战后到60年代期间经历了一次低潮，真正有意义的家长参与开始于

70年代。家长参与教育问题的制度化和家长参与权力的扩大进一步推动了美国的家校合作向纵深发展。美国国会通过的《初等和中等教育法》的修正案的第一条款明确提出，有联邦资助项目的各学区应成立家长咨询委员会，以协助学校设计、发展和实施那些促进低收入家庭儿童发展的计划，该委员会委员应从学生家长中选举产生。由此，家长参与教育的权利被正式纳入了法规，家长将在更大的程度上参与到学校事务中去。在20世纪80年代和90年代美国的教育改革进程中，促进家校合作一直是学校教育改革措施的核心内容。

(五)标准化阶段

2000年以后，美国学校公共关系进入标准化阶段。美国学校公共关系协会(National School Public Relation Association)出台了学校公共关系标准。该标准规定教育者在学校公共关系上应做到忠诚、公正、专业和信用原则，同时在专业准备、经验、展示能力、专业成长和发展等方面提出了规范标准。该学会在全美为学校公关人员和机构提供培训和服务，其目的在于促进学校与社区的沟通。

美国学校公共关系走到今天，社区的帮助和支持理应摆在首位，但是联邦和州政府的支持所起的作用也不可忽视。各联邦和州政府，再到各个学区，基本都设有组织学校与社区合作的机构，以确保学校与社区合作的有效实施，可见其十分重视学校与社区的合作。联邦和州政府还为学校提供各种服务，比如法律、资源和资金的支持。家校合作在如此良好的大环境下越发活跃，由联邦或基金会资助的家长组织如雨后春笋般涌出并发挥积极作用，这使得美国学校公共关系的相关研究和活动呈现出欣欣向荣的景象。

二、中国学校公共关系发展现状

(一)社会背景

随着社会经济的发展，中国的教育迅速发展，特别是随着互联网的普及，学校公共关系管理发展显著加快。基础教育面临的社会环境日趋复杂，中小学管理工作不断遇到新情况、新问题和新挑战，这在客观上促使学校管理日趋规范化。由于家长受教育的程度日益提升，享用优质教育资源的愿望日趋强烈，这使得公众，特别是家长对学校教育的关注达到了前所未有的程度，出现了所说的"择校热"现象。随着我国城镇化进程的加快，流动人口的入学及如何进行家校合作问题，成为义务教育亟待解决的问题。另外，一些海归的子女入学及家校合作问题等显现出来。家长多元化已经成为我国基础教育学校的共有特征。面对不同的家长，如何进行家校合作，如何进行有效的沟通与交流，如何科学地利用专业知识与能力妥善处理学校的公共关系，成为当今各校面临的共同问题。

(二)取得成绩

1. 专业标准建设见成效

2012 年，教育部出台了《义务教育学校校长专业标准(试行)》，其中第 51—60 条对校长如何调适外部环境从专业理解与认识、专业知识与方法以及专业能力与行为三方面进行了具体规定。详见表 2-1。

表 2-1　《义务教育学校校长专业标准(试行)》之"校长如何调适外部环境"①

	专业要求
专业理解与认识	51. 坚持把服务社会(社区)作为学校的重要功能,勇于承担社会责任。 52. 坚持把合作共赢作为学校对外关系准则,积极开展校内外合作与交流。 53. 坚信学校与家庭、社会(社区)的良性互动是办学水平的重要体现。
专业知识与方法	54. 掌握学校公共关系及家校合作的理论与方法。 55. 了解所在社区、学生家庭的基本情况,积极获取与学生成长、学校发展相关的信息。 56. 熟悉各级各类社会公共服务机构的教育功能。
专业能力与行为	57. 优化外部育人环境,努力争取社会(社区)的教育资源对学校教育的支持。 58. 充分发挥家长委员会支持学校工作的积极作用,引导社区和有关专业人士参与学校管理和监督,接受改进学校工作的合理建议。 59. 建立健全家校合作育人机制,建立教师家访制度,通过家长学校、家长会、家长开放日等形式,指导和帮助家长了解学校工作情况和学生身心发展特点,掌握科学育人方法。 60. 积极发挥学校在社区建设中的作用,鼓励并组织学校师生参与服务社会(社区)的有益活动。

　　面对多元的公众环境,多元价值观的碰撞,校长需要引导社会公众认同学校的教育目标,接受学校的办学理念和特色,使公众成为学校办学的知情者、关注者、参与者、建设者、监督者以及受惠者等。

　　2. 家校互动平台建设促发展

　　我国一些优质学校,十分注重学校公共关系工作的开展。在他们学校的公共关系实践中,积累了许多成功的经验,主要致力于学校与家长的互动合作和学校利用社会资源这两个方面上。这些学校充分利

---

　　① 教育部网站,《义务教育学校校长专业标准(试行)》,http://www.moe.gov.cn/srcsite/A10/S7148/201302/t20130216_147899.html.

用网络等现代媒体通信手段，搭建互动平台，积极开展学校公共关系工作。例如，有学校建立官方网站，专门设置了"家长中心"的栏目。该栏目下包含课程公告、家长互助中心、家长课堂、育子交流、教师家长委员会、家教文章推荐、学分查询、家长有约等子项目。首先，对家长提供学校课程的详细信息、学生学分信息，有助于家长进一步了解学校教学的整体情况。其次，学校为家长之间的互动搭建了一个平台，促进学生家长间教育经验和心得的交流，有助于提升家庭教育的质量。最后，教师家长委员会的设立，将教师和家长组织起来。这些都使得家校互动落到实处，细节之处见实效。同时，学校邀请社会各界的知名人士进入学校开办讲座，如"与伟人的亲密接触"既能够为学生树立目标和榜样，又能激发学生的学习热情和斗志，与伟人的交谈还能实际解决学生的困惑。如此对社会资源的利用，无疑为学校注入了"与生活和实践相结合"的能量，使学校教育血肉丰满起来。

3. 理论研究促实践

与美国等西方国家相比，我国学校公共关系事业起步较晚。但已有多位学者对此进行了专门的研究，研究成果较为丰硕。

从学校公共关系的专著中，可以得出近 20 年来的学校公共关系研究的成果。学者们一般都从学校公共关系的概念入手，进而论述学校公共关系的对象、职能、活动原则和工作过程。当然，不同的学者看待问题的角度各异，因此，他们也选择了从不同的侧重点论述学校公共关系的内容。

1990 年，陈孝彬主编的《教育管理学》①第 19 章的内容论述了学

---

① 陈孝彬. 教育管理学[M]. 北京：北京师范大学出版社，1999：446-461.

校公共关系，包括学校公共关系的概念、职能、活动的原则、公众对象及公共关系的内容和程序。虽然篇幅不长，没有全面论述相关内容，更是缺乏实例的分析和实际操作的研究，但是我们仍然不能否认其贡献，即是中国大陆最早的对学校公共关系进行的比较系统的描述，使学校公共关系成为一门课程出现在教育和学校管理的领域内。

1994年，盛绍宽主编的《学校公共关系学》①不仅更加详细地论述了学校公共关系的概念、职能、原则、对象等基本内容，还用了几个章节的篇幅，阐述了学校公共关系的实务调查，将理论落实到应用中去。比如告诉我们如何进行学校公共关系调查，可以运用什么方法；如何进行学校公共关系传播，可以运用什么技巧；以及这些方法和技巧各自具有什么特点、适用于何种情境。另外，书中还对如何利用学校公共关系的综合性活动（例如家长会、学校开放参观日、庆典活动、社区教育活动、社会公益事业赞助等）的良好时机，有效成功地开展宣传、沟通信息、扩大影响，从而争取公众的信赖和支持。

1995年，赵守仁著述的《学校公共关系管理》②又补充了一些新的内容。该书总共十章，论述的内容全面并且系统。值得一提的是该书在阐述如何落实学校公共关系策划时，更加具体详细。该书还将学校公共关系管理分为内部和外部两个部分，使得这一体系更加清晰。最后该书还提出要对学校公共关系活动进行效果评估，体现了对问题的总结和反思，促使学校公共关系不管在实践还是理论上，都不断修正偏差，弥补不足，完善措施，提高水平。

---

① 盛绍宽．学校公共关系学[M]．北京：科学普及出版社，1994：10.
② 赵守仁．学校公共关系管理[M]．哈尔滨：黑龙江科学技术出版社，1995：4.

1998 年，陈家昌、冯大鸣合著的《学校公共关系研究》①，涉及学校整体形象设计、学校公众的分类、学校公共关系的目标和原则、基本职能和工作程序、学校公共关系实务等内容。在学校公共关系实务内容中，阐述了如何进行文字工作、如何操作综合性公共关系、校长如何运用亲和力和谈判技巧达成维持良好公关的目的。然而该书在框架上没有做出显著的革新。同年出版的欧阳林的《学校公共关系新论》，突出了学校管理学是学校公共关系的基础理论这一事实，认为学校公共关系管理必须从学校管理学的研究出发，根据学校管理学自身特点，开展学校公共关系的研究。虽然在具体内容上没有显示其特殊性，但其强调从学校管理入手探讨公共关系问题，为教育工作者提供了一个角度。

2000 年以后的专著还有刘健儿的《教育公共关系学》、张连生的《学校形象论——学校公共关系的理论与实践》、张东娇的《公众、事务与形象：学校公共关系管理导论》和《学校公共关系管理》。这几本书都从理论和实务两方面进行阐述。张东娇②在各位学者的研究成果基础上，考量学校公共关系管理这一课题，并对他们没有提及的公共关系管理程序问题进行描述和讨论，并将其放在了重要的位置上。她在写书过程中，采取明暗两条线索，明线是对人、事、形象的管理，暗线是对日常公共关系、学校专项公共关系和学校系统公共关系策划的管理，条理非常清晰。在回答到底如何管理学校公共关系时，将公共关系管理的经典 ROPE 四步模型与学校实际相结合，加之案例评

---

① 陈家昌，冯大鸣. 学校公共关系研究[M]. 沈阳：辽宁人民出版社，1998：8.

② 张东娇. 公众、事务与形象：学校公共关系管理导论[M]. 重庆：重庆大学出版社，2005：21-26.

析,非常切合实际运用。

总之,中国学校公共关系理论对学校公共关系的概念、原则、管理对象、管理模式和流程都有较为详尽的阐述。与此同时,还从学校内部和外部两方面或是从学校相关公众的几方面着手,在实践中修正理论,对理论进行了深化研究,可以说中国的学校公共关系的理论在众多学者研究和学校实践中,已经形成了比较完善的框架。

(三)存在问题

当前国内各个学段的学校公共关系存在各种不足,面临许多挑战,学校公共关系现状不容乐观。

1.公众的需求和质疑

如今的时代,学生挑战教师、师生挑战校长、社会挑战学校。教师想处理好与学生的关系,校长想处理好与师生的关系,学校想处理好与社会的关系,这些已然变得非常复杂和困难。虽然做好学校公共关系可以帮助解决这些难题,但直到今天,许多学校仍然没有把公共关系当成学校战略管理的组成部分。

如今,学校要想获得成功,必须具有充足的资金支持和投入,学校内部要做出成绩。然而更重要的是这些成绩要得到社会的认可,也就是说学校应该想尽办法给社会公众留下好的形象;同时,公众也在成长,对于学校责任的公众质询和审查的需求都在快速增长。在这种前提和背景下,学校管理者花费在与人打交道上的时间和精力理应越来越多,而且是非常必要的。为了获得公众持续的选择和支持,学校要考虑许多问题:公众喜欢的学校需具备什么样的特色;吸引政府投资和社会捐资的学校需要做哪些工作;学校要站在家长的角度需要考虑哪些内容等。不仅如此,公众在注重学校教育质量服务的同时也越来越关注教育成本，他们希望与之打交道的学校是自己所熟悉的和信赖的。随着家长受教育程度的提高，对教育的质疑也越来越多。学校必须花大力气小心经营和各类公众的关系，因为赢得公众的兴趣、理解和信任需要多年的累积和长期的经营。

2. 缺乏真正的家校互动

我国的家校合作实践还远未普及。虽然有家长会、学校开放日等此类活动，但这些活动往往一个学期才举办一次，而且一般只出现在一些大中城市的学校，农村学校能举办这些活动的实属凤毛麟角。更不容乐观的是，许多学校在开展这些活动的时候只是单纯地"走过场"，即存在严重的形式主义，并没有真正达到家校互动的目的。在家长会当天，学校会早早地精心准备，在当天"表演"给家长看。家长并不能从活动中了解到学校的日常教育现状。另外，在此类活动中，主要是学校向家庭单方向的灌输，缺乏真正的沟通。比如在家长会上，多半是老师讲、家长听。另外，由于受传统的师生及家长关系的影响，中国的家长在与学校的交往中处于劣势地位，双方并没有以平等的方式进行沟通交流，家长担心与教师或学校的某些交往会对孩子产生不好的影响，因此，在与学校及教师交流中，家长总是有所保留，有时其观点甚至与实际想法向左。

3. "被动防守"

当前我国学校公共关系的开展还比较被动，常常是问题已经严重到家长或者其他公众找上门来时才处理矛盾。很明显，学校主动做好公共关系的意识不够。进一步说，学校没有正确摆放家长或其他外部公众的位置，即把他们摆在敌人的位置上，而不是合作的位置。另外，我国学校的公共关系是一种自然状态的事实性工作，出现问题才解决问题，没有全局管理的意识，没有预先做好预案将问题扼杀在摇篮里，总是要等到事态恶化才去解决。

4. 缺乏专职部门

在处理问题的过程中，操作程序也并不完整。学校负责公共关系的管理人员并不是专职人员，学校一般也不会设立专门的公共关系部门。公共关系的工作一般由校办公室、教务处或者德育处负责。这些部门需要处理许多其他的日常事务，因而处理学校公共关系问题的精力就不那么充足，往往也放弃了学校公共关系的很多工作。

总之，我国学校公共关系的实践还未能充分利用理论做指导，特别是思想认识上的不重视导致了行动困难。因此，中国学校公共关系面临着很大的挑战，还有很长的一段路要走。

第三节　国内外公共关系管理研究现状

一、国外研究现状

国外关于学校公共关系的研究已经形成了完整的理论体系，并且有完整的实践系统支持。纵观这些研究针对的主题，主要可以分为以下几个方面。

(一)对学校公共关系管理职能的研究

从国外现有的研究中，可以看出学校公共关系作为学校管理的一种手段的职责和功能。对学校内部公共关系，其职能主要是树立学校的良好形象，提供解决问题的办法以及对员工进行公共关系重要性的培训。对学校外部公共关系，其职能包括：可以促进社区对学校输入资金、资料和看法；与媒体建立重要的联系；对公众进行民意调查，从而进行学校公共关系研究。

(二)对学校公共关系计划的研究

学校公共关系在学校管理中的地位举足轻重,因此,如果将学校公共关系落实到实践中,学校应该制订公共关系计划,并确定要达到的目的。学校希望达成的目的很多,可能是增加注册人数,可能是培养对学校改革的支持,可能是抵制消极的媒体报道,或者是帮助工作过度的家长学习如何帮助他们的孩子取得成功等。学校公共关系达成什么目的应该和学校所处现状结合在一起考虑。学校首先要了解人们关注哪些问题,人们有什么抱怨和不满。唐·倍根(Don Bagin)和唐纳德·R·格莱叶(Donald R. Gallagher)等所著的《学校和社区关系》给出了学校公共关系计划的一些制订步骤。

第一,查明公众在说什么。进行民意调查,比如1999年《每年公众对公立学校态度的民意调查》显示,98%的被调查者认为教职员工的质量是他们选择一所学校的最重要的因素;询问当前的家长,询问他们对学校的初次印象,包括积极的和消极的。当前,家长有了越来越多的为孩子选择学校的机会,不良的第一印象意味着失去一个学生。第二,为学校制订一个战略规划,一个独立于学校公共关系计划的战略规划,摒弃限制在董事会会议室中的由董事会成员起草的战略规划,相反地,举行一系列公众陈述意见的会议来创造一个战略规划,邀请社会各界的人参加,包括家长、教师、学生、管理者、政府官员、神职人员、商业管理人员、国家领导、社区激进主义分子等。第三,建立一个公共关系委员会,或者将公共关系委员会的职能添加给已经存在的某个部门。

(三)对学校公共关系管理策略的研究

在策略方面,涉及的都是一些具体的做法,且实用性强,例如相关文献阐述了如何充分利用媒体、如何扩大学校服务范围、如何体现学校管理的席位行动、如何促进学生和教师取得成就、如何建立良好的沟通和互动网络、如何开放学校门户吸引家长和公众走进学校等。

总体上看，国外研究与实践紧密结合，实用性、操作性强，为我国学校公共关系管理研究提供了丰富的理论资料和经验借鉴。

二、国内研究现状

相对于国外学校公共关系研究而言，国内公共关系研究起步较晚。但是有许多学者就学校公共关系问题也做了较为深入的研究，可概括为以下三个方面。

(一)对学校公共关系管理模式的研究

国内大多数学者都就此主题展开过研究。张东娇[①]在《论学校公共关系管理模式与策略》一文中指出，公共关系已经由无意识管理时代进入了意识管理时代，并从局部管理阶段迈向了整合管理的阶段。她吸取卡特里普 1952 年提出的"开放系统模式"的理论，认为学校公共关系管理应采用双向对称模式，需要重视公众的态度和利益，强调学校组织和公众利益双向平衡的格局。单向传播模式和双向不平衡模式客观存在并且被辅助地运用。张东娇借鉴了卡特里普的理论，虽然在很大程度上的确适用于一些问题，但是，学校作为一个特殊的组织，相较于公共关系管理和理论应用的企业领域，还是有自己的特色的，这种借鉴也许忽略了二者之间的差异。

---

① 张东娇. 论学校公共关系管理模式与策略[J]. 上海教育科研，2005(9)：23-25.

华东师范大学张明明①在其硕士论文《现代学校公共关系管理梯度模型建构初探》中提出，公共关系管理进入中国以后，虽然取得了较为丰硕的发展，但是在理论上存在照搬西方发达国家的问题，实践中存在套用企业公关模式的问题。他试图构建一种适合中国学校的公共关系管理模型，以此适应中国学校公共关系的发展。他建构的梯度模型包括四个方面，分别是：目标的层次梯度、主体的参与梯度、公众的利益梯度和领导的多层面梯度。目标梯度包括总目标、次目标、常规目标、问题解决目标和创造性目标，学校应该根据自己的具体情况，对管理目标进行选择，做出及时、准确、高效的回应。学校公共关系的主体是作为组织的学校，这是相对于作为客体的公众而言的。在细分成各层级的学校公共关系管理主体还有：起重要作用的领导者、起基础作用的教职员工、作为学校形象代表的学生。他们在不同层级、不同岗位发挥着不同的职能。公众利益是公共关系管理的核心，学校公共关系管理的根本问题应该是处理、协调各方面公众的利益。学校组织的相关利益群体有教职员、管理与行政人员、当地社区、一般大众、大众媒体、学生、学生家长、校友会等。领导的多层面梯度包括层块领导和分布式领导，一个侧重的是领导者对组织的关注角度，一个侧重的是领导行为、领导者本身在组织中的下放和多层分布。二者从不同角度支持了学校公共关系管理中领导的多层面梯度。总之，张明明从目标、主体、公众利益和领导四个维度出发，各个维度下分为梯度层级，较为全面地阐述了他的模型设想。但是全文并没有阐述这四个维度之间的关系是什么，各个维度下细分的层级之

---

① 张明明. 现代学校公共关系管理梯度模型建构初探[D]. 上海：华东师范大学，2005：19-43.

间的关系也没有做出说明，不免有将理论堆砌在一起的嫌疑。

徐佩[①]在《初探学校公共关系管理模式与策略》一文中提出要丰富学校公共关系的管理模式，提升学校公共关系的操作策略。她的管理模式分为三种类型：技巧型、技术型和管理型。事实上，该文章可能受篇幅的限制，并没有详细阐述这三种管理模式的特征，也没用进行具体的优劣对比，更多的是对公共关系管理理论的照搬照抄和对管理模型的分类的简述。

综上，国内对学校公共关系管理模式的研究受公共关系管理模式的影响较大，并或多或少地受到公共关系管理模式的束缚。在今后的研究中，若是能跳出原有的框架，重新从我国的实际出发审视这一研究主题，才能取得突破性的进展。

(二)对学校公共关系管理价值的研究

有学者专门为学校公共关系管理做了价值的正名，意在呼吁学校管理者重视学校公共关系。公共关系作为一种特殊的管理职能，不仅适用于经济组织，同样适用于学校管理工作。特别是在现代社会中，学校管理需要在同社会各方面的交往中进行，更应该运用公共关系来调整内部运行机制，适应现代化管理整体发展需要。

欧阳林[②]认为，开展学校公共关系管理工作的重要意义主要体现在：第一，公共关系管理是学校管理工作适应市场经济发展的必然要求；第二，公共关系管理是学校优化外部环境的客观要求；第三，公共关系管理是现代学校协调好内部关系的重要手段；第四，公共关系

---

① 徐佩. 初探学校公共关系管理模式与策略[J]. 创新教育，2014(33)：100.

② 欧阳林. 论学校公共关系管理的必要性[J]，广西师范大学学报(哲学社会科学版)，1995(1)：83-87.

管理有利于学校扩大知名度。他还强调，为了充分发挥学校公共关系管理的作用，必须首先树立公共关系观念，特别要使管理者逐步具有公共关系的意识，强化他们对公共关系重要性的认识，并将这种新型的管理思想付之于具体的管理行为中。如果没有管理者，特别是学校决策层对公共关系的积极认识和努力推动，这一先进的管理思想和管理方法也无法发挥其应有的作用。

张旭辉[1]在其硕士论文《学校公共关系管理的价值与运作》中认为：学校公共关系对外优化可以实现社会职能，对内优化可以实现管理职能，此外还能够维护学校经济利益，实现经济职能。通过对这些价值的分析，他强调了公共关系管理在树立学校良好形象、为学校赢得公众支持、摆脱学校所处的困境方面的作用。另外，他还从八个方面来探讨如何运作学校公共关系管理来实现公共关系的价值，包括公共关系目标的确立、公共关系组织机构的设立、公共关系意识的培养、专门公共关系人员的培养、公共关系技能的提高、公共关系的处理、学校形象的设计和公共关系活动的策划。

(三)对学校公共关系管理策略的研究

赵金萍[2]从大学毕业生遭遇择业瓶颈问题出发，认为此问题是高等学校的公共关系陷入了危机状态。她提出要在学校公共关系的管理上实施开放式战略，充分发挥社会行业专家的桥梁纽带作用，敞开校门办学，与社会需求同步，才能解决大学毕业生择业难的问题。

---

① 张旭辉. 学校公共关系管理的价值与运作[D]. 重庆：重庆大学，2007：20-24.
② 赵金萍. 论高等学校公共关系的开放式战略[J]. 沈阳农业大学学报，2007(4)：546-549.

张秀才①在其硕士论文中论述了学校公共关系管理的策略。他按照公关对象将学校公共关系管理分成三大部分，包括学校与教师、学生关系的管理；学校与家长、社区关系的管理；学校与媒体和政府关系的管理。纵观其全文的具体策略，其核心就是"沟通"二字，讲述的都是学校应该怎么设定沟通计划，使自己的管理策略得到有效的实施。

张东娇②则认为学校公共关系管理包含三类：公众关系管理、事务管理和学校形象管理。对这三种不同的类型，又分别有不同的管理策略。学校公众关系管理是核心，主要采用人格管理和情感管理的方式；学校事务管理要采用事务中心、效率、安全中心的原则；而学校形象要采用差异中心、质量中心、文化中心的原则。她还提出了管理过程中的四步管理程序：调查研究、制订方案、实施传播和效果评估。

徐赟③等人在意识到了我国中小学学校公共关系被动、不全面、体制机制不完善的现状后，提出了改进策略。一方面，要变被动为主动，积极全面开展公共关系；另一方面，设立专门机构，制订相应规范，合理运用机制来促进公共关系的切实执行和发展。

除了以上三大方面的内容，还有一些学者分别对学校公共关系的环境、管理理念进行了较为深入的研究。比如刘守旗的《学校公共关系环境略论》就从不同的维度对学校环境进行了分类，并分别阐述了

① 张秀才. 公共关系管理策略研究[D]. 济南：山东师范大学，2012：31-61.
② 张东娇. 学校公共关系管理模式与策略[J]. 上海教育科研，2005(9)：23-25.
③ 徐赟. 试论我国中小学学校公共关系现状与改进策略[J]. 当代教育论坛，2012(3)：58-60.

学校和环境在互动过程中的公共关系管理。韦惠惠[①]论述了民办学校公共关系管理应该秉承"信誉意识""持续发展""顾客满意"的理念，才能树立良好的学校形象，为学校的发展营造和谐的内外环境，赢得竞争，促进学校的发展。

总之，近年来国内对学校公共关系的研究取得了一定进展，但是在此领域内的研究内容并不是特别丰富，研究深度也不是非常理想，许多文献资料缺乏实际案例支持理论。针对这些不足，我们应该继续深化和完善学校公共关系的相关研究。

① 韦惠惠. 论民办学校公共关系管理的理念[J]. 民办教育研究，2004(3)：46-50.

第三章　学校公共关系的理论基础

　　理论基础是指对一种概念、学说或实践起奠基和指导作用的理论。对于公共关系的理论基础，除了卡特里普等在《公共关系学教程》中提及的较为基础的生态学、系统论和控制论之外，比较有代表性的就是美国孟菲斯大学教授丹·拉铁摩尔等学者所持有的观点。他们在《公共关系：职业与实践》一书中，从关系理论、认知和行为理论、大众传播理论三个方面阐述了 10 种公关核心和基础性理论，但是仔细考量却又有直接移用、不甚全面等缺点。① 蔡文正认为学校公共关系主要基于三方面的理论：第一，学校本身组织特性的理论，包括学校的科层体制、松散结合系统、双重系统理论、非正式组织、受养护型组织理论，着重从学校组织特性与组织发展的变革来谈对于学校公共关系的影响；第二，公共关系的概念与做法，主要是学校作为非营利性事业组织引进其他社会组织所发展的公共关系的理论基础，包括公

---

　　①　白巍. 公关论[M]. 北京：中国经济出版社，2009：24-25.

共模式与对等沟通理念、权力系统论、行销理论等。① 第三是沟通的理论，学校公共关系基本上是一种资讯沟通的历程。

本书认为学校公共关系既是一种实现教育目标的手段，也是一种发展历程，又是学校内部之间、内外部之间的一种双向沟通、平等合作关系。鉴于本书对学校公共关系的定义以及学校组织的特殊性，本书认为学校公共关系的理念和运作主要建立在系统论、冲突论、符号互动论、传播论、营销理论基础之上，下面将分别从这几个方面来介绍学校公共关系的理论基础。

第一节　系统论

学校作为教育系统中的一个子系统，会与内外部发生方方面面的联系，要保持学校组织系统的正常运行，就要思考如何处理学校与各利益相关者的关系，因此，学校公共关系需要以对学校组织系统特性的深入了解以及系统思考的思维方式作为行动的支撑与指导。

一、系统论简述

系统论是美籍奥地利生物学家贝塔朗菲（L. V. Bertalanffy）1945年创立的，系统论从创立之初到现在主要经历了两个发展阶段：第一阶段是经典系统论阶段，也即一般系统论，它最初是贝塔朗菲在其"机体系统论"基础上提升出来的一种理论，它的主题是"阐述和推导一般地适用于'系统'的各种原理"；第二阶段则是近几年刚提出来的现代系统论阶段，该阶段系统论主要研究系统内部整体与部分的关系

---

① 陈世聪，等著. 学校公共关系[M]. 台北：五南图书出版股份有限公司，2007：18-30.

问题。系统论创立之初是为了研究整体和整体性的问题，当时系统与整体这两个范畴尚没有区分开。到了现代系统论阶段，系统概念与整体概念已经被严格区分开来，系统被视为整体和部分的统一，而且需要在系统与部分、层次、功能、结构和环境的相互关系中考察系统的整体性。[①]

系统论以研究系统的普遍原理为主要内容，它把系统作为中心概念，以一定的系统为研究对象，以整体性、有序性、层次性、动态性、开放性和目的性等为基本原则。[②] 贝塔朗菲曾对系统做了封闭系统和开放系统的区分，他指出："有机体不是封闭系统，而是开放系统。我们把没有物质输入或输出的系统叫作封闭系统，而把有物质输入和输出的系统叫作开放系统。"[③]学校就是这样的开放系统。

二、主要影响

(一)学校作为开放系统组织

系统理论视组织为开放系统，强调组织与外在环境关系的重要性，并且认为组织是一大环境次系统，外界环境会影响系统的运作。因此，系统必须依赖组织内外的回馈来进行自我调整以维持系统的稳定状态，并通过外界环境来改变组织的内部构造，从而更好地适应外部环境。

封闭系统很少与外界进行物质、信息和能量的交换，必然通过内

---

① 常绍舜. 从经典系统论到现代系统论[J]. 系统科学学报，2011(3)：1.

② 张明明. 现代学校公共关系管理梯度模型建构初探[D]. 上海：华东师范大学，2005：18.

③ 冯·贝塔朗菲. 一般系统论：基础、发展和应用[M]. 北京：清华大学出版社，1987：113.

部的热交换趋于无组织，熵（内耗）不断增加，最后达到完全无序的热平衡（死亡）。[①] 而开放系统的组织则可以通过公关人员来获取各种外部信息，判断自己与各个利益相关者的关系是否富有成效，从而决定自己下一步如何运作。[②]

开放系统有四个主要特性：第一，开放系统的运作是一个"投入—处理—产出"的历程；第二，开放系统是一种回馈的历程；第三，开放系统具有彼此互相流通穿透的能力；第四，开放系统重视适应环境的能力。

现代社会，处于各个公众视野中的学校也表现出越来越多的开放系统特质。就系统理论观点，学校组织是一个与周边环境互动的开放系统，学校在不断地与外界环境交互作用中，保持着相对稳定的平衡状态。如学校与外部社区不断地发生信息与物质的交换，社区随时向学校输入资讯和需求，学校则要做出反馈与回应，学校也因而在社区的压力之下不断适应与成长。

在办学过程中，学校一直承担着来自社会的压力，比如经济、生源、教师以及教育质量等多方面问题。通常学校承受的这些压力，并不希望引起大众的注意，但这往往使问题更为复杂，因为缺乏沟通而引起社区大众的不满和谴责。[③]

如果教育行政者让学校系统保持开放，实现组织与环境之间资源

① 拉兹洛. 用系统的观点看世界[M]. 闵家胤，译. 北京：中国社会科学出版社，1985：56-57.

② 丹·拉铁摩尔，奥蒂斯·巴金斯，苏泽特·海曼，伊丽莎白·托特，詹姆斯·范·勒文. 公共关系：职业与实践[M]. 朱启文，等译. 北京：北京大学出版社，2006：54.

③ 李义男. 学校公共关系的理论与实务——以美国为例[M]. 台北：五南图书出版股份有限公司，1995：47.

与信息的双向流动，学校就可以充分活动相关信息，从而更好地适应环境。① 因此，优秀的学校管理者会使学校保持开放，而非自我封闭。学校不应该将学校发生的事情封锁，甚至有意压制学校内发生的恶性事件，而应保持开诚布公的态度与内外部各公众进行主动的沟通和交流，从而使公众更好地认识学校，更好地为学校的问题建言献策。

作为一个开放系统的学校具有以下基本特征：第一是结构性和层次性，也就是学校组织内部有鲜明的结构特征，各部门和岗位的人员职责和工作任务分配等又表现出层次性特征；第二是历程性和互动性，学校系统总体具有"投入—转化—产出"的运作历程，在此过程中要维持各次级系统间的动态交互关系；第三是具有控制的回馈装备；第四是生态性，亦即具有适应环境、防止组织凋零的能力。针对这四种特性，学校在推展公共关系上亦有几大含义：首先是学校公共关系管理应该受到重视，学校内外层面的公共关系应该兼顾；其次是应畅通回馈渠道，调整学校运作；最后应该了解环境特性，掌握环境变量。②

（二）学校管理的系统思维

社会学家认为，一个组织就可以看作一个在结构与功能上相互依存的完整系统，它由多个部门构成，每一个部门又涉及人、财、物等多种因素，而其中任何一种因素的变化，都有可能影响到整个组织的发展。系统视角强调组织和它的内外部环境之间的相互依赖关系，根

---

① 丹·拉铁摩尔，奥蒂斯·巴金斯，苏泽特·海曼，伊丽莎白·托特，詹姆斯·范·勒文. 公共关系：职业与实践[M]. 朱启文，等译. 北京：北京大学出版社，2006：56.

② 张明明. 现代学校公共关系管理梯度模型建构初探[D]. 上海：华东师范大学，2005：19.

据这种系统视角，组织要依靠环境获得各种资源。

就学校来说，学校是整个教育系统中的一个组成部分，教育系统又是整个社会大系统中的一个子系统，学校管理的整体运动是由学校管理系统内部诸要素之间的相互作用以及学校管理系统与外部社会系统之间的相互作用等种种错综复杂的关系构成。学校不是脱离社会的"世外桃源"，而是随着时代的发展，与社会各方面的交往联系越来越多，要对学校进行有效的管理，就需要越来越重视教育系统和社会系统中诸因素对学校的影响。[①]

学校的运行会受到内部各种变量和因素相互作用的影响。其中包括学校的组织结构，即行政、教学和后勤部门；学校的成员，即教师、学生、行政人员、后勤人员等；学校的技术和设备，即课程、教学方式、学校建筑等；学校的角色地位、个性、价值观、期望、校园文化等。这些方方面面的因素就好比有机体身上的细胞，它们相互作用和影响，共同决定着学校这一有机整体的生长和发展。[②] 了解学校组织内部的各因素变量之间的关系并使它们协调发展，处理好学校内部的公共关系是学校管理最基本的任务，这将有利于学校内部日常工作有条不紊地进行。

毫无疑问，学校组织也会与它所处的外部环境发生交互作用。这个历程包括输入（存在于社会环境中的知识价值与目标、金钱等）、过程（组织结构次系统、人员、技术及工作任务等）和输出三方面。[③] 在这个历程中，学校与外部的家长、社区、政府、媒体、教育机构等公

① 欧阳林. 学校公共关系新论[M]. 广西：广西师范大学出版社，1998：2-3.
②③ 张明明. 现代学校公共关系管理梯度模型建构初探[D]. 上海：华东师范大学，2005：18.

众或组织发生交互作用，此时学校变成了整个社会系统中的一个子系统。学校要处理好与外部各利益相关者之间的关系，才能成为整个社会系统中的有机组成部分，实现它所追求的社会效益，学校对外公共关系的意义便在于此。

基于系统理论，学校管理者需要具备系统思维方式，检视在学校组织的边界内，有没有协调管理好学校内部职能部门和教职工以及学生之间的关系；在学校组织的边界外，有没有管理好学校与家长、社区、政府等各利益相关者的关系，处理好其中的矛盾，发现其中的机遇。可以说，系统论为校长提供了一种思考关系的方法，即置身学校组织当中同时也要时而站在学校组织的边缘，既向学校的内部也向学校的外部观望，对学校所处的内外部环境的变化了然于心，从而有可能做出顾及全局的决策。

综上所述，系统论主要给学校公共关系带来以下几点讨论与启示：第一，应该把学校看作一个具有"投入—处理—产出"历程的开放系统，该系统经由回馈机制保持与外界互动，从而促进学校的变革与发展；第二，学校公共关系的推展不仅要积极对外，更需要整合内部环境，凝聚成员共识，以学校整体发展为追求目标，做好内部公关，保障学校内部的正常运转；第三，学校应该建立沟通渠道，注重双向沟通，一方面主动争取大众对学校办学的认同与协助，另一方面回应各种舆论的需求，检视学校发展理想与事实的偏差；第四，学校应该提供公众多元参与学校管理的机会，在学校内外部多数成员的共识基础上做出决策。

第二节　冲突论

学校在开放系统组织运作过程中，越来越多新的冲突与挑战是不可避免的，这就需要学校管理者对冲突有一个正确的认识，不能因为可能会出现的冲突而对进行学校公关、加强学校与内外部公众的沟通心生畏戒。

一、冲突论简述

冲突论是社会学中一个重要的理论流派。它是指社会中的个体和群体由于目标取向的差别和利益分配的不均，存在着冲突和斗争。自20世纪60年代起，一些教育家就开始运用冲突理论的基本观点来探讨教育制度的社会功能、学校内部的社会过程等方面的问题。比如，学校组织在运行过程中会不断发生内部与外部的冲突，又不断进行对内和对外的协调就是教育社会学理论中的一个重要观点。

组织中的冲突是一种客观存在的自然状态，因为目标取向难以达到完全一致，利益分配也难以绝对平均。而作为开放系统的学校在与内外部环境诸多要素进行交互作用的同时更是难以避免因为利益和观念不一致而导致的冲突与矛盾。我们需要做的是管理好冲突，即进行协调而非极力避免冲突，冲突和协调也因而是学校组织运行过程中两个极为重要的方面。

二、主要影响

(一)学校组织内部的冲突

学校组织内最经常的冲突是学校内部成员个人之间的冲突。具体可细分为校长与教师间的冲突、行政人员与教学人员间的冲突、教师之间的冲突、师生之间的冲突等。这些内部关系协调不好，将严重影响正常的教学秩序。

在学校内部的诸多冲突之中，学校不同层次或不同部门之间的冲突是发生较少但对学校组织影响较大的一类冲突。学校组织规模越大，发生这类冲突的可能性就越大。这类冲突通常表现在职责、业务和经济利益分配方面。如果只是限于业务上的冲突，还比较容易解决，然而一旦这类冲突与个人间、非正式组织间的冲突牵连在一起，就不容易解决了。

(二)学校组织间的冲突

此类冲突主要发生在两种情况下：第一种是在同一级学校组织之间，主要是竞争性冲突，竞争关系本来是同一级的学校组织之间存在的正常社会关系，可以促进学校的发展，但是作为两种十分相近的社会互动方式，竞争很容易转变为冲突；第二种是在不同级的学校组织之间，主要表现为学校层级系统中的结构性冲突，即主要是由学校系统结构上的不协调所致。

(三)学校组织与环境的冲突

学校组织与环境的冲突指的是作为社会子系统之一的学校组织与其他社会子系统之间发生的冲突。这类冲突广泛而复杂，比如与教育行政单位、与街道、与社区团体、与家长、与各类社会机构等之间的冲突。学校系统与社会系统的关系并不总是互相适应、协调一致的，双方的资源交换并不都是平衡和顺利的，因此会时常发生冲突。这类冲突主要表现在两个方面：一方面是学校教育培养目标和结果与社会发展不相适应，另一方面是社会对学校的发展支持不足，资源供给不足。

(四)冲突解决的途径

学校公共关系的本质就是管理和沟通，而这便是冲突解决的有效途径，因此，冲突的普遍存在恰恰是学校进行公关的充分条件。

在学校组织的运行过程中，与冲突交替出现的还有另一种现象，这就是协调。协调是所有社会组织得以存在和发展的基础。西方教育社会学学者的研究表明，为了能更顺利地进行学校内外部的沟通，需要处理好对内及对外的协调，重视并开展公共关系工作。

最常见的公共关系手段是用各种语言的或非语言的、直接的或间接的手段在学校组织的内部和外部进行沟通，即通过信息的传播，让学校组织内个人之间、非正式组织之间、正式机构之间进行思想、观点和感情方面的交流，避免和减少各方的误会，增加各方的信任感和共识，在理解的基础上寻求协调。对于学校组织在运行过程中已经出现的内外部冲突，绝不能听之任之，而必须立即通过公共关系手段着手解决。[①]

对于冲突解决的途径，费舍尔（Fisher）和尤瑞（Ury）建议应注意以下四点：第一，把人和问题分开。也就是我们常说的"对事不对人"，尽管你不同意他人的那些目标和价值观，但是必须尊重在那个位置上的人本身。第二，把重点放在利益而不是立场上。双方摆出自己的立场并试图说服对方接受自己的观点是很正常的事情，但是你应该试着跳出自己的位置去想想对方到底需要什么。立场只是某人需求的一种表达方式，你是有可能通过不同的方式来实现目标的，但只有尝试了之后你才能知道这种可能性。第三，创造互利的解决方案，也就是创造性解决问题的方法。这种观念就是要探索使双方都能实现各自目标的方法。尽管博弈论认为竞争者双方最终会达到一个"零和"的

---

① 张旭辉. 学校公共关系管理的价值与运作[D]. 重庆：重庆大学经济与工商管理学院，2007：18.

局面，但是只要你尊重双方的利益，准备设计多种解决方案，跳出冲突本身来解决问题，是有可能创造"双赢"的局面的。第四，坚持客观标准。尽早就一个公平解决方案达成一致。①

综上所述，学校管理者应该正确认识学校内外部可能存在的冲突与竞争，并利用学校公共关系的推展有技巧地协调管理这些冲突，始终把互利共赢的局面作为冲突解决的最终目标，这对于学校自身的形象与声誉来说也是很重要的一个方面。

第三节　符号互动论

一、符号互动论简述

符号互动论创立于 20 世纪 30 年代的美国，曾经在 60—70 年代盛行一时，而且至今仍是有很大影响的社会学理论流派。它的形成受到了欧美思想传统、美国社会历史以及美国社会学的制度化的影响。符号互动论的主要观点是"人际传播是通过人类共同理解的象征符号（主要是语言）来进行的，这种互动不仅表现在个人与他人的交往中，而且表现在个人的自我思维活动中，而个人和个性也是在互动过程中形成的。"②符号互动理论认为人们之间的互动主要由沟通组成，因而把传播看作沟通不同世界的桥梁，在这些世界里的符号所具有的特定

---

① 丹·拉铁摩尔，奥蒂斯·巴金斯，苏泽特·海曼，伊丽莎白·托特，詹姆斯·范·勒文. 公共关系：职业与实践[M]. 朱启文，等译. 北京：北京大学出版社，2006：57-58.

② 谈谷铮. 社会学[M]. 成都：四川人民出版社，1988：135.

意义，有些为人们所共享，有些则不然。①

符号互动论的基本观点是：② 第一，符号是社会相互作用的中介；第二，人们通过对符号的定义与理解进行行动；第三，符号互动是能动和可变的过程；第四，符号互动创造、维持与变革社会组织、结构与制度。

二、主要影响

提及符号互动论，有三个人的名字是无法回避的，作为符号互动论的先驱和代表人物，这三个人就是米德、布鲁默和戈夫曼。他们所提出的学说和理论为社会学理论的丰富做出了很多贡献，也为学校管理者们思考学校公共关系的传播提供了理论支撑。

(一)准确运用符号

米德符号互动论的主要目的是试图从符号交流也就是人际传播的角度来解释人与社会的形成。在他看来，人类社会完全建立在符号交流的基础上，真正的人类交流方式是借助于符号的交流，只有当一个人对符号的理解与他人相一致时，人类的互动才成为可能。③ 理想的交流状态下，符号可以被所有人赋予相同的传播意义，因此他们可以借此达到无障碍的交流。而且米德深信人类能够最终实现理想的交流，通过充分的符号互动，人们将在许多问题上实现共识。④

---

① 陈燕. 人际传播：符号互动论与社会交换论的比较研究［D］. 合肥：安徽大学，2007：15.

② 宋林飞. 西方社会学理论［M］. 南京：南京大学出版社，1997：275.

③ 侯钧生主编. 西方社会学理论教程(第三版)［M］. 天津：南开大学出版社，2010：249.

④ 陈燕. 人际传播：符号互动论与社会交换论的比较研究［D］. 合肥：安徽大学，2007：9-11.

虽然米德对理想交流方式的实现过于理想和乐观，忽略了符号所具有的丰富的社会和心理的内涵，仅仅把符号视作语言学或者语言哲学研究的理想类型。[①] 但他的理论能够启发学校思考在进行学校公共关系的传播时如何准确地赋予语言、文字、图片等传播的符号和信息载体以学校想要传达的意义，尽量不引起歧义，从而达到一个较为理想的交流状态，与公众达成一定的共识。

(二)在互动中发展关系

米德之后，符号互动论在布鲁默的努力下，逐渐显示出了较为成熟的理论体系与方法论，理论变得更为细致，并且使得米德的一系列微观社会学理论获得了"符号互动论"这一名称。布鲁默认为人类互动具有两个重要特征：其一，人类互动是以符号为基础的；其二，与动物之间的非符号互动不同，符号互动并不是简单的"刺激—反应"关系，它还牵涉到对行动的解释。因此，他重视人的主观因素与个人的特殊性，人是一个行动着的有机体，他要根据他对符号所做的解释，对事物赋予的意义来塑造自己的行动，并非仅仅对某些因素的作用做出反应。[②] 同一事物对不同的人有不同的意义，这些意义产生于互动过程之中，而且它们不是固定的，会通过自我解释过程得到修正。

在学校公共关系的传播中，要使学校与公众之间的互动朝向着学校意欲达到的目标发展，就需要对传播的重点内容进行一定的解释和强调，也许每个人对同一条消息的理解不同，但如果学校有意识地将

---

① 陈燕. 人际传播：符号互动论与社会交换论的比较研究[D]. 合肥：安徽大学，2007：11.

② 陈燕. 人际传播：符号互动论与社会交换论的比较研究[D]. 合肥：安徽大学，2007：12.

大众关注的焦点聚集在某一重要的点上并及时进行解释和互动，那么便有利于公众对学校传播的消息形成学校所期望的解释，从而采取利于学校的行动。

(三)前台与后台的一致性

戈夫曼在克服布鲁默的形式化倾向方面前进了一步，注重分析个人在与他人交往中如何获得社会效果及其策略。戈夫曼把戏剧比拟引入社会学，开创了社会学理论中的戏剧分析范例，运用剧场语言描述了自我在日常生活中的表演，社会中的行动者被类比为舞台上的演员，社会成员也必须调整各自的反应以寻求相互协调。①

戈夫曼承认传播是社会行为的基础，同时也更细致地分析了信息传播在社会行为中所起的作用以及社会制度因素在人的信息传播中所起的作用。他以"框架"为工具，更清楚地展示了现代社会的日常生活中人际交流与传播是如何建构社会的这一问题。戈夫曼将所有的人类行为分为台上和台下的行为，前者被称为前台，后者则为后台。人的传播与交流之所以复杂，就在于人在前台与后台所传递的信息是两种完全不同的信息。人在扮演前台角色时，通常会隐藏自己的真实表现，而且只要他具有自身的目标，就会在观众面前对一些信息加以渲染而对另一些则加以掩饰。因此，必须进行信息控制的表演者与观众之间的关系不可能是心灵与心灵之间的交流，如此，便淡化了符号互动论原有的理想主义基调，但传播与交流的本质也并非完全等同于

---

① 侯钧生主编. 西方社会学理论教程(第三版)[M]. 天津：南开大学出版社，2010：260.

欺骗。①

　　戈夫曼的拟剧互动理论实质是"印象管理"，即如何在他人心中塑造一个自己所希望的印象的过程。为此，当人们被观察时，他们会进行理想化表演、神秘化表演以及补救表演。②

　　戈夫曼关注的是个体对社会规范赋予自身角色的灵活扮演，而对于学校组织来说，它同样也需要在公众面前扮演好公众期待的角色。学校公共关系实施传播便是帮助学校更好地将它所扮演角色的情况展现给公众，在此过程中，在不违背社会公认的准则的前提下，学校可以利用一定的传播手段将学校展现在公众面前并在公众面前塑造一个学校所希望的印象。当然学校不能过于渲染不符合实际的言行，否则最终当其在后台的形象暴露在公众面前时，学校的声誉将受到致命的打击。

第四节　传播论

一、传播论简述

　　公共关系的活动从本质上说是一种系统的信息传播活动，因此，传播是构成公共关系系统的要素之一，也是沟通公共关系主体与客体的桥梁，要达到公共关系的沟通目的自然离不开有关传播的理论、方法和技巧。

---

　　① 陈燕. 人际传播：符号互动论与社会交换论的比较研究[D]. 合肥：安徽大学，2007：12-14.
　　② 侯钧生主编. 西方社会学理论教程（第三版）[M]. 天津：南开大学出版社，2010：262-264.

自 20 世纪 40 年代传播学在美国形成以来，信息传播与传播媒介的威力已经被人类广泛认同，无论是在政治还是经济上，传播及传播媒介都发挥了其他工具所不可比拟的作用。特别是随着以电视和个人电脑为核心的现代大众媒介进入家庭，人们不得不对传播规律和传播理论进行更深入的研究和分析。①

在传播学领域，公认的有影响的传播模式有拉斯韦尔的 5W 模式、香农—韦弗模式和施拉姆模式。

拉斯韦尔的 5W 模式认为，描述传播行为的一个简便的方法就是回答：Who, Say What, in Which Channel, to Whom, with What Effects(亦即：谁，传播什么，通过什么渠道，向谁传播，有什么效果)。从这五个传播要素当中，可以看出传播研究的五大内容即控制分析、内容分析、媒体分析、受众分析和结果分析。②

香农—韦弗模式即数学模式。该模式把传播描述成一种直线的单向过程，整个过程由五个环节和一个不速之客——噪声构成。这五个环节即信源将要传播的信息发射出去，信息会经过发射器编码而采用与所经渠道即信道相适应的信号形式到达接收器，接收器将接收到的信号还原为信息并发送到传播的目的地即信宿。在信号经过信道时会有"噪声"对正常信息传递的干扰，从而出现冗余信息。虽然"噪声"这一概念的引入是这一模式的优点，但是人际传播的信息内容、社会环境和传播效果并不能在这一单向直线的模式中找到。③

施拉姆模式，其基本过程就是大众传播媒介或者机构在获取或接

---

① 于然. 现代组织公共关系学[M]. 北京：北京师范大学出版社，2014：53.
② 于然. 现代组织公共关系学[M]. 北京：北京师范大学出版社，2014：54.
③ 于然. 现代组织公共关系学[M]. 北京：北京师范大学出版社，2014：54-55.

到信息源发出的信息后，要经过译码者（记者）、释码者（编辑）和编码者的加工和整理，将其变成可以被传播出去的符号；受传者属于一定的社会群体，信息传播是双向循环的过程，受传者同时也是传播者，并且会给传播者发出反馈信息；信息在传播过程中会得到再解释或加工，每个受传者和传播者都扮演着译码、释码和编码的角色。虽然这种模式强调了信息传播的双向性，但是仍然属于线性传播模式。①

二、主要影响

（一）一个螺旋上升的过程

"沉默的螺旋"理论是德国社会学家诺利·纽曼提出的。她在传播学研究领域最早关注人们在接受了某种信息或者形成某种观点的时候非常在意社会舆论在同一问题和事件上的看法，尤其是主导舆论的看法，针对这一问题提出"沉默的螺旋"这一观点。她基本的理论假设是："大多数个人力图避免因单独持有某些态度和信念而造成的孤立，因此如果他所持的观点不占支配地位，他便不太愿意说出来，看到这种趋势并相应地改变自己的观点的人越多，占支配地位的意见就会更得势，这样，一方表述而另一方沉默的倾向便开始了一个螺旋过程，这个过程不断把一种意见确立为主要的意见。"②

这个理论对于学校公共关系的影响在于，社会的主流舆论会改变一部分持相左意见的公众的态度，因此，学校可以通过掌控主流舆论的方向获取大部分公众的理解与支持。当然学校也应当积极发现一些正确的为舆论所覆盖的批判性意见并进行反思，而不是为了学校的良

① 于然. 现代组织公共关系学［M］. 北京：北京师范大学出版社，2014：55-56.
② 于然. 现代组织公共关系学［M］. 北京：北京师范大学出版社，2014：60-61.

好形象而刻意忽略甚至采取一些手段压制不同的声音。

(二)根据情境选择不同的传播模式

格鲁尼格(Gruning)和亨特(Hunt)提出了称为公众群体情境理论的一套理论,为我们提供了关于公众群体传播需求的更多信息。他们认为并不是利益相关群体中的所有人都将同等可能地与组织进行交流,公关人员可以通过确认利益相关群体中的特定公众更有效地管理传播。公众群体既包括那些主动搜集和处理有关某一组织或某一感兴趣的事件的信息的人,也包括那些仅仅是被动接收信息的公众。

有三个变量决定什么时候公众将搜集和处理关于某一时间的信息:问题认知、约束认知、参与水平。这里的关键是公众群体是视情况而定的,也就是说,随着情况、问题、机遇或者事件的变化,组织必须与之沟通的公众群体也变了。

因此,情境理论帮助学校公共关系的管理者在实施公共关系时更准确地考虑某一件事情是针对何种公众群体,知道他们的利益相关公众将如何积极地搜集信息,从而能更加准确地制订学校的传播战略。[①]

而对于他们提出的公共关系四种模式特性,郑宏财(2001)总结了如表 3-1 所示的内容,可以帮助学校管理者更加直观地看到要在相应情境下使用何种公关模式。

---

① 丹·拉铁摩尔,奥蒂斯·巴金斯,苏泽特·海曼,伊丽莎白·托特,詹姆斯·范·勒文. 公共关系:职业与实践[M]. 朱启文,等译. 北京:北京大学出版社,2006:56-57.

表 3-1　Gruning 与 Hunt 公共关系四种模式特性

特性 模式	主要目的	传播性质	传播模式	研究角色	适用组织 复杂程度	适用组织 规模
新闻代理	向公众宣传个人、组织或产品	单向、并非完全事实	从来源至接受者	很少，若有，是探测宣传效果	低	小
公共资讯	向公众宣传资讯	单向、事实	从来源至接收者	很少，若有，则属可读性调查	低	大小皆可
双向不对等	用科学方法以说服公众	双向不平衡效果	来源与接受者资讯双向流通	重要、协助组织改变公众态度	高	大
双向对等	达到组织与公众间相互了解	双向平衡效果	来源与接受者资讯双向流通	评估公众之了解程度	高	小

资料来源：转引自陈世聪，等著. 学校公共关系[M]. 台北：五南图书出版股份有限公司，2007：25.

从表 3-1 可以看出，学校日常的公共关系的主要目的是达到组织与公众之间的相互了解，传播需在来源与接受者资讯双向流通的模式下进行，并力求达到双向平衡效果，因此可以选择双向对等的公共关系模式；然而当学校需要进行危机公关的时候，就需要用科学的方法说服公众，改变公众的态度，此时传播需达到双向不平衡效果，因此宜选择双向不对等的公关模式。

总而言之，学校推展公共关系时应该思考自身的情景与公关目的，选择适合自身学校情境的模式，并在调整后运用最佳公关模式，而不是依照一个固定的模式。①

---

① 陈世聪，等著. 学校公共关系[M]. 台北：五南图书出版股份有限公司，2007：25.

(三)提供多种可借鉴的传播模式

传播学为学校公共关系信息传播提供技术基础、沟通方式、管理方法、途径和手段等。[①] 社会组织的目标能否达到,很大程度上取决于该组织与公众分享信息的有效程度。个人或机构为达到共同理解的目的,需要分享信息,这是一个双向的过程,而不仅是单向传播。信息分享始于信源,即发送者或称传播者,发送者通过某种信道给出某项编码以期引出接收者的反应,一旦发送者的意图与接收者的反应不相一致,就会导致失误。公共关系因而是体现发送者与接收者的双向传播机制。[②]

有效的传播是公共关系活动的基本要求与动力,因此说服力强的公共关系工作者必须利用接受者能了解的符号进行有效的传播。同时,公共关系活动进行时,亦经常受益于各种传播理论,如两级传播理论、扩散理论、和谐理论、认知不和谐理论、参考团体理论等。所有的传播理论都强调"双向的传播",公共关系在其间的职能在于建立公信力,使大众了解其公正立场及其为社会大众服务的真诚,从而激发其参与活动的基础。[③]

总体而言,公共关系的传播具有以下几个特点。

1. 双向性

公共关系传播强调的是组织与公众之间的互动行为,它包括组织的信息向公众传递,再把公众信息的认知反馈到组织两个环节,从而建立组织与公众之间的信任关系。在组织内部的公共关系中,组织要

---

① 张东娇. 学校公共关系管理[M]. 北京:北京师范大学出版社,2012:68.
② 张旭辉. 学校公共关系管理的价值与运作[D]. 重庆:重庆大学,2007:18.
③ 郑贞铭. 公共关系总论[M]. 台北:五南图书出版股份有限公司,2000:108.

通过上情下达和下情上传的信息双向流动去沟通组织领导和主管部门与内部公众之间的关系，才能使整个组织提高工作效率、社会效益和广大员工的满意度。在组织与外部公众之间，公共关系要形成双向的信息交流过程，则更多地需要借助新闻媒体以及个人接触等渠道，建立一个信息传播网络，既向外界发布有关组织的决策和行动的信息，又向组织反馈社会环境变化、公众的意见和态度。[①]

根据双向性的特点，学校公共关系在实施之前必须首先经过调研了解各利益相关者的心理和利益需求，并且努力找到与其相关的学校组织本身的利益，从而有的放矢，使双方都能接受传播的行动过程；其次必须注意随时收集和研究公众的反馈信息，考察传播的实际效果；最后，要注意利用情感因素在学校公共关系中所拥有的调节功能和信息展示功能。

学校公共关系活动的过程，就是学校组织与公众之间进行讯息沟通的历程。有效的学校公共关系必须建立在成功的双向沟通的基础上，才能够促使公众期待与教育理想的实现。所以学校公共关系的运作需要熟悉传播媒介与要领，认识传播流程、要素和模式，掌握可行的传播策略，这样在推动学校公共关系时才能事半功倍。

2. 共享性

共享性主要指传播的信息在时间和空间上是由传受双方共享的。信息作为一种重要的资源，不管有多少使用者，每个人都可以完整地使用信息内容，传播者并没有失去什么，而信息扩散的过程同时也是信息分享的过程。[②]

---

①② 赵晓兰，等著. 最新公共关系学[M]. 北京：北京社会科学出版社，2008：77.

对于学校公共关系而言，重要的是把信息共享出去，而不是扣留在学校小范围的群体里。这样才会有更多的公众了解到学校的信息并积极给予反馈。

3. 快速性

快速性是指公共关系的信息传播迅速而快捷，表现出及时、机动的外在特征。由于科学技术的发展，特别是日新月异的大众传媒手段的运用，人们在较短的时间内就能把信息传送到组织需要的地方去。[①]但这同时也对公共关系传播提出了更加严格的要求，公关人员必须在策划传播时保证信息的准确，更需及时关注反馈信息以便做出适时的调整。

对于学校公共关系实施者来说，信息传播的快速性要求学校必须更加及时和准确地传播自己想要传达的信息，并且自信息发出后便时刻关注公众的反馈，避免因为短暂的疏忽而造成的不良的影响。

4. 广泛性

广泛性即指公共关系被所传播媒体所追求并广泛扩散，直至在公众中形成日渐成熟的公共关系意识，现代信息科学技术的飞跃性发展正为这一点的实现提供了现实条件。大众传媒使信息传播达到前所未有的广泛程度。[③]

对于学校公共关系而言，要在目标公众当中形成广泛的公共关系意识，便需要利用这一信息传播的广泛性特征逐渐形成全员公关意识，从而使广大利益相关者也进而成为学校的公关人员，为学校在全社会建立良好声誉和形象确立深厚的群众基础。

---

① 赵晓兰，等著. 最新公共关系学[M]. 北京：北京社会科学出版社，2008：77.
③ 赵晓兰，等著. 最新公共关系学[M]. 北京：北京社会科学出版社，2008：78.

综上所述，传播无疑是学校与公众之间事实、观点与意见交流而获致相互了解、合作的过程。在此过程中，学校公共关系管理者需要在接收到需要传递的信息时选择合适的媒介，进行合理的议程设置，随时准备接收从政府、媒体、家长、社区、社会教育机构等发回的反馈信息，观测信息传播的效果，做整个学校内外部环境的守望者。

第五节　营销理论

一、营销理论简述

现代意义的市场营销思想最初始于 20 世纪初。早在 1912 年，哈佛大学的哈格蒂(J. E. Hagerty)教授基于对若干大企业的调研结果，出版了第一本以《市场营销》命名的教科书，这标志着营销学的诞生。[①]

第二次世界大战后尤其是 20 世纪 50 年代，西方经济的迅速恢复与发展使得企业的营销理论不断得到丰富和完善，并对企业的实践产生了重大影响。企业的营销行为发生了从以产品为起点，以销售为手段，以增加销售获取利润为目标的传统经营方式，到以顾客为起点，以市场营销组合为手段，以满足消费者需求来获取利润的现代营销观念的转变。此后，战略营销、服务营销、关系营销、整合营销等新的概念因应而生，营销理论的日益成熟和企业服务的市场的日益精细化相映成趣。[②]

---

① 王金献，吴杰. 试析营销的理论发展及水平营销理论[J]. 河南大学学报(社会科学版)，2007(6)：98-100.

② 王金献，吴杰. 试析营销的理论发展及水平营销理论[J]. 河南大学学报(社会科学版)，2007(6)：100.

实践营销大师菲利普·科特勒被誉为"现代营销之父",是世界范围内营销理论研究领域的集大成者。科特勒教授著述甚丰,尤以《营销管理》享誉全球。科特勒对营销的定义是:营销是指个人和群体通过创造、出售产品和价值,并同他人进行交换以获得所需(需要)所欲(欲望)的一种社会管理过程。①

麦卡锡(McCarthy)于1960年在其《基础营销》(*Basic Marketing*)一书中将这些众多的营销要素主要地概括为四大类:产品(Product)、价格(Price)、渠道(Place)、促销(Promotion),即著名的4P营销组合。后来随着不同学者的添加,市场营销组合至今已经演变成了12P组合理论。②

从本质上讲,4P营销组合理论思考的出发点是企业中心论,忽略了顾客作为整个营销服务的真正对象。1990年,美国学者劳特朋(Lauteborn)教授提出了与4P营销组合理论相对应的4C营销组合理论——顾客的需求(Consumer)、成本(Cost)、沟通(Communication)、便利(Convenience)。可见,4C营销组合理论的核心是顾客战略,它是许多成功企业的基本战略原则。③在营销实践中,4C必须和4P一一相对应才能更好地发挥营销的精髓。

当顾客需求与社会原则相冲突时,顾客战略也是不适应的。鉴于此,美国的唐·E·舒尔茨(Don E. Schultz)于2001年又提出了4R新说——关系(Relationship)、节省(Retrenchment)、关联(Relevancy)

---

① 冯烨. 基于全面营销理论的迪卡侬营销实践分析[D]. 北京:北京体育大学,2013:4-5.

②③ 王金献,吴杰. 试析营销的理论发展及水平营销理论[J]. 河南大学学报(社会科学版),2007(6):99.

和报酬（Rewards）的组合规则，"侧重于用更有效的方式在企业和客户之间建立起有别于传统的新型关系"。①

二、主要影响

（一）提供学校公共关系实施方式的参照

马克·汉森在《教育管理与组织行为》一书的第十章中较为全面地论述了公立学校为何要使用教育营销，并且将教育营销与学校公共关系做了区分。他指出，"公共关系是建立起公众理解诸如学校系统这种机构正在进行的各种活动的基础广泛而又全面的方法"，但是"机构营销则可以被定义为'分析、规划、实施和控制精心编制的方案，旨在与目标市场形成有意识的价值交换，达成机构的目标'"。②

在我国台湾地区的学者当中，把"营销"称为"行销"。行销主要是透过分析、规划、执行与控制的过程，谋求创造，以建立并维持与目标市场的关系，以达成组织目的。陈慧玲（1992）提出从行销的观点与学校公共关系进行结合，从而得出学校公共关系的运作模式（见表3-2）。

表3-2　营销与学校公共关系运作模式关系表

行销观念与策略		公共关系推展程序
行销研究	→	舆论调查
市场区隔与产品定位	→	计划与决策
产品生命周期	→	传播与行动
环境威胁与环境机会	→	评估与校正

资料来源：转引自陈世聪，等著. 学校公共关系[M]. 台北：五南图书出版股份有限公司，2007：27.

---

① 王金献，吴杰. 试析营销的理论发展及水平营销理论[J]. 河南大学学报（社会科学版），2007（6）：99.

② E·马克·汉森. 教育管理与组织行为（第五版）[M]. 冯大鸣，译. 上海：上海教育出版社，2002：318-319.

从表 3-2 可以看出，学校公共关系的运作与实施程序与市场营销的程序有一定的联系存在，基本都包含相似的四个步骤。但它们最根本的不同之处在于，学校是非营利组织，无论是在推展学校公共关系时做事前的舆论调查，了解公众对学校的态度及印象，就学校教育的定位与学校教育特性形成有效、合理、可行的学校公共关系计划与决策，进而考量社会发展与社区不同情景的需求，还是因应社会发展的需求与挑战，做出适合的传播与行动，使学校公共关系的参与者与执行者，能有效回应学校公共关系推展活动，达成学校公共关系的目的，最后对于学校内外环境的威胁与机遇做好 SWOT 分析与评估，以便能及时调整学校公共关系的计划与策略，对学校公共关系路线做最佳、最即时的修正，整个学校公共关系的根本目的在于使学校收获更多的社会效益，有更好的公众形象与更大的社会影响力，而并非像市场营销那样是以营利为最终目的。[①]

(二)提供学校公共关系运作技巧

学校在推展公共关系时，应该善于用行销策略建立学校形象。鉴于学校是非营利组织，学校在运用行销技巧时，最好做转化工程，把行销观念运作图(行销研究、市场区隔产品、产品生命周期、环境威胁与机会)调整为公共关系发展策略图(舆论调查、计划与决策、传播与行动、评估与校正)，从而使学校公共关系的推展更加有章可循。

学校作为第三部门的非营利性社会组织，它的公共关系的特点主要有：[②] 第一，工作最终成果主要体现在社会效益上，比如提高组织

---

① 陈世聪，等著. 学校公共关系[M]. 台北：五南图书出版股份有限公司，2007：27.

② 张东娇. 学校公共关系管理[M]. 北京：北京师范大学出版社，2012：46-47.

的认知度、美誉度、和谐度，得到公众的接受、认同和支持。当然也不排除一些非营利组织借鉴市场营销的方法经营组织，进行企业化管理，比如我国部分学校后勤社会化改革就引入了市场和竞争管理机制，但主要目的是为了改善管理和经济条件而非谋求利润。第二，非营利组织依靠政府拨款、社会及个人赞助，经费有限，所以开展公共关系的原则是少花钱多办事，这就使得成本低、难度大。第三，非营利组织与公众之间相对缺乏固定和指向性较强的利益关系，针对性和相关性相对弱些，面临的情境更加复杂，这也是学校公共关系活动声势和规模相对弱小的原因。

"公立学校无须为使用熟练的营销技巧而怀有歉意，因为学校必须解决大部分都与私营组织相同的问题，包括声誉的建立、资源的动员、人员的雇佣、项目的开发、用户的满意、社区的亲善以及公共整治的支持。"①此外，马克·汉森还指出："教育系统可以通过认真应用营销技术而获益的理由很多，有三条特别关键：第一是发展有关学校状况的更为真实的形象；第二是凭借诸如发行债券获得通过或税款征收的公决，就能获得额外的资源；第三是为改进学生的学习而调动潜在的力量。"②

市场营销在这里只是给学校公共关系提供了一个更行之有效的塑造良好公众形象、获取社会效益的程序与方法，而并非是让学校与之有同样的营利目的。因此，更重要的是营销的理念、手段与方法值得

---

① E·马克·汉森. 教育管理与组织行为(第五版)[M]. 冯大鸣，译. 上海：上海教育出版社，2002：317-318.

② E·马克·汉森. 教育管理与组织行为(第五版)[M]. 冯大鸣，译. 上海：上海教育出版社，2002：319-320.

学校公共关系进行借鉴与应用。同时，行销理论对顾客需求的重视，也启发着学校公共关系要更多地关注学校内外部公众的需求，从而更有针对性地开展学校公共关系。

第四章　学校公共关系管理的实施

学校公共关系的实施是学校建立、发展良好公共关系的实践步骤，体现了学校公共关系本身具有的实践性和实用性。其具体实施步骤或者说程序包括以下四个环节：调查研究、制订计划、实施传播、结果评估，每个环节都涉及具体如何来开展。此外，这四个环节又不断循环往复，促使学校公共关系向更好的方向发展。

第一节　调查研究

一、基本概念解读

调查研究是学校公共关系实施的第一步，即学校公共关系实施的相关工作人员运用科学的方法，考察研究学校的公共关系现状，尤其注重分析学校公共关系实施中存在的问题。通过搜集的丰富资料，为制订计划、解决问题奠定基础。

二、调查研究的目的

显然，作为学校公共关系实施的第一步，其存在价值对于整个实施程序具有基础性的影响。通过丰富的现实材料收集、整合和分析，能够剖析当前学校公共关系的现状和问题，为制订计划和改进意见指明方向和具体要求。

首先，调查研究最基本的任务便是收集学校公共关系关系实施状况的一切相关材料，通过分析优劣重新评估学校形势，重新定位学校的形象、社会关系等。

其次，在调查研究的过程中，不免会与公众发生关系，产生交流、沟通的过程，并能及时了解公众对于学校公共关系的评价。因而便于学校在此过程中，及时了解公众态度，回应公众的声音。

最后，也是最为关键的在于为后续计划的制订和实施提供依据。在了解公众的愿望和要求的基础上，更加科学地决策和实施有效的公共关系。

三、调查研究的内容

(一)学校的基本状况

学校公共关系的实施，无论是学校本身作为公共关系的实施机构还是专门聘请了公共关系专业组织来承担此项工作，在调查研究阶段都需要对学校相关的基本信息、互动关系、学校形象、公共关系实施的条件等进行资料整合和分析，以便全面地概览学校情况，从而为计划制订做好基础的资料准备。

从基本信息方面看，包括学校内部成员的情况，如管理人员比例、教师队伍数量和质量、学生的数量及其信息等；与学校相关的外部环境的情况，如家长的态度和行为、学校所在社区的状况、政策背景等。

从互动关系方面看，包括学校内部各成员之间的关系现状，如领导者和教师、教师和学生、学生和学生、教师和教师等。尤其注重关系的亲密度、和谐程度，并为关系的改善提供基本的现状依据。

从学校形象来看，其形象是公众对学校的认识和评价[①]。通过了解公众的真实想法并收集意见，直观地反映学校当前的形象。然而不能忽视的一点是，学校形象也来自于学校管理层本身对此的定位，并作为发展目标的一部分。

从实施条件来看，首先要明确学校实施公共关系可能具备的人力和财力预算情况。一方面，为了更好地实施既定的公共关系，学校应该明确组织什么人参加，怎么选择这些人，对于个体的能力的要求等，才能为学校公共关系实施提供可靠的人力资源；另一方面，学校必须明确提供多少财力来完成这项任务或者活动，如何才是收益最大化。其次是要调查学校公共关系实施的客观环境，尤其注重政治、经济、社会环境的变化对学校计划调整的适应性要求。

(二)学校公共关系的对象

学校公共关系的实施具有从主体到客体的指向性，即学校具有对于其期望的受众的公共关系活动目的。那么在调查研究阶段，明确学校公共关系的对象即受众，能够使实施目标和计划的制订更具有针对性和准确性，避免以偏概全式的"不接地气"。

---

① 张东娇. 学校公共关系管理[M]. 北京：北京师范大学出版社，2012：82.

从内部来看，学校公共关系的受众包括：书记、校长、各科室主任、后勤、学生、保安等，即所有附属于学校内部的各层级、各领域的人员。

从外部来看，学校公共关系的受众包括：家长、社区成员、媒体、政府等。当然还有研究者指出，也应包括特殊公众(校友、批评者、捐赠者等)和国际公众(跨文化沟通中的对象、习俗、礼仪等)[①]。其实概括来看，外部受众是除学校内部附属成员受众以外的、与学校发生或多或少公共关系的群体。

只了解受众是哪些群体是不够的，还应当对对象所属内涵进行分析，即分析对象之间的比例和重要性，便于计划制订时各有侧重；分析对象的具体构成情况，比如年龄、性别、职业、需求等；分析对象曾经对学校的评价和态度，以帮助问题改进。

(三)学校公共关系实施现状与问题

实际上，调查学校公共关系实施的现状与问题，是对当前学校公共关系的效果评估。我们可以看到学校公共关系的实施过程是循环往复的，后面将要提到的关于结果评估的步骤实际上是为下一阶段的公共关系实施计划的制订起承接作用。在调查当前现状问题时，一是，要看到有利于学校发展的学校公共关系实施中存在的优点，并继续保持；二是，也是最重要的即发现问题和不足并改进，以缩小学校公共关系目标和现实差距，并最终达到目的。

对于优点或者有利之处来讲，要整合优点体现在何处，是什么原因带来这些优点，哪些优点是重要且需要保持的等。

---

① 张东娇.学校公共关系管理[M].北京：北京师范大学出版社，2012：89.

对于不足和问题来讲，要明确问题是什么、问题发生在哪个环节、问题出现在什么时候、问题的轻重程度等。同时应当从潜在因素中，主动地预测将来可能出现的问题，而不局限于已经发生的问题。

四、调查研究方法与程序

（一）方法

通常学校公共关系的调查研究方法包括：问卷法、观察法、访谈法、文本分析法、抽样法等。

1. 问卷法

问卷法是通过设置开放性问题、封闭性问题或者两者兼有的形式，要求被调查者回答的一种资料收集方式。可以在较短的时间内，并最大程度保护隐私的基础上获得期望的资料。

开放性问题主要偏重于问答形式，即提出问题让被调查者回答，如"对学校在处理家校关系上有什么建议"等。开放性题目的设置主要是考虑到调查者不能准确和全面罗列相关信息，或者对此问题的选项设置可能太多，便转而以问答的形式。封闭性问题主要是选择题，调查者只需要被调查者在已有选项中回答，不期望有其他答案出现。传统的问卷设置，为了提高准确性和效率，通常使用封闭性问题和开放性问题结合的方式。

在问卷设计的时候，需要注意以下几点。

一是，问卷要在开头说明调查的内容、目的、意义和致谢，并要充分保证受调查者隐私并只用于研究。

二是，问卷内容的题目设置需要切合主题，并注意通俗表述，没有歧义和模棱两可。

三是，问题编排要具有逻辑性和顺序性，并能够分门别类，一般从易到难、从一般到敏感、从封闭到开放。[①]

四是，问卷内容不宜过多，20～30 个题目最宜。

五是，开展预问卷调查，并根据预问卷调查结果不断修正再用于正式测试。

2. 观察法

观察法是调查人员通过自己的感官或辅助一定工具，直接获得一手资料的方法。

利用观察法的时候应当注意以下几点。

一是，明确目的和手段，确定观察对象、内容和方法。

二是，实时并客观记录观察情况和结果，避免遗漏和主观性。

三是，从多方面和多角度进行反复观察和验证，保证全面和准确。

3. 访谈法

访谈法是通过与被调查者的对话来收集资料的一种方法。包括面谈和非面谈，并根据需要制订严格拟订访谈内容的结构性访谈或者是未严格拟订访谈内容的非结构式访谈，但非结构式访谈需要契合主题。

在访谈时应当注意以下几点。

一是，调查者本身要熟悉访谈内容和提纲，明确目的，有针对性地对话。

二是，调查者掌握访谈技巧，使被访者能在舒适、安静、活跃的

---

① 龚荒. 公共关系——原理·实务·案例[M]. 北京：清华大学出版社，北京交通大学出版社，2009：158.

环境中高度配合地交流问题。

三是，做好录音和笔记记录，但录音甚至录像需要征得被访者同意。

四是，在访谈过程中穿插观察因素，通过被访者的表现来分析对话内容。

4. 文本分析法

文本分析法实际上是从文献资料、文本资料中提取调查者所需要的资料并进行分析的一种方法。包括正式组织记录保存的决议、声明、会议记录、公文、档案、官方数据等公事性文件；广播、电视、报纸、照片、图像、计算机存储等大众传播媒介；日记、通信、自转、文书等个人文件。[①]

运用文本分析法的时候，应当注意以下几点。

一是，通过权威机构和主流渠道获取文本资料。

二是，全面查阅，根据需要有所筛选，做好记录。

三是，注意辨别文本资料中的真伪和主观色彩。

5. 抽样法

抽样法既可以单独作为一种方法，实际上又可以与前文所提到的方法相结合。在时间、人员、经费等条件的约束下，相较于普查更具可行性。从要调查的所有对象中，通过一定抽样方式选取其中的一部分作为样本来进行问卷、访谈等调查工作，然后通过样本研究结果推断总体情况，以小见大。

抽样法重点则在于如何公平而具有代表性地抽样。有以下几种办

---

① 龚荒.公共关系——原理·实务·案例[M].北京：清华大学出版社，北京交通大学出版社，2009：161.

法可以参考。

一是简单随机抽样。直接从不做任何处理的整体中通过抽签、随机数表的方式来抽取样本。

二是等距随机抽样或系统随机抽样。即给予总体编号，根据样本数确定抽样间隔，然后按照间隔抽取对象。例如，总体是 1000 人，样本量是 100 人，则间隔为 $1000 \div 100 = 10$，再从 $1-10$ 号中随机抽一个数，如 8，然后根据这个数每隔 10 人抽一个调查对象，即下一个是 18 号，依此类推。[①]

三是分层随机抽样。即根据总体中的不同特征，划分群体，例如学校中的学生年级、教师年龄等，再从各群体层次中抽取样本，组合成总体的样本。重要的则在于如何公平划分层次，需要重视层次比例，并避免重叠。

四是方便抽样。即根据调查者自身的方便性随机任意抽取样本，但偶然性很强、说明性弱。[②]

五是非概率抽样的目的性抽样。主要适用于定性抽样，即对于样本是否能相对完整、准确地回答研究者的问题。例如，抽取与主题相关的特定人群，人群特征最大差异的抽样。[③]

(二)程序

学校公共关系实施调查研究通常按照以下步骤展开。

一是确定调查任务和内容。任务和内容的确定是根据学校公共关系的实施目标、要求、内容等展开，因此也必须旨在继续推动学校公共关系的发展。

---

①② 宋维红．学校公共关系理论与实践[M]．北京：中央编译出版社，2007：85.
③ 宋维红．学校公共关系理论与实践[M]．北京：中央编译出版社，2007：86.

　　二是制订调查方案和计划。需要根据任务和要求，明确调查的目标、意义、对象和方法，以保证调查工作能有序、有效地开展。

　　三是实施方案和计划，形成报告。即根据方案和计划规定，严格实施调查，并将所有相关资料收集整合分析，形成完整的、图文并茂的调查报告，能真实地反映当前学校公共关系的现状和问题。

 案例分享

　　某校校长接到区里通知，希望该校派学生参加区里组织的一个重要庆典活动，但区里并没有告知具体的活动内容。政教主任由于学校多次按区里通知派学生参加活动，因而耽误教学，并且具有安全隐患，试图请求校长这次不安排学生去参加。但是校长指出这是搞素质教育的需要，学生应当多参加这类活动。政教主任只能将上级要求传达给相应的年级组长，显然大家都有所抱怨，政教主任实际也很无奈，但大家也不得不照做。活动当天到达现场，结果却是一个"××骑摩托万里出行出发庆典仪式"，而学生的任务竟然是手拉手做安保，维持现场秩序。

　　资料来源：周俊.把好学校公共关系战略的度——对学校公共关系建设的案例分析[J].校长参考·教书育人，2005(3)：44-45.

　　该校基于提高学生的社会能力，开展素质教育的想法实际是正确的，然而对如何开展正确的素质教育却没有反思、目标、计划，甚至忽略了学校教育的本质。只是试图通过完成上级的任务，假托提升素质教育来与外部尤其是政府搞好学校的公共关系。

　　学校公共关系实施首先要做的便是对于学校公共关系的调查，涉及基本信息、对象、现状问题，才能围绕学校的教育本质来树立学校公共关系的目标和计划方案。该校期望通过积极参加社会活动、响应上级号召建立与政府甚至社会的良好关系，树立良好形象，但是学校却没有做到调查相关信息：自身与政府、社会的关系现状；自身形象如何；以往参加这类活动存在的问题；自身参加该活动的条件等。因而缺乏主动调查的学校，想要实施良好的公共关系必然出现低效果甚至无效果的情况，甚至磨灭了学校作为教育组织的本质。

第二节　制订计划

一、基本概念解读

制订目标和计划，是基于前期调查研究的结果而展开的。重点在于解决调查研究结果中的学校公共关系实施存在的问题，以新的目标和缜密的计划指导下一阶段的学校工作，重在打造更好的学校公共关系。

二、如何制订计划

（一）确立目标

目标即反映未来学校公共关系工作的核心和要求，是公共关系实施的意义保障和标准。

1. 学校公共关系的目标意义

一是传播学校信息。传播学校信息，或者说传播学校的基本情况，旨在从透明、公开的角度让公众了解学校，以便于开展一系列公共关系活动。

二是维系感情。学校需要与公共关系的相关受众建立长期、良好的感情基础，便于学校公共关系方案实施，长远地则有利于树立良好的公共关系形象，促使受众潜意识对学校有好感。

三是扭转危机。尤其是当学校公共关系出现问题和不利于学校形象和发展之时，目标设置的核心应在于如何脱离困境，扭转形象。

四是指示行动。目标的本质是指导行动，不仅在于学校公共关系实施的相关部门应当按照目标行事，更期望受众能对学校公共关系实施做出积极有利的回应，共同建构良好的公共关系系统。

2. 学校公共关系的目标分类

从时间维度看，目标主要包括：短期目标、中期目标、长期目标，学校公共关系实施也应当在目标确定时明确不同阶段的行为态度。短期目标注重棘手问题的解决，旨在高效树立有利于学校的公共关系。中期目标在于通过一定的办法来维持良好的公共关系趋势。长期目标则在于未来学校公共关系期望达到的程度和要求。

从价值维度看，目标主要包括：宏观目标、具体目标。宏观目标偏向于学校公共关系实施的宗旨和使命，具有指导性和方向性。具体目标则可以细分到学校公共关系实施的各环节、各领域，例如投入和收益、受众回应程度等，更具有操作性。

3. 注意事项

首先，公共关系目标需要契合学校发展的总目标。其次，制订目标应当兼顾学校自身和社会利益，尤其不能忽视学校与一般组织的不同，即学校的公共关系目标仍需要考虑教育的本质。再次，目标需要具体化，既有宏观目标又必须具体到行动步骤，才具有可行性、衡量性、监督性。最后，目标的制订需要规划时间框架，定期评判目标是否实现并做出及时修正。

（二）确定受众

学校公共关系的受众是计划制订中最为关键的部分，确立目标公众能便于公共关系开展更具针对性、有效性。首先要区分公众类型，并划分与目标具有不同远近距离的公众，重点受众是与目标最为契合的群体，例如"家校合作深化"，与目标最近距离受众的是家长，而不是社区抑或政府等。其次，要明确不同公众的利益需求，原则上首要重视目标距离最近的受众，关注最紧密、最核心的受众的利益。

（三）确定主题和内容

学校公共关系的主题是学校公共关系活动的核心思想、宗旨、内容的整合，简洁明了地阐释了学校公共关系的实施内涵，例如"建设世界一流的综合性大学"。

那么学校公共关系的主题设定实际上是基于调查研究材料、目标确定基础上的思辨过程。即学校公共关系的主责部门结合经验和智力活动的总结概括而来，[①] 包括设定方向、主题方案集合、筛选、修正等步骤，从而确立简洁明了、便于记忆、实事求是的主题，高度体现学校公共关系的目标、宗旨、内容等信息。

那么计划的具体内容则是围绕目标和公众展开的，应更具体地细化到做什么层面，需根据调查研究的结果来呈现本计划的公共关系内容。内容建构了主题的一部分，同时内容也需要紧密契合主题。

（四）确定实施人员和渠道

那么对于学校而言，如果自身拥有处理学校公共关系的部门，则

---

① 赵守仁. 学校公共关系管理[M]. 哈尔滨：黑龙江科学技术出版社，1995：128.

应当由该部门承担，并根据公共关系需要确定相关的计划实施者。如日常的学校公共关系维系由公关部门承担即可，当危机发生时可能还需要学校领导者亲自出面解决。如果学校本身没有专门的公共关系主责部门，而是聘任外部组织来完成这项任务，那么外部公共关系部门则主要站在建议的角度，学校在接受建议的同时自主解决，减少中介的信息不对称，以便树立学校积极的形象。

从渠道的设置来看，主要是学校公共关系的传播媒介。一般的学校公共关系建构，主要通过直接性的传播，即一对一的形式，如家校关系构建。特殊的危机事件或者是期望对一般学校公共关系的构建产生宣传效应的形象树立，则需要借助一定的媒介来完成，如报纸、新闻、网络等媒体，宣传或稳定舆论倾向，促使有利于学校公共关系实施的导向。

（五）编制预算

预算包括对人力、物力、财力的使用编制和配置。人员预算重在对该学校公共关系实施的人数、构成、职责进行确定划分。物力预算重在对公共关系实施所需要的材料进行规划设置。财力预算则重在编制经费，包括人员经费、材料费、活动费等。预算制订的详细与否，侧面反映了学校公共关系实施是否具有缜密性和计划性，并且是否具有充足的保障和应急，这将直接影响公共关系实施效果。

（六）制订日程表

日程表的制订，一方面，规定学校公共关系实施的步骤，要优先考虑重点实施的内容和核心工作，具有逻辑性和阶段性，能够保证公共关系实施有序进行；另一方面，在于督促步骤实施的效率，避免拖延和耽误，需要严格地按日程表执行。此外，遇到突发情况，如不能按时完成，则需要有时间层面的应急预案。

 案例分享

S 小学根据市、区教育局关于搞好 2010 年校园开放日活动部署，为展示 S 校教育教学及新课改的成果，增进家长对学校管理、教育教学情况及孩子在校表现的了解，搭建社区、家长、学校间友谊的桥梁，争取社会各界对学校的支持和理解，协调学校与家庭的关系，总结近期各班教育教学情况，研究下半学期教育教学重点，学校决定于 11 月 15 日举行"校园开放日"活动。具体安排如下。

(1)成立"校园开放日"领导小组。具体构成包括：组长、副组长、成员。

(2)确立活动形式。一、二年级各班进行课堂教学展示并召开家长会，三至五年级只召开专题家长会，下学期进行课堂教学展示。

(3)制订时间表。

校园开放日活动时间安排表			
	时间	内容	到校相关班级
上午	第一节 8：30—9：00	三至五年级家长会	一、二年级课堂教学展示	一（1）班，一（2）班，一（4）班，一（9）班，一（10）班，二（2）班，二（4）班，二（7）班
	第二节 9：05—9：35		一、二年级课堂教学展示	
	第三节 9：40—10：30	一至五年级家长会	一、二年级其他教师上课	
	第四节 10：35—11：25（家长会结束后方能下课）			

续表

校园开放日活动时间安排表			
	时间	内容	到校相关班级
下午	第一节 13：30—14：00	一、二年级课堂教学展示	一(3)班，一(5)班，一（6）班，一(7)班，一(8)班，二（1）班，二(3)班，二(5)班，二（6）班，二(8)班
	第二节 14：05—14：35	一、二年级课堂教学展示	
	第三节 14：40—15：30	一、二年级召开家长会	其他教师上课
	第四节 15：35—16：25（家长会结束后方能下课）		其他教师上课

（4）安排场地。一、二年级各班根据教务处统一安排，采取分教室上课方式进行课堂教学展示。第一、二节课将学生和家长均分成两部分在就近的两个教室，展示语文、数学或英语的课堂教学情况。第二节课结束后，担任第三节课教学任务的教师要立即到两个教室集合起所有学生，带到指定教室、功能室或操场上课。第四节课老师在第三节课下课前三分钟到指定地点等候学生，组织学生课间有序上厕所、休息，待上课铃后立即组织上课（如在功能教室或操场上课，需要任课教师提前到班级内组织学生集体站队至活动地点）。班主任及语、数、英教师第三、四节课在本班教室召开家长会，学生由其他科任老师集中到上课的另一个教室由音、体、美等科任教师上课至家长会结束。

（5）成立评价小组。由组长、副组长、成员构成，评价小组负责向全体家长发放"家长满意度调查表"，征集家长对学校工作的建议和意见，以促进学校工作进一步发展。该调查表分年级进行。

（6）部署安全保障措施和后勤。由组长和成员构成，开展管理家长车辆、校园环境、安保、校园秩序等工作，并根据课程安排负责上、下课铃声。

（7）成立宣传组。负责对外宣传和媒体接待，开放日当日在学校门口显要位置悬挂欢迎家长的横幅、布置各科展览、张贴活动具体安排，欢迎社会各界来校参与到活动中，共同为我校发展出谋划策。

（8）成立秩序维护组。主要由学生担当，负责接待等事宜。

资料来源：引自 http：//www.5ykj.com/Article/zjbgqhfa/77386.htm. 2015-05-25.

该校以校园开放日的方式构建良好的学校公共关系，该方案正是学校公共关系实施计划的范例。

第一，明确了目标。即响应上级号召，以校园开放日的形式，展示学校教育教学及新课改的成果，增进家长对学校管理、教育教学情况及孩子在校表现的了解，搭建社区、家长、学校间友谊的桥梁，争取社会各界对学校的支持和理解，协调学校与家庭的关系等。

第二，确定了受众。主要是针对学生家长。

第三，确定了活动内容。即召开家长会，一方面向家长传达学生、学校情况，另一方面为家长主动了解相关信息搭建平台。此外，通过课堂教学展示，使家长直观感受学校的教学情况。

第四，确定实施人员和渠道。人员主要分小组来开展活动，涉及领导小组、评价小组、后勤安保小组、宣传组、学生组。而渠道主要是以家长到校参加家长会和参与学校课程来实施，偏重于一对一的传播形式。

第五，制订日程表。主要规划了校园开放日当天不同时段的活动要求和具体时间。但是该计划还缺失学校公共关系实施的主题和预算。虽然该方案强调了活动开展的目的、内容、形式，但是没有简明扼要地提出能够突出核心的主题，以提升学校公共关系实施的宣传效果并给予受众内心强化。如果是更大型的活动，缺失活动主题，可能造成后续活动脱离正轨和目标。预算的缺失，导致不能如实反映学校开展校园开放日活动是否能最大收益、合理有效地建立良好学校公共关系。此外，在学校公共关系实施的计划制订中，应当预估危机事件的发生，提早做好方案准备。

第三节　传播实施

一、实施特点

学校公共关系的实施传播是把计划付诸行动的过程，直接带来公共关系的实施效果。其特点主要体现在实战性、变动性、创造性三个方面。

(一)实战性

学校公共关系的实施是行动过程，为了更好地开展行动：一是需要明确目标和制订周密的计划；二是需要公共关系人员做好充足的心理准备，要围绕核心目标和主题开展一切行动，同时要勇于克服各种困难，尤其是突发性困难，保持镇静并适时地调整计划和策略；三是需要学校和学校公共关系的受众互动，一方面针对学校公共关系对象开展活动，另一方面及时从受众群体获得回应，做到信息对称和行动的及时性。

(二)变动性

由于行动的实施受到环境、主客体的影响，因而在计划之外还存在很多难以预测的变化。因此重要地在于根据势态，包括时间、实施情况、环境变动、受众回应、问题等及时做出方案的调整，只有适应性的变化才能使原始目标得以保证和实现，因而十分强调学校公共关系实施人员的应变能力和智慧。

(三)创造性

创造性实际上是变动性的要求，调整策略本身就是创造性的体现。创造性具体表现在：一是思维的敏捷性，能够及时地洞察势态和存在的问题，并将问题作为计划实施中要解决的关键；二是思维的批判性，能够根据具体实施状况，批判性审视计划中的漏洞和不足，并能跳出既定框架制订紧急修正措施，而非教条地延续错误计划；三是思维的发散性，即面对问题时，能够及时捕捉有用信息和搜集材料，联想相关处理经验。

因此，概括来讲，学校公共关系的实施需要相关工作人员审时度势、灵活变通、镇静创新。

二、实施原则

(一)目标导向

在学校公共关系的实施传播中，随时遇到计划调整，但都需要紧密契合初衷目标。以目标为指导来开展计划和调整计划，避免公共关系的相关活动逾越出应许范围。

(二)进度控制

根据制订的日程表，有序、按时开展相关工作，尽量避免不同步，要定时检查完成情况，掌握公共关系开展的具体情况，以便及时调整计划，促进同步。其关键在于学校公共关系负责人掌握及时的反馈信息[①]，并进行甄别筛选，审视计划是否需要调整。如果主责人员不能掌控即时信息，计划的制订必将造成分散甚至失控。

(三)整体协调

学校公共关系实施需要各部门、各环节的配合，不能局限于公共关系实施部门自身。在开展学校公共关系时：一是需要协调学校内部成员关系，如教师与学生、领导者与教师等，使其处于稳定的有利状态；二是需要协调人力、物力、财力数量及比重，保障学校公共关系活动顺利开展，发挥最大价值；三是协调公共关系实施部门与学校其他部门之间的关系，以促使其他部门能为公共关系部门的工作开展给予支持和保障；四是学校公共关系部门自身协调，促使公共关系实施有合理、高效的组织机构。[②]

(四)选择时机

正确选择时机会大大提升学校公共关系活动的效果。要注意以下几点：一是避开或利用重大节日和事件，比如在教师节开展相关的学校公共关系活动，而在其他节日则选择避开；二是利用媒体或借助新闻事件，实施相关的学校公共关系活动，例如对于教育政策的积极回应和部署；三是借助社会名流，扩大宣传效果和范围；四是避免在同一时期开展两项没有关联的活动，防止效果相互抵消。

(五)反馈调整

即及时通过获取的信息调整原始计划，给予积极的回应。主要通过评估现状和目标的差距及存在的问题，对下一步的计划做出调整，

---

① 赵守仁.学校公共关系管理[M].哈尔滨：黑龙江科学技术出版社，1995：146.
② 赵守仁.学校公共关系管理[M].哈尔滨：黑龙江科学技术出版社，1995：147-148.

在保证原始目标的前提下使行动更加有效，能解决实际问题，从而实现最终目标。

(六)收益最大化

学校应该根据自己的预算和实际能力，追求最有效益的公共关系实施效果。除私立学校外，学校追求的应当是学生的发展和社会效益而非经济效益。收益最大化实际上是强调学校毕竟不同于具有强大经济实力支撑的经济组织，因而更需要讲究策略和办法，从而在有限的人力、物力、财力之下达到社会效益的最大化，使学校公共关系的实施能够卓有成效。

三、实施途径

学校公共关系的实施传播途径主要包括：新闻媒体、文本刊物和展品、音像材料、对话交流、广告等。

(一)新闻媒体

通过发布新闻的方式来传播和学校公共关系相关的信息，如新闻稿、新闻发布会、访谈、节目等。新闻发布实际有两个可能主体：一是学校自身举办新闻发布会；二是社会媒体对于学校公共关系活动的报道。前者更加具有主体性和自主性，需要做到实事求是、公开透明、及时反映。而后者对于学校本身来讲，是具有被动性的，往往外界的新闻报道可能存在失真性和不及时性，反而不利于学校主动控制局面。因此，要鼓励学校公共关系部门建立自己的信息发布平台。

(二)文本刊物和展品

主要包括学校自己主编的文本刊物和展品，学校的介绍手册、海报、布告、展览会等。而这些文本刊物和展品需要学校完全控制，并且兼顾一般定时宣传和突发应急。那么在编辑文本刊物、呈现展品时，应重视和外部反馈意见整合，与学校公共关系实施目标一致。针对不同群体的兴趣、需求等确定文本刊物和展品的形式、名称、数量、周期等要素，以吸引受众关注，保证宣传效果得到较大的提升。

(三)音像资料

包括宣传片、电影、幻灯片等多媒体展示手段，可以从视觉效果层面给予受众冲击。音像资料的传播可以在展会上，或者在新闻媒体上进行媒介辅助传播，以帮助扩大受众面。

(四)对话交流

对话交流是学校与公众之间的最具有人性特征的公共关系传播方式，包括圆桌会议、汇报、公开讨论等形式。无论是制度化，还是临时性的，都能够促使双方以民主形式面对面地交换意见，公开观点，帮助学校了解问题和公众需求。从而为学校公共关系的决策提供信息依据，同时也是学校树立良好公共关系的及时手段。

(五) 广告

广告主要涉及塑造形象的广告、直接邮寄广告、平面广告、标志等，[①] 虽然不是学校公共关系实施的主流传播渠道，但也会发挥一定的作用。比如以直接邮寄广告的形式发布学校公共关系的活动、以平面广告的形式招收学生等，主要作为学校向外传播信息的一种媒介，增加知名度和影响力。

---

① 张东娇．学校公共关系管理[M]．北京：北京师范大学出版社，2012：95.

 **案例分享**

新华网北京9月26日电（记者吴晶） 没有庆典、没有联欢，在建校六十周年即将到来时，北京十一学校以记录老校长教育心得的书籍出版方式，作为一项庆祝活动。

北京十一学校前任校长李金初在任职校长20年间，留下数百万字珍贵的教育资料。教育科学出版社历时两年，收集整理他的笔记，出版了《一个校长的教育创新思考》。

回顾历史，李金初深有感触地说，60年前，新中国刚刚诞生，面临的一项重要任务就是发展教育，北京十一学校应运而生。历经诸多改革与创新，学校逐渐成为全国教育界公认的"改革先锋、创新典型"，但是，我们的教育还有太多的不适应，前进的探索从未停止。近年来，在新任校长李希贵的带领下，学校在主体性教学、六年一贯、四年制高中等方面都有探索进步，成为全国办学体制改革试点的成功范例。

国家总督学顾问柳斌说，北京十一学校在全国率先开展公办学校办学体制改革的试点，开创了"国有民办"的崭新模式，激发了学校的办学活力，影响了更多的学校加入教育改革的行列。

不管改革创新的措施如何变化，北京十一学校都始终秉承李金初校长的教育理念：教育的最高目的就是教会学生优秀做人、成功做事、幸福生活，即实现美好人生，能达到这种目的的教育才是优质教育，这样的学校才是优质学校。

"李金初校长提出的人生教育是个核心思想，确实值得很多校长去研究。"北京市海淀区副区长傅首清说："基础教育是一个国家教育体系的根本，是孩子们人生观、价值观形成的重要阶段。抛开功利色彩和浮躁心态，北京十一学校始终执着、淡泊地教书育人，应该将这种思想记录并传承下去。"

北京十一学校现任校长李希贵说，《一个校长的教育创新思考》既是作为学校 60 周年校庆活动的一部分，更是对李金初校长担任十一学校校长以来学校办学体制改革思想和经验的全面总结。不仅学校现在进行的各项工作都能从中找到影子，而且也必将影响学校未来的建设和发展。

资料来源：引自 http：//news. xinhuanet. com/edu/2012-09/26/ c＿113220660. html. 2015-06-01.

北京十一学校以记录老校长教育心得的书籍出版方式作为校庆活动的一部分，实际上也是十一学校通过出版物的形式展示十一学校的发展、教育思想、学校文化，以个体认知为基础表达真情实感，是一次具有人格意义、创新意义的学校公共关系的传播，一改传统的联欢、座谈、展览等传播方式。并且该校公共关系实施利用了 60 周年校庆的契机，为出版相关资料提升了关注度。

第四节 结果评估

学校公共关系的结果评估，不单单只看结果或者影响，而且需要回顾整个学校公共关系的实施过程。一个完整的项目评估包括对准备的评估、对实施的评估、对影响的评估。[①] 因而，学校公共关系的评

---

① ［美］格伦·布鲁姆，艾伦·森特，斯科特·卡特利普. 有效的公共关系[M]. 明安香，译. 北京：华夏出版社，2002：363-375.

估标准、方法，也应当围绕着准备、实施、影响等阶段展开。

一、评估者

评估者主要涉及自我评估、学校评估、专家评估三种形式。[①] 自我评估主要是学校公共关系部门和实施公共关系的成员对自己进行评估，具有反思性，但有失客观。学校评估主要是由学校领导层进行评估，对学校公共关系部门进行自上而下的评估审视，能够客观反映和评价，但可能受限于教育领导者的专业评估水平。专家评估主要是学校聘请外部专业人士对学校的公共关系活动及部门进行评估，具有专业性、客观性。而将三种形式结合起来，是当前评估体系发展的趋势，便于多角度地分析问题和解决问题。

二、评估标准

评估标准可以从准备、实施、影响三个阶段出发。

准备评估，是对学校公共关系实施的背景信息、项目信息及形式、发送数量等进行评估。一是评估学校公共关系实施的调查研究阶段，准备材料是否充分，公众信息获取是否充分；二是评估调查阶段所准备的材料是否符合要求，是否契合需要；三是评估材料和信息是否在符合基本要求的基础上具有较高的质量和有用性。[②]

实施评估，是对学校公共关系实施传播过程的评估。包括传递学校公共关系信息的数量、受众范围以及传播方式是否有效等。

① 龚荒. 公共关系——原理·实务·案例[M]. 北京：清华大学出版社，北京交通大学出版社，2009：179.
② 张东娇. 学校公共关系管理[M]. 北京：北京师范大学出版社，2012：103.

影响评估，是对学校公共关系实施结果的评估。包括受众范围、受众态度变化、受众行为变化，甚至是否对社会造成大的变化和影响等。但影响评估不能只关注总结性评估，还应关注过程性评估，即倡导的变动性，在学校公共关系实施中要实时评估，不断改进、调整、修正方案，以追求更好的学校公共关系效果。

三、评估方法

评估方法与调查研究阶段所使用的方法具有很高的相似性，包括文本分析法、问卷法、访谈法、观察法、逻辑思辨、经验总结等，这些方法也是渗透到准备、实施、结果评估的各个阶段中，并综合运用。需要强调的是，最终生成的具有评估和指导意义的评估报告，为下一阶段的学校公共关系实施提供指导，因而要注重评估方法的客观性、全面性、深入性。

 案例分享

新泽西州教育协会为了调查"为公立教育而自豪"活动的宣传效果，采用了正式和非正式的反馈机制。首先，对其会员单位调查；其次，调查选民——尤其是 45 岁以上的重点宣传对象；最后，调查州立法机构和州行政机构获取反馈信息。以民意调查的方式，呈现了公众对教育预算的表决结果，以具体的数据形式呈现。

"为公立教育而自豪"活动实际上是针对公立学校教育的普遍失败，教育协会为了挽救公立教育的声誉和形象而采取的官方举措。教育协会在一系列宣传手段和形象扭转计划后，通过民意调查的形式，划分不同调查群体，收集民众关于公立教育改变的评价和认可度，结果是令人满意的。但该评估主要侧重的是对于公立教育形象树立方案的实施结果的影响评估。

"某幼儿园在评估学校公共关系时，主要通过以下步骤开展：

第一，建立评价领导小组，负责评价工作组织开展。

第二，明确评价目的、目标、宗旨、原则。

第三，选择和确定评价内容与对象。

第四，确定评价主体。

第五，确立评价方案，对所要评价的对象或内容具体化，建立评价的指标体系，选择适宜的评价方法。

接下来才是具体评价方案的实施，即对相关资料的收集、整理和分析，从而得出结论。"

该案例主要从宏观上为学校公共关系评估提供了程序参考，具体的方案选择、标准需要因地制宜、因人而异。同时应该注重对整个学校公共关系实施过程的评价，不限于对结果的评价。

资料来源：张东娇. 学校公共关系管理［M］. 北京：北京师范大学出版社，2012：111-121.

第五章　学校危机管理

　　伴随全球化以及中国社会的快速转型，学校现在成为人们不得不关心的风险之地。特别是近几年来各种关于学校遭遇危机事件的报道增多，不仅涉及灾害，如地震、洪水、火灾、传染疾病暴发等，也涉及校园暴力、考题泄漏、食品安全等。可以说，学校突发危机事件的不断发生，也使得学校的危机管理日渐常态化。学校中突发的各种危机事件及相应的处理办法通过各种媒体网络，在短时间内传播出去，将引起社会各界广泛的关注。如果学校对某些危机事件处理稍有不慎，就会给学校留下极大的负面影响。

　　学校危机的中心是风险。在当代风险社会的背景下，只有深刻认识风险、把握风险，把学校风险问题纳入管理议程，才能有效地预见风险、减少危害，并从根本上扭转学校危机频发的严峻态势，改变学校危机管理始终处于被动应对的滞后局面。风险已成为我们这个时代的标志性特征，是学校管理无法回避的重要议题。[①]

第一节 危机与学校危机

一、概念解读

(一)危机

"危机"一词源自希腊语，意为"分离"，是指医学上的"转折点"，即病情好转或者恶化的关键时期。后来"危机"的词义逐渐丰富起来，不同时期和不同国家对它有不同的理解。危机是一件事情转化的分水岭，危机是决定性或关键的一刻，是一段不稳定的时间或一种不稳定的状态，提示人们做决定性的变革。[②]"危机"一词不仅代表转折点或决定性时刻，亦可以界定为危机是一段期间，该段期间内，某种关系中的冲突将会升高至足以威胁改变此关系的程度，指出了危机的紧迫性、两面性。"研究危机的先驱 C.F. 赫尔曼认为'危机是威胁到决策集团优先目标的一种形势，在这种形势中，决策集团做出反应的时间非常有限，且形势常常向令决策集团惊奇的方向发展。'"[③]因而，危机通常具有突发性、严重性、不规律性，包括形象危机、管理危机、突发灾害等。

(二)学校危机

学校危机是危机在学校场域的定义延伸，即发生在学校场域中

① 郭德侠，楚江亭.学校管理：风险社会的视角[J].首都师范大学学报(社会科学版)，2013(3)：123-128.

② 转引自：祝尔娟.中小学校危机管理及其机制创新研究[D].北京：首都经贸大学，2014：10.

③ 张东娇.学校公共关系管理[M].北京：北京师范大学出版社，2012：231.

的，与校内成员或学校相关的已爆发或潜在爆发的严重事件，将可能对学校形象、管理运作等造成重大负面影响。[1] 包括学生意外伤害、武装事件、人员虐待、传染病、火灾、地震等。造成学校危机的主要主体有学校内部成员、学校外部成员、不可抗力的灾害等。

英国学者 Lichten-stein 认为学校危机是指学校总体上或重大部分可能受到严重消极影响的突然、未曾预料的事件，该事件发生时间不定且不可避免，但可以及时反应以减少损失。[2] 郑燕祥等人认为学校危机是指威胁到学校运作的事故，或潜伏着问题还尚未爆发的状态。[3] 此外，其他许多学者或者研究者都将学校危机界定为学校领域内的、发生或可能会发生的，对学校产生重大负面影响的紧急事件。关于学校危机界定需要注意两点：一是危机事件可能是学校内部自生的，如食物中毒、踩踏等，也可能是学校外部生成（包括不可抗力）但对学校造成影响的，如自然灾害、校园枪击或外来人员犯罪；二是其负面影响不仅是对学校形象、秩序等造成消极作用，对于学生个体的负面作用也是不容忽视的。因此，学校危机是值得学校高度警惕、重视和防范的。

 时事链接

1998 年 12 月，上海某全日制完全中学 W 校的初中生吴某、黄某、顾某在科技楼等候补课时，进入乒乓室屋顶栏杆外非活动区域追

---

① 毛静燕．学校危机管理的研究[D]．上海：华东师范大学，2005：9．

② 转引自：樊云峰．中小学危机管理的理论与实践研究[D]．福州：福建师范大学，2010：12-13．

③ 郑燕祥，伍国雄．学校危机的理念和管理：多元观点的分析[J]．教育学报，1997(1)：1．

逐打闹，吴某不慎从玻璃天棚上摔落至地面造成身体伤害。事故发生后，校方紧急送吴某至医院治疗并做好事后的处理。

（学生在校跌落的危机事件属于发生在学校内部自生的，学校的积极处理使得学生受伤事件并没有造成学校形象的重大损失，对于学校秩序以及学生的影响都处于极小和可控范围。）

1999 年美国哥伦拜恩中学两名学生携带自动步枪冲进校园疯狂杀戮，在短短 16 分钟内，杀死 12 名学生、1 名老师，后来在与警察的对峙中两名枪手自杀身亡。而在警方调查中，两名凶手还在学校自助餐馆里放置了炸弹，但由于没有引爆才在学校图书馆犯下骇人罪行。在惨案发生后的两年内，一名被杀死的学生的母亲因不能承受丧女之痛而自杀，一名目睹屠杀的学生也因受不了刺激而自杀。

（该校枪击事件虽然源自两名本校学生，但偏向于来自学校外部的客观冲击。此外，学校在该危机事件发生后的后续处理中，忽视了对于受害家庭甚至是其他学生的辅导，造成二次伤害事件。因而全面考虑危机事件的负面作用范围，对于有效处理危机事件、减少损失有重要意义。）

资料来源：徐士强. 学校危机管理［D］. 上海：华东师范大学，2004.

二、学校危机事件的类型及成因

（一）类型

学校危机类型多样，结合学校危机的定义，学校危机按发生的主体来源可以划分为内部自生和外部生成的危机，而每一种又包含多样的危机事件。

1. 学校内部自生的危机事件

此类危机事件主要是由于学校内部运作、管理上存在环节缺失或行为疏忽导致的，包括以下几种原因。

(1)重大安全事故。即学校在教学、实践、生活等日常运作管理中，由于管理疏忽造成的财产和人身损失事故。[①] 包括踩踏、食物中毒、实验室事故、火灾等。而学生的自主伤害事件，如自杀、他杀、受伤等也是源于学校的疏忽或者是教育的缺位。

(2)学校运营不善。学校运营不善实际包括很多方面，如财务状况恶化、教育人才流失、生源短缺等。[②] 之所以将其也视为学校危机的一部分，在于学校运营的失败将导致学校形象、声誉的下降，严重的则会导致学校倒闭，尤其是对于民办学校而言。但公立学校实际也会有该类现象存在，如果不完善管理运作、提升教育质量，必然也会产生负面效果甚至恶性循环，如优质生源缺失、声誉下降等。此外，领导队伍、教师队伍管理不严也会造成学校危机，如腐败、体罚学生、道德伦理缺失等，都会抹黑学校形象。

(3)学校与社会的隔离。学校与社会隔离既可以作为危机事件的表现，也可以被视为导致危机的原因。学校的建设、发展不能脱离社会，如缺乏对政策的敏感性、对社会需求的忽视，将导致学校的运作出现障碍。此外，当学校危机事件发生时，缺乏与社会的合作，可能由于能力受限导致危机事件扩大，产生持久、负面的影响。

2. 学校外部生成的危机事件

此类危机事件主要是缘于学校外部主体引发的事故，包括自然和

---

①② 王桂东. 学校危机管理研究[D]. 天津：天津大学，2008：9.

人为两个层面。

(1)自然灾害。包括地震、暴风雨、滑坡、泥石流、洪涝等由自然不可抗力因素造成的,对学校教学秩序、学校财产和成员的人身安全都会造成重大威胁和破坏。其恢复力缓慢,势态单靠学校自身力量往往难以控制。

(2)人为灾害。其一是传染病的扩散;其二是外部人员的犯罪事件,如外校人员抢劫、绑架;其三是更为广泛的,如恐怖袭击、爆炸、政治动荡等造成的学校危机。

学校外部生成的危机事件通常是不可控的,其后果极其恶劣并可能产生持久破坏。但并不说明学校无能为力,加强危机预警和相关安全训练,在危机发生时联系社会群体、组织共同解决,对于减少当时和未来损失都会有积极作用。

 案例分享

"一个拥有5000多人的学校,其年度财政预算约为3000万美元,可是学期中,学校获得通知说预定的州财政预算将减少10%,即300万美元。由于学校早已做好雇佣合同、设备购买等必需的预支款项,因而,突然的财政预算缩减恐怕导致学校财务管理、运作上的困难。"

学校的此次财务危机事件实际是来源于政策变动,可以说是发生于学校外部的。但由于学校做好了紧急的应对行动,适应了不利政策的突然变更,因而减轻了此次财务苦难可能造成的难以逆转的危机。

资料来源:徐士强.学校危机管理[D].上海:华东师范大学,2004:35.

(二)产生原因

为了更好地对危机进行控制及管理，学校管理者有必要对危机的原因进行分析研究。Herman 将学校危机分为与个人有关的危机、与小组有关的危机、与财务有关的危机、与行政人员有关的危机及与灾难有关的危机五类。但此分法未能有效界定有关危机性质、涉及层面与涉及角色，故不能帮助学校管理者选择策略。[①] 郑燕祥等人在批判 Herman 分类标准的基础下，结合多名学者关于学校危机来源的划分，对学校危机的产生原因做了较为清晰的分类和解释。因此，援引其原因分类标准，能帮助学校更好地分析危机事件的原因，以提前做好预警和管理，尽力减少危机发生。

1. 物理因素

学校内部设施和学校外部自然环境所导致的危机，该类型危机的发生有人为因素，也有自然因素。[②]因而，强化管理和对周边环境进行评估、防范，能有效地降低危机概率和危害。学校内部设施引发的危机包括：线路老化导致的火灾、房屋倒塌、电梯故障等。学校外部自然环境引发的危机包括：泥石流、滑坡、地震等。

2. 身心因素

学校内部成员的身体或精神潜伏病因，导致个体自身的伤害事件，甚至是危及学校内部其他成员的伤害事件，如传染病扩散、个体自身发病、精神病发作造成的他人伤害等。[③]因而，加强对学校内部成员身心状况的了解和记录，有助于对危害事件的早期防范和控制，尽量避免危机事件的发生和控制危机事件的势态。

---

①②③　郑燕祥，伍国雄. 学校危机的理念和管理：多元观点的分析[J]. 教育学报，1997(1)：1-13.

3. 情境因素

不利社会情境为学校的危机发生埋下了祸根。例如，学校周边地区鱼龙混杂的社会环境，酒吧遍布、犯罪事件累积，是学校危机事件容易发生的隐患。而政治动荡、政策变动、社会诉求等，如果学校缺乏应对举措或者是适应能力，都会在将来给学校带来难以预见的损失。

4. 道德因素

一方面是由于学校成员缺乏职业道德导致的。既包括领导者或教师工作失职、失误造成的学校损失，如轻视学生外出活动的安全管理；也包括作为教育者的行为失当，如体罚学生。

另一方面是由于学校成员缺乏普世性道德素质，甚至是做出违反法律的行为。即领导者、教师的腐败、诈骗、盗窃、强奸等导致的学生伤害事件，造成学校形象、名誉损失。

因而，加强对学校领导者、教职工的管理也是防范学校危机的预先手段。

以上关于学校危机事件的类型和原因的分类，描绘出危机的来源与特性，有助于我们探讨学校危机的管理。

第二节　学校危机管理

一、学校危机管理的概念

"危机管理"一词，最先是指处理国际政治和社会经济方面的意外事故所采取的政策和措施，一般以针对国家安全和国际争端的危机为主。① 随着时代的发展，危机管理几乎应用到了所有类型的组织管理

---

① 郑燕祥，伍国雄. 学校危机的理念和管理：多元观点的分析[J]. 教育学报，1997(1)：1-13.

中。危机管理是指通过科学预测与决策，修订合理的危机应急计划，并在危机发生过程中充分运用科学手段，减少危机给组织与公众带来的影响，进而寻求公众对组织的谅解，以重新树立和维持组织形象的一种管理职能。① 那么学校危机管理显然是学校场域中，学校对危机事件发生做出的反应和决策，尽力消除影响的行动，减少损失、恢复形象。

二、学校危机管理的特征

(一)预见性

虽然学校危机的发生一部分是由于不可抗力而导致的，如恐怖袭击、地震等灾难。但是学校对此也应当有所预见和防范，即加强危机管理的早期预防和防灾演练，帮助学校成员能在不可抗力的危机发生时有能力和机会争取最小的个体和学校损失。而对于由人为因素造成的学校危机则更应当通过日常的管理做好准备，将危机扼杀于源头，如日常的安全检查、及时的设备检修、成员的有效管理等。因此，学校危机管理的预见性在于对危机事件的早期预防，尽可能避免和降低损失。

(二)阶段性

学校危机管理的阶段性特征与危机管理的阶段性特征一致，即可分为危机前、危机中、危机后。因而学校危机管理也应从三个阶段出发，防范、处理、善后，争取降低危机的发生概率和危害性。学校危机管理是一个长期过程，而非一时的紧张忙碌。

---

① 张百章，何伟祥．公共关系原理与实务[M]．沈阳：东北财经大学出版社，2002：241.

（三）辐射性

学校危机管理的辐射性是缘于危机影响的广度和深度，具体来看：一是学校危机的发生不仅是对学校内部设施、成员的危害，由于学校的特殊性，其牵扯的是学校内部成员的各自家庭，甚至社会层面，负面作用巨大、影响广泛；二是学校危机的发生造成的危害不仅是当期的，更有可能潜伏至未来而爆发后续损害。尤其是基于学生生理特点造成的心理恢复缓慢，容易加剧危机的不确定性和长效性。

因此，学校危机管理不仅仅是处理危机发生时和短暂后续的负面影响，更需要将危机管理深入到受此影响的各个社会成员，并重视长期性的危机修复，如对学生的心理健康教育。这也才能促使学校本身从危机中恢复甚至受益。

（四）教育性

学校危机的发生和处理往往需要潜移默化地对学生进行积极的危机教育，帮助他们树立危机意识，因而具有教育性。

学校作为教育场所，危机的管理不能仅仅只为了管理危机，更在于通过管理过程和危机的处理过程，对学生产生长远的、积极有效的教育作用，使他们在这一系列过程中学到有用的知识，这些知识是课本所不能提供的。例如，地震、火灾发生时的自救，面对重大磨难和外部冲击的抗压能力等。学校危机教育，对于学生未来的发展、综合素质的提升都是具有潜在益处的。

三、学校危机管理的原则

（一）制度性

学校的危机管理应当做到日常化、制度化，即建立专门的危机管理部门、制订科学的危机管理方案和应急预案、有效的危机管理网络，通过传播和练习的方式，使学校每位成员都能具备危机应对能力。同时从教育角度提升成员危机意识，从而减少危机发生时的损失。

(二)真实性

学校危机管理需要主动、透明、公开地向学校内部成员、学校外部成员、社会公众传递。学校自身要承担危机管理的责任，实时地通报学校危机事件处理现状和困难，避免猜测，稳定各方情绪、态度、行动，并争取更多的帮助和支持，也有助于树立良好的学校公共关系形象。

(三)时效性

学校危机管理必须预先准备、及时反应、实时传播。尤其是当危机发生后，懈怠和遮掩将阻碍危机事件的处理，造成不可估量的负面后果。应当迅速决策，迅速整合一切可以利用的资源，果断地处理危机事件。

(四)以人为本

学校作为教育组织，具有独特性，尤其是以学生为主体的成员构成，危机对于学生的负面影响具有长效性、高危害性，对于社会而言也是极大的损失。因此，在危机事件处理中，应当切实保障学生利益，维护学生安全，及时修复学生心理，给予学生、家长、社会满意的答复。

第三节　学校危机管理的阶段

对于学校危机管理的阶段划分，不同学者对此有不同的解释。学校危机管理的阶段划分是危机管理在学校领域的表现，因此我们首先需要明确危机管理的阶段划分。

诺曼·R·奥古斯丁认为，危机管理应当分为以下六个阶段：危机的避免、危机的准备管理、危机的确认、危机的控制、危机的解决、从危机中得益。[①] 芬克指出危机管理应包含预兆期、发作期、延续期、痊愈期四个阶段性时期的管理。米特罗夫则将危机管理划分为五个阶段，即发现危机、预防危机、控制损害、恢复、学习。[②] 还有许多学者将危机管理由其各步骤发生的时间段来划分：危机前、危机中、危机后。

因而，结合危机的特性、发展时期和危机管理的特征、要求，从学校特性出发的关于学校危机管理的阶段划分应当包括以下几个阶段：危机的预防、危机的反应控制、危机的延续性处理。

一、学校危机的预防

学校危机的预防即在危机发生前做好预警、准备，通过训练提升危机管理水平以应对危机发生。

一是要树立危机意识。防患于未然是危机管理的重要部分，可以减少不可估量的损失。例如 2008 年汶川地震，震中的一所学校由于有地震演习的经验即危机意识，因而在地震发生时，学校能够迅速组织撤离，保证了师生的安全。

二是建立危机管理部门和制订危机管理计划。学校设立专门的危机管理部门检测危机，有意识地集合重要信息，并制订危机管理计

---

①② 转引自：徐士强. 学校危机管理[D]. 上海：华东师范大学，2004：9.

划，避免危机发生时，学校茫然不知所措，没有任何预案准备。

三是危机管理方案的传播。学校的危机管理需要向师生传递精神、具体办法，甚至通过演练的方式，减少危机发生时的慌乱，以促使每位学校成员都能有序地、有组织地、有经验地应对危机。

四是建立危机管理网络。学校应当联合医院、消防、公安、社区、新闻媒体等单位，共同构建学校危机管理网络，为学校在危机中提供尽可能的帮助。

二、学校危机的反应控制

学校危机的反应控制偏向于危机发生后，学校的反应和处理情况，该阶段学校积极、正确的行动将控制和减小危机的危害、损失。当学校危机发生时，主要由危机管理部门，或者由于事件重大需要成立专门的危机应急小组来承担危机管理计划的实施。

首先，要调查学校危机事件具体是什么、怎么发生的、发生在什么群体、发生到什么阶段、已经造成什么影响等。

其次，才是根据调查结果，制订方案和策略，并安排人员处理，甚至联系危机管理网络中其他成员给予及时支持和帮助。并及时向公众实事求是、公开透明地通报即时情况。

值得关注的是，在危机发生时危机管理部门需要保持镇定，结合危机前的计划准备和相关事件经验，有组织、有纪律地开展危机处理，敏锐观察问题，了解反馈意见，及时调整方案。

三、学校危机的延续性处理

学校危机的延续性处理，实际是对学校危机反应控制的后续补充。由于危机负面作用的扩散、长期影响，学校危机管理应当是长效性的，并且要在长期的恢复过程中总结反思和完善危机管理方案，提升危机管理水平。

通常危机结束后，其负面影响可能还在延续。那么学校需要采取一定的学校公共关系实施措施来恢复形象，减少后续损失。同时，一方面需要总结本次危机事件发生的原因、情况、危害、处理结果；另一方面还需要不断地完善自身的危机管理系统和相关网络，总结经验教训，以防下次危机再度发生或减少下次危机的伤害。

第四节　国外学校危机管理

学校危机管理是国际社会关注的重点话题，不同的危机管理方法、经验对于我们开展更有效的危机管理具有学习和借鉴的意义。那么关于学校危机管理的主体、学校危机管理的阶段性方案、学校危机管理的制度保障等都是我们需要完善的地方。美国和日本作为制度健全、教育发展领先的国家，在学校危机管理层面的表现也是值得我们去挖掘经验、学习内化的，以便帮助我们健全学校危机管理系统。

一、美国

(一)管理机构

美国的学校危机管理不只是学校的工作，其中政府也发挥着指挥、调控、支持的作用。

从宏观上看，美国的危机管理领导分为联邦和州两级。联邦级别的联邦紧急事务管理局由和赈灾相关的各国家机关组成，直接向总统负责，并在全国设立多个办事处。该机构明确了包括教育部在内的各部门在危机发生时的职责，当危机发生时则由联邦事务管理局统一协调。平时，管理局针对危机的预防、处理提供法律和心理咨询，并和高校开展研究合作。在州级层面，各州有自己的紧急事务管理部门，负责制定规章制度并具体实施，为学校提供资金帮助。[1]

从微观上看，学校危机管理的执行通常由本地区、社区、校区的应急小组共同组成。其职责包括评估安全、提供针对危机的相关培训、发布信息、危机处理等。[2] 学校自身还成立自己的校园应急小组，作为直接管理者负责危机事件的处理。虽然各有分工，但实际多个小组是共同辅助学校完善学校危机管理，而其具体工作更是贯穿学校危机管理整个阶段的。

(二)法律支持

法律是学校危机管理的行动保障，并将危机管理制度化、规范化、日常化。美国学校危机管理的法律体系无论是从数量、内容还是层次来看，都是完备、丰富、准确的。国家层面有统一的《国土安全法》《全国紧急状态法》《国家应急反应框架》等法律制度体系和指导手册，对于危机管理的预防、控制、处理都做出了明晰的规定。那么与学校危机管理相关的法律法规或者文件，基于国家统一的法律制度，从教育领域给出了具体的要求，其颁发部门有联邦政府、州政府以及各级教育部门。例如《学校安全法》《危机计划的实用资料：学校和社区指南》《菲尔德法案》等都针对学校危机管理做出了具体的约束和指

---

① 转引自：王笑寒．中美学校危机管理比较研究[D]．西安：陕西师范大学，2009：15-16.

② 转引自：王笑寒．中美学校危机管理比较研究[D]．西安：陕西师范大学，2009：17-18.

导,以帮助学校更好地开展危机管理。①

(三)学校方案

美国学校在政府帮助和法律约束下都建立了自己的危机管理计划,涉及学校危机管理机构、学校危机管理方案、学校危机的预防等。体现了学校危机管理的阶段性,并结合学校危机的界定、特征等,将危机预防在发生之前,控制在发生时,危机发生后进行处理和总结反思,并完善学校危机管理计划。尤其值得推崇的是对于危机意识的培养和预先准备,即帮助学校成员树立危机意识,习得危机应对能力,居安思危,当危机真正发生时能用经验和已有能力减少损失。此外,学校和社会各部门的广泛合作及有效沟通,帮助学校在危机管理中能够享有更多支持性资源,而非微薄的个体力量。

二、日本

日本的学校危机管理与美国的学校危机管理具有相似性。

从管理机构来看,日本采取"行政首脑指挥,综合机构协调联络,中央会议制订对策,地方政府具体实施"的模式来建立学校危机管理系统相关体系和制度。② 而学校则在上级统一领导下制订具体的危机管理方案并具体落实到行动中。

从法律制度来看,日本出台了众多关于学校危机及其管理的法律法规,例如《宪法》《教育基本法》是学校师生安全的权利保障,《学校

---

① 转引自:王笑寒. 中美学校危机管理比较研究[D]. 西安:陕西师范大学,2009:18-20.

② 转引自:艾枫月. 基于危机管理理论的大学校园危机管理研究[D]. 大连:大连理工大学,2008:21.

安全法》则详细地规定了学校如何做好安全工作，并包括危机管理在内。对于学校来讲，其危机管理行为严格遵守法律约束，并在法律要求下严格实施。

那么从学校方案来看，日本比较突出的危机管理特色在于预防阶段的安全教育，即危机意识和危机应对能力的树立和培养。日本本身基于地理环境的特殊，是一个多自然灾害的国家，包括地震、火山爆发、海啸等，并且自然资源匮乏、社会压力巨大。因此，学校危机发生的可能性、多元性都是不可小视的，其危机后的恢复也是任务艰巨。基于自身的条件，日本更加重视危机意识培养和危机应对能力训练，防患于未然，尽量减少危机带来的损失。就地震而言，各级各类学校一年会进行多次的地震逃生演练。学校、社会、家庭都会通过多种方式向学生传递灾害知识，灾害预防知识，以及通过演习让学生掌握在不同灾害发生时如何降低自身伤害的能力。学校自身也相当重视校园安全，45％的学校建立了防范监视系统，甚至给学生配备卫星定位系统进行时时联络以防不测。①

三、借鉴

从美国和日本的学校危机管理系统运作和实施的经验来看，以及结合学校危机管理自身的内涵、特征和学校特殊性，当前我们提升学校危机管理水平，应从以下几个方面展开。

一是危机管理机构设置。学校危机管理不仅是学校的内部事务，更是社会各部门通力合作、宏观管理和微观行动的结合体。纵向来

---

① 王柏林，贺正楚．美国、日本的学校危机管理及其借鉴意义[J]．机械职业教育，2008(7)：19.

看，政府层面、教育管理部门层面的危机管理机制建立，对于学校危机管理可以从宏观上建立保障机制和提供支持，尤其是给予学校充分的帮助并指导学校危机管理系统建设。那么微观行动对于学校来讲，则是具体的危机管理部门设置，应急部门的成立也需要早期的方案设置。横向来看，学校危机管理需要和各社会部门广泛沟通合作，以帮助学校建立后备资源，以应对危机事件、减少危机损害。

二是法律法规建立完善。学校危机管理需要一系列严格的法律法规规范约束，法律法规的作用在于：其一是要求学校建立完善的危机管理体系并落实到行动；其二是为学校应对危机事件提供法律保障，弥补损失，帮助学校分析危机事件性质和形势。

三是学校危机管理计划。这一部分是学校危机管理的实施核心，危机管理计划应当涵盖学校危机管理的各个阶段：预防、控制、善后。值得重视的是危机意识和危机应对能力的培养，具体落实到提升教职员工、学生的意识和能力，深入到学校运作、管理的方方面面。即使是危机发生，也能基于早期的教育而冷静地应对危机，减少不必要的伤害和损失。同时由于危机管理计划的完备，在后期可以帮助学校及时恢复形象，自主反思总结。

第五节　典型案例

案例分享

某市的 A 小学 9 月 5 日—7 日发生集体食物中毒事件，很多师生出现发热、腹泻等症状，陆续有 500 余人次的小学生陆续到医院就诊，更有 4 名学生病危。卫生部门从该校食堂 9 月 4 日和 5 日的午餐的食品样品油煎带鱼中检测出宋纳氏痢疾杆菌传染病菌，卫生执法人员封闭了学校食堂，并进行了消毒；由于病菌具有传染性，由政府出资向学校师生派送了预防药物。5 名专家组成了医疗小组负责中毒小学生的诊治工作。

该校某老师称，5 日上午一些班级的学生便出现了发烧的症状，但由于人数少，并没有引起老师和学校的注意，只是通知了有发烧症状孩子的家长。到 5 日中午的时候，出现类似症状的学生越来越多，才引起学校的警觉，猜测是否是因为食物或水源问题引起学生生病。到晚上，就有 100 多师生住进了市 B 医院。

针对 5 日的情况，学校第二天(9 月 6 日)通过广播通知在校学生，注意自身身体变化，如有不适，应立即到医院就医。并发给每位学生《给家长的一封信》："本校近日发生菌痢，为了保证学生健康，区卫生部门将于 7 日对学校进行全面消毒。经研究 7 日全校调课一天。为做好预防工作，希望家长配合以下工作：从今天开始家长按医生要求给学生服用黄连素药片；家长发现子女有高烧、腹泻等症状即送医院诊治。市 B 医院有专家负责诊治。"

6 日学校供应的午餐便将食品换成面包，饮用水换成购买的瓶装矿泉水。

资料来源：毛静燕. 学校危机管理的研究[D]. 上海：华东师范大学，2005：59-61.

学校看似采取了一系列措施来处理学校发生的食物中毒事件，并且寻求了政府的资金帮助。实际上 A 小学在食物中毒发生后，体现出危机意识薄弱、缺乏危机管理系统、反应迟钝、措施滞后等危机管理水平不足的情况。

首先，该校缺乏危机意识。当一些班级的学生出现发烧症状时，已非个案或极少数情况，但各班老师并没有意识到可能存在的问题，并没有如实将学生情况上报，致使学校缺乏足够的信息来综合分析问题，因而无法做出及时和正确的判断。[①] 导致事态愈演愈烈，中午后出现更多类似症状，事件进一步扩大。

其次，该校没有制订有效的危机管理方案。5 日中午后更多学生出现食物中毒病症，但学校只是将师生送进医院治疗。[②] 并没有系统地组织学校各部门、老师配合和应对，并没有考虑学校的教学秩序、师生治疗费用，甚至对中毒可能的源头例如食堂没有任何管制措施，也没有和家长及时沟通。虽然有政府和医院的全力配合，但学校似乎处于危机管理被动的状态。

再者，该校沟通落后，信息公开透明度差。学校 6 日才告知家长学校出现的集体中毒事件，并让家长做好预防，导致 5、6 日有许多家长仍然不知学校发生了什么，对于孩子出现的病情也不了解具体致病因素。同时学校只依靠广播和告家长通知书的形式来传递信息，而没有使用现代快速的信息传播方式，让家长尽早了解。对于如此重大的集体食物中毒事件，学校对于社会公众也缺乏公开、透明的信息传达。

最后，作为学校应当具有的以人为本的特质，学校并没有对生病学生、教师开展慰问，甚至是补偿等。对于如何缓解、调节师生尤其是还处于低年龄的小学生的心理状态，即学生在此事件中不仅是身体

---

① 毛静燕．学校危机管理的研究[D]．上海：华东师范大学，2005：59．
② 毛静燕．学校危机管理的研究[D]．上海：华东师范大学，2005：60．

更是心理会受到创伤，后续的弥补并没有列入议程当中。

因而，学校需在日常建立危机管理系统，提升各部门、各主体危机意识，应对危机才能有效、有序。同时，注重公开透明、时效和人本，才能扭转危机事件的恶劣和持续性负面影响。

下篇　实践指导篇

第六章　学校与社区

第一节　学校与社区的关系

一、学校与社区

学校是人类社会发展到一定历史阶段才出现的专门的教育机构。20 世纪初，美国教育家杜威就指出，学校在本质上是"一种社会组织"，是"社会生活的一种形式"，学校的首要职责在于"提供一个简化的环境"，选择社会生活中最基本的和能为青少年反应的各种特征，并建立一个循序渐进的秩序，同时排除社会环境中的丑陋现象，把学校建成"小型的"和"雏形的"社会。① 从这种意义上说，学校是人类进行自觉的教育活动，传播社会知识文化，有目的、有计划、有组织地为一定社会培养所需人才的机构。② 本章所定义的"学校"包括实体社

---

① 范国睿.学校管理的理论与实务[M].上海：华东师范大学出版社，2003：75.
② 刘淑兰.学校与社区的互动[M].成都：四川教育出版社，2003：62.

区内的各类学校。

"社区"是 19 世纪末期以来中西方文化交流的产物之一，这个词语来源于拉丁语，原意是关系密切的伙伴和共同体。在我国，首先使用"社区"概念的是著名社会学家费孝通先生。20 世纪 30 年代初，他在翻译德国著名社会学家滕尼斯的著作英译本 *Community and Society* 时，将"community"译成"社区"，之后便慢慢流行起来。①

不同的学者从不同的研究视角来定义社区，在我国，实际生活中的社区未必都符合各种定义的要求，"在很大程度上，社区已成为街道办事处以及居民委员会这些基层管理机构的代名词。……从发挥政府行政能力的角度来看，政府必须借助于某种基层组织才能有效地实现对城市的现代化管理。无论是社区还是居委会，都是因为能满足这种功能需要才被提到议程上"。②

因此，社区是从事一定的社会活动，具有某种互动关系和共同文化维系力的人类群体及其活动区域，且一般包括以下四层含义：第一，社区是一个人文区位，是社会空间与地理空间的结合，如村落、集镇等；第二，社区的存在总离不开一定的人群，人口数量、集散疏密程度以及人口素质等，都是考察社区人群的重要方面；第三，社区成员具有共同利益和共同的行为规范、生活方式及社区意识，如共同的文化传统、民俗、归属感等，这些方面构成了社区人群的文化维系力；第四，社区的核心内容是社区中人们的各种社会活动及其互动

---

① 费孝通.费孝通文集(第五卷)[M].北京：群言出版社，1998：530.
② 桂勇，崔之余.行政化进程中的城市居委会体制变迁——对上海市的个案研究[J].华中理工大学学报，2000：3.

关系。①

　　学校与社区互动关系的参与者包括学校全体教职员工、学生和社区的全体居民、企业和其他社会组织等，这些参与者在社区和学校互动中的积极程度和态度决定了学校与社区关系的好与坏。

　　从地理位置的角度来看，学校与社区关系最为密切，现代许多学校因社区而建，坐落在社区中间，因此，社区首先应将学校视为服务的对象；其次，学校是正规的教育机构，它对社区的发展至关重要，所以，从理论上来认识、明确学校与社区之间的关系是十分重要的。

　　国外的相关研究从不同视角定义学校与社区的关系。学校公共关系协会（NSPRA）的领导人对学校与社区关系做出了这样的定义：教育公共关系是有计划、有系统的管理，旨在帮助改进教育机构的课程与服务，它依赖于全方位的双向交流过程，既涉及组织内也涉及组织外的公众，目的是激发公众对组织的任务、目标、成果、需求的更好理解。教育的公共关系活动有助于阐释公众态度，从公众利益出发，确定、出台各项政策和工作程序，开展一些活动让公众亲身参与并了解信息，以赢得他们的理解和支持。② 在这个定义中，学校公共关系协会用"教育"代替了"学校"。金瑞德（Kindred）认为："学校与社区间的交流过程，目的是加深居民对教育要求与实践的理解，激发他们积极参与学校的建设工作。"③另外，金瑞德在其著作《学校公共关系》一书中也表示：建立合理的建设性的学校与社区关系要经历一个动态的

---

① 刘淑兰. 学校与社区的互动[M]. 成都：四川教育出版社，2003：62.

② R Bagin. Evaluating Your School PR Investment[M]. Arlington，VA：National School Public Relations Association，1985，p. 48.

③ 唐·倍根，唐纳德·R. 格莱叶. 学校与社区关系[M]. 周海涛，主译. 重庆：重庆大学出版社，2003：17.

过程，在这个过程中将下列各种理念和活动统一起来：①使教职员工的日常生活方式在每天与同事、学生、家长和社区公众交往中得到体现；②组织一系列有计划、连续性的活动，促进组织内部和组织外部的公众就学校的目的、需要、活动、成果进行交流；③组织一系列有计划、连续性的活动，以了解社区居民对学校的看法和对儿童教育的独到见解；④让社区居民积极参与学校和学校发起的与社区"手拉手"活动，由此使教育活动得到重大改进，并为适应社会变化做出相应的调整。也即建立学校与社区间的合理的、建设性的关系，要经过这样的过程，交流各种信息、思想和观点，在此基础上达成一定的共识，做出决策，达到教育活动的实质性改变，做出相应调整以适应社会变化。[1]

艾尔伯特·豪勒德（Albert E. Holliday）将学校—社区关系定义为："这是学校系统各层面的一种系统化功能，它通过既定的活动方式，来争取公众对教育的支持，促使学生获得并保持最理想的学习成果。"[2]他认为学校社区活动的主要目的，一是通过建立有利于教育的学校环境和家长、居民的参与，促进学生获得更大的成就；二是为了让社区居民对教育有更多的理解，从而谋求更多的财政支持。

在我国，对学校与社区关系内涵的定义较少，其中黄崴和王晓燕在《学校与社区关系及其改善策略》一文中指出："学校与社区关系是指学校为树立良好形象、提升学校影响力、获得更多的教育资源，运

---

① LedlieW. Kindred. School Public Relations[M]. Englewood Cliffs, NJ: Prentice-Hall, 1957, p. 16.

② Albert E. Holliday. In Search of an Answer: What Is School Pubulic Relations? [J]. Journal of Educational Public Relations 11, 2ndQuarter 1988, p. 12.

用各种信息传播技术与沟通手段，与社区进行良好合作与互动。""学校与社区的关系是彼此之间的双向互动与合作关系。双向互动的内容应既包括社区对学校的理解、支持和帮助，也包括学校对社区的支持、开放和服务。""学校与社区的互动是学校与社区关系的重要表现形式。"①

而刘淑兰认为：学校与社区的互动，是指学校与社区和社区成员、机构、组织之间的双向交流与合作关系。互动必然是双向的，一方面，要使社区包括成员、机构、组织，理解、支持和帮助学校，以便有效地实现教育目标；另一方面，学校应该向社区开放，面向社区、支持社区、服务社区，形成学校与社区的互动，双向建立良好关系。学校与社区常需要形成两种有效的传播渠道：即从学校到社区和从社区到学校的传播渠道。② 学校与社区存在双向互动的关系，主要表现为：首先，地缘优势以及以地缘优势为前提的资源优势是学校与社区关系的基础；学校和社区都具有的教育功能是双向互动的支点；学校与社区的沟通与合作有政策基础；信息技术的发展为学校与社区关系的改进提供了新的条件。③ 其次，学校与社区互动功能的良性发挥离不开互动关系中各个物质的、组织的和人力的基本要素和功能的协调发挥，学校与社区的互动关系的基本要素主要包括学校、社区、社区教育机构和参与者。其中，社区教育机构是指社区内的一切公共设施和各协作单位提供的可以作为教育基地的企业、实验室、青少年

①　黄崴，王晓燕．学校与社区关系及其改善策略[J]．教育科学，2006：5．
②　刘淑兰．学校与社区的互动[M]．成都：四川教育出版社，2003：63．
③　黄崴，王晓燕．学校与社区关系及其改善策略[J]．教育科学，2006：5．

宫及有历史意义的场所等。① 最后，学校与社区作为不同的社会实体，是在共同的目标下，实现双方的互动，因此，学校与社区互动的前提是二者的需求，观念的统一从而保证其目标的一致，实现合力，培养人才。

二、学校对社区发展的职责

(一)学校为社区提供教育资源，提高社区居民的整体素养

学校教育是系统地传递人类科学文化知识的场所，有专门实施教育教学活动的专职人员。因此，学校有责任向其周围的社区居民提供相应的教育资源，从而提高社区居民的整体文化知识水平，并从中受到感染和熏陶，提高自身的素质和修养，形成正确的价值观、态度，提高社区居民公德意识，营造学校周边的良好氛围。从这一点上看，学校为社区提供教育资源，也体现了学校对社区的教育功能，即学校有一定的办学经验和传统，有专职的师资队伍，理解并掌握教育规律、教学方法，有强烈的教书育人的价值取向、职业道德习惯和人格感染力量。而且，学校拥有相对齐全的教学设施、文娱体育活动的设备和设施，这对社区的文化及教育活动具有空间调节作用。

(二)学校向社区居民普及知识，促进社区和谐安定

学校是社区的文化教育、科学技术传播中心，学校教育可以向社区居民普及科学文化知识。学校通过深入社区居民家庭或者举办讲座，向社区居民宣传政策方针，普及科普知识、家庭育儿知识、医疗卫生知识以及健康保健知识等，让社区居民及时了解与自身生活实际

---

① 刘淑兰. 学校与社区的互动[M]. 成都：四川教育出版社，2003：67-68.

密切相关的常识，学习与发展自我有关的技能知识。另外，在传播法律知识等方面，学校对社区也有着义务宣传的责任，特别是新的法律法规颁布执行时，如新的交通法规中关于酒驾、遮挡车牌号等的处罚规定。让每位居民及时了解法律信息，增强居民的法制意识，做知法、懂法、守法的良好公民，促进社会稳定与和谐。学校是知识密集型的组织，它所体现的是现代社会的文明精神和价值观念。因此，学校向社区居民普及知识，促进社区和谐安定，也体现了学校对社区的文明辐射功能。

(三)学校向社区开放设备与设施，提高民众参与意识①

学校是社区的科技、文化、活动中心，学校应该成为一个开放的系统，向整个社区开放。学校可以利用寒暑假、法定节假日、周末等时间，向社区开放学校的体育设施、教学设备、图书馆等，允许社区居民到学校图书馆借阅图书，查阅资料，利用学校的操场等其他体育设施，甚至利用学校的多媒体教室或者计算机教室，实现资源共享。学校拥有多样化的文娱体育活动的设施与设备，拥有办学场地、教室、图书馆、实验室，这些如果能够在不影响学校教育正常进行的情况下合理地提供给社区使用，不仅可以避免教育资源重复建设从而节约教育资源，使教育资源得到充分利用，而且还为社区终身教育发展提供了所需的条件。学校向社区开放，使得社区居民闲暇时间有处可去，有了学习与沟通交流的机会，加强居民彼此之间的了解与认识，打破了房门的限制，不再是楼道内见面不认识的陌生人，促进了社区人际关系的和睦，人与人之间变得亲近起来，增强了社区的凝聚力。

---

① 转引自：王秀娟. 美国中小学与社区互动研究[D]. 济南：山东师范大学，2013：47.

同时，也促使社区居民的参与意识提高，积极参与社区组织的活动，社区责任感提升，使整个社区工作更加和谐有序地进行。这也侧面说明学校对社区具有经济功能。学校对社区的经济功能是指以学校培养的学生参与社区经济建设为中介实现的，学校通过发展校办产业以及通过进行社区经济状况调查咨询、科技服务等形式，从实际出发，直接参与社区经济发展。

三、社区的教育功能

(一)社区推进学生素质教育培养

每一个社区都通过各种媒介(报纸、电视、广播)和为儿童提供特殊知识标识来发布新闻和信息。在国外，每个社区配有宗教中心，为学生创设发展认知和实践的明确目标，如社区的娱乐场可以提高学生的身体机能、提供体育锻炼场所和其他运动的知识；图书馆可以提供书籍；公园、动物园、展览馆和剧院等一系列社区配套建设都有利于提供有助于儿童成长的信息和培养儿童对美的欣赏等。上述这些社会组织、宗教机构和教育机构是相互关联的，它们拓展了家庭与学校课程，从而提升了个体在各种课程主题上的技能、知识和态度。

因此，社区对学校有着推进学校素质教育的功能。社区在推进素质教育中的作用主要表现在引导教育观念、创造物质条件、优化育人环境、协调教育力量和直接参与素质教育五个方面。[①]

(二)社区促进学生价值观形成

在情感领域，社区和邻里为儿童提供了安全感、健康和身份认

---

① 任胜洪．浅析社区在推进素质教育中的作用[J]．贵州师范大学学报(社会科学版)，2000：3．

同。各种保护性服务以及市民和领导者示范性的价值观及态度向儿童清晰地传达了社区的价值观及关注的领域。比如，社区居民能在平日的游戏和体育比赛中表现出对公平竞争的支持；社区通过公平竞赛奖励所有参与者，而非只关注奖励胜利者，体育指导者和观众就会交流拼搏与参与的自豪感，而非仅仅谈论不惜代价获取的胜利。

此外，社区对学校的功能还主要体现在：第一，支持功能，即社区为学校的生存和发展提供物质、经费和信息等方面的支持。比如社区对于教育经费的筹措具有重要的责任，其各个方面的支持，对于提高学校办学水平、增加教师队伍的稳定性，进而提高学生素质具有重要作用。第二，参与功能，即社区积极主动地参与学校教育过程以及参与学校内部管理。社区除了参与学校教育过程，还可以在办学方向、课程结构、培养目标、考核评价机制等方面给予学校管理以监督和指导，使学校管理过程更加透明和公开。[①]

第二节　学校与社区的互动

一、互动的起始

从 19 世纪中叶起，欧美资本主义发达国家逐渐进入城市化时期，城市化的发展反过来又极大地促进了社会经济发展，但城市人群随之也产生了人与人之间缺乏感情投入、归属感和责任感降低、社区组织凝聚力差等问题。为了缓解社会矛盾，增进社会和谐，促进经济发展，欧美发达国家于 20 世纪初叶起开展"睦邻运动"和"社会福利中心

---

① 刘淑兰. 学校与社区的互动[M]. 成都：四川教育出版社，2003：68-72.

运动"。这使得学校与社区的互动，大致同社区的发展同步。

美国在教育上的管理采用的是地方分权的自治制度，所以大部分学校是由社区进行管理的，因此，当地居民需要向社区缴纳税金以维持学校的正常运行，而社区则通过居民的选举产生负责管理学校的理事会。所以"美国学校教育一直保持着这种在财政上受地方支持、在管理上由地方控制、在服务上主要面向地方社区、地方办学的传统。"①再加之美国正规学校采用封闭式的教育方式，学校课程与学生的社区生活严重脱节，这就导致学生对学习不感兴趣，毕业生质量不高，无法适应社会发展的需求。当时越来越多的美国人质疑学校教育，越来越多的社区居民因无所受益而不愿继续支持社区中的学校。

基于此，美国很多学校通过多种途径密切联系社区，与社区双向互动、双向服务，以促进学生的发展。逐渐地，美国的公立中小学开始设立专门的社区学校、社区指导员、社区教育协调员，负责社区教育事务以及与社区各界进行联系。

自此，学校开始不断地利用所在社区的教育资源，学校教育有时也借助社区内其他人士如家长、医生以及各种社会团体的力量，甚至于"以社区为教室"，利用社区中一切可以利用的资源，如社区的工厂、企业、图书馆、娱乐中心和其他公共设施，其结果是"社区的每一角落都可能被利用"。

许多学校在原有课程中增设有关社区生活的内容，并开设与社区生活有关的课程，包括"对社区自然环境与人文环境的介绍，对社区经济、文化、社会情况的说明，对社区历史沿革与发展趋势的回顾与

---

① 刘淑兰．学校与社区的互动[M]．成都：四川教育出版社，2003：14．

展望等，以促进学生对社区生活的了解，提高学生学习的积极性，促使学生增加学习兴趣和适应生活的能力等。"①

学校的教职工也从专业教师扩充到社区各行各业的人才，学校教育的教学方式也由侧重课堂讲授变得多样化，如在工厂车间的操作演示、在社区公共机构的现场讨论等。学校与社区内各种机构、公私团体的合作加强，包括吸收在校学生家长参与学校事务、建立由不同专业人士组成的各类咨询委员会、与企业的合作及加强学校董事会作用等。学校日渐成为社区居民、公私组织、地方、州和联邦机构参与的组织中心。

学校广泛开展为社区各种年龄人服务的教育活动，通过开放校园、开设成人教育课程等，争取社区对学校的支持，迎来了学校与社区沟通和互动的时代。20 世纪 60 年代后，增进学校与社区的合作与交流成为世界性的潮流。

二、互动的历史演进

在我国不同的历史阶段，学校与社区的关系也不断地演变并呈现不同的特征。早在 19 世纪 20 年代至 30 年代，我国著名教育家陶行知先生根据杜威的教育理论，倡导了乡村教育运动。陶行知先生于 1927 年 3 月 15 日主持并创立了中华教育改进社，在南京市郊创办晓庄师范学校，通过 3 年多的实验，形成了"以社会即学校、生活即教育、教学做合一为主要内容的生活教育理论"。② 其教育理论与实践对后来的教育活动，特别是乡村师范教育产生了广泛而深刻的影响。

---

① 刘淑兰. 学校与社区的互动[M]. 成都：四川教育出版社，2003：15.
② 王如才，等. 乡村教育运动的历史回顾与前瞻[J]. 山东教育科研，1997：3.

1932年，陶行知先生在上海郊区孟家木桥创办了山海工学团，山海工学团既是工厂、农场，也是学校，又是社会。陶行知先生努力尝试把学校教育同社会改革、民众教化融合在一起。但是，他的这种教育理想在旧的时代是根本无法实现的。中国平民教育家晏阳初，20年代创办了河北定县平民教育实验区，他从推行平民教育入手，开办平民学校，以造就"新民"，通过培养民众的知识力、生产力、强健力和团结力来达到强国富民的目的。从1930年起，晏阳初在河北省定县进行了实验，把教育与社区改造、社区建设紧密地结合起来。通过实验和研究，他总结出农村的"愚、贫、弱、私"①四大基本问题，并提出通过"文艺教育""生计教育""卫生教育"和"公民教育"②来根本解决这些问题。这四种教育是相互联系的，而且要运用"学校式、社会式、家庭式"③三大教育方式来进行。

在20世纪30至40年代，中国共产党在革命根据地和解放区，实现了学校教育与革命斗争、社会生活、生产实践的真正的结合。当时中国共产党强调："第一，学校与社会需要密切结合。教育面向社会，根据社会的需要和可能办学校。学校为当地群众办识字班、出黑板报，帮助他们解决婚姻、生活、生产问题，学校还把政府法令、政策当作课程来教，便于学生帮助政府推行各项工作，毕业后根据需要成为国家干部；第二，课程和教材内容紧密结合生产、生活和社会实际，学以致用，如税收、算账、统计战绩、救护伤员、支援前线等编入算术和语文课本，进行教学；第三，办学体制和办学形式灵活多样，公办、民办、民办公助、群众办学等多种多样，正规教育和非正

---

①② 晏阳初．晏阳初全集(1)[M]．长沙：湖南教育出版社，1989：274．

③ 晏阳初．晏阳初全集(1)[M]．长沙：湖南教育出版社，1989：259-262．

规教育同时并举；第四，领导体制政教结合，教育干部和地方干部经常交流和调剂，把一些在地方工作的干部调到学校当干部、教员，把教员调到地方工作，使经验得到交流，一些小学由乡长、村长兼校长，经常给学生讲政府工作和形势任务，上公民课。总之，这时期的学校教育不仅对发展生产、支持革命战争、巩固革命政权、赢得民族的解放发挥了重要作用，而且对文化教育的普及、移风易俗、地方建设也功不可没。"①因此，可以说，20 世纪 20—40 年代，党领导下的革命根据地和解放区实现了学校教育社会化，开了建立具有中国特色的社区教育的先河，尽管当时还没有使用"社区教育"这个名词。

我国真正意义上的学校与社区互动始于 20 世纪 80 年代。一方面，我国教育事业发展所面临的现实矛盾表明，仅仅依靠发展制度化教育来提高人民大众的科学文化水平和提供终身教育的机会是不切实际的，必须在教育社会化的过程中促进学习社会的形成。因此，学校教育制度要以促进人们终身学习和创建学习社会为改革方向，推进教育社会化，充分发挥其社区文化中心和教育中心的作用，把学校与社区的合作作为学校教育改革的目标及措施。教育改革要从管理体制着手，改封闭式为开放式办学，吸引社区参与监督管理学校，服务于学校。同时，学校回报社会，服务于社区，并建立社区教育中心，完善纵横交错的教育信息交流、管理体系，实现社区教育一体化。另一方面，我国社区教育从 20 世纪 80 年代中期兴起以来，已逐步从提高青少年素质的学校社区教育拓展为提高社区全体成员（包括青少年）的素质、生活质量和发展社区的社区教育。这种社区教育是适应教育对社

---

① 符登霞. 学校与社区的互动关系研究[D]. 长沙：湖南大学，2009：19-20.

会(或社会对教育)的需要而产生的。其发展前景只能是社会与教育的结合越来越密切,最终走向学习化社会的形成。所以,今天的社区教育要走向未来,实现学习化社会,它的途径是教育要走向社会,社会要教育化,这也是社区教育的必经之路,而社区教育的共同参与,社区与学校的双向互动便是社区教育今后的发展趋势。因此,学校必须动员和依靠社会各方面即社区、家庭等力量,形成教育的合力,共同完成育人任务,提高教育效果。学校教育开始打破封闭的格局而与社会沟通。①

1985 年 5 月 27 日颁布的《中共中央关于教育体制改革的决定》(以下简称《决定》)指出,"教育体制改革的根本目的是提高民族素质",要求启动"经过改革,要开创教育工作的新局面,使基础教育得到切实的加强,职业技术教育得到广泛的发展,高等学校的潜力和活力得到充分的发挥,学校教育和学校外、学校后的教育并举,各级各类教育能够主动适应经济和社会发展的多方面需要"。《决定》的发表为社区教育的发展提供了新的契机,学校与社区互动的形式更加多样化。②

20 世纪 80 年代中期,我国一些大城市掀起了社会支持教育的活动。1986 年 9 月 30 日,上海市真如中学诞生了一个跨系统、跨行业的群众教育组织——"真如中学社区教育委员会"③。它以学校为牵头单位,由附近的企业、部队、商店、镇政府等为理事单位,宣传和形成尊师重教的社会风气,动员社会各方面支持学生参加社会实践活动,集资办学,改善学校办学条件,建立家庭教育网络,实现学校、

①② 刘淑兰. 学校与社区的互动[M]. 成都:四川教育出版社,2003:16.
③ 王岚. 对我国社区教育的思考[J]. 福建师范大学学报(哲学报),1996:1.

家庭、社会教育一体化以及加强地区精神文明建设等，发挥了联络、协调、咨询、指导的作用，迈开了学校与社区互动的第一步。此后，在上海其他的一些中学也相继成立社区教育委员会，或在一些街道成立社区教育委员会，仅上海市区 138 个街道（镇）中，已经有 91％先后成立了社区教育委员会。上海社区教育的产生引起了国内教育界和社会各界的关注，它的做法和经验很快地从上海向全国城乡辐射。随后，一些地区，也对建立学校、社会、家庭三结合的教育协调组织进行了有益的探索。20 世纪 80 年代末，在北京召开的面向 21 世纪教育国际研讨会所提出的报告——《学会关心：21 世纪的教育》提出："要想形成 21 世纪要求的学习，教育体制应不囿于目前的模式，可能其重要的方面将是社会更多地参与学校和学校更多地参与社会。"学校成为社区教育的基本力量，而社区也正进入学校改革的视野。

进入 20 世纪 90 年代以后，有关"学校与社区"的改革实践就更加丰富了。1992 年颁布并实施的《中国教育改革和发展纲要》就明确指出："支持和鼓励中小学同附近的企事业单位、街道或村民委员会建立社区教育组织，吸收社会各界支持学校建设，参与学校管理，优化人文环境，探索出符合中小学特点的教育与社会结合的形式。"1993 年在北京召开的全国社区教育研讨会上，有学者提出我国社区教育发展的新思路：把社区教育和社区发展结合起来，把社区教育与教育管理体制改革结合起来，把学校教育与社区参与结合起来。经过社区教育委员会和"九五"社区教育国家重点课题几年的推行，这一社区教育发展思路受到广泛的关注。①

---

① 符登霞. 学校与社区的互动关系研究[D]. 长沙：湖南大学，2009：21.

2004 年 12 月 1 日，教育部颁发了《关于推进社区教育工作的若干建议》，强调了落实《2003—2007 年教育振兴行动计划》中提出的"推进社区教育"的任务。可以说，发挥社区在教育中的积极作用，在学校与社区之间营建一种相互促进、共同发展的关系已经成为当前我国教育发展的一个重点。[①] 经过这一时期的发展，学校与社区的合作已经从最初社区支援学校的阶段，经过学校回报社会的阶段，进而发展到学校与社区的互动阶段。这种趋势也体现在学校与社区合作的具体内容上。如最初将社区作为学校的德育基地而帮助青少年学生形成良好的道德品质，拓展到学校利用自身教育、文化等优势参与社区建设，帮助社区发展，再到目前的学校与社区"双向服务"，互相促进。如今，学校与社区的互动受到更广泛的关注，理论与实践研究显示，这种互动的合力对于社会的和谐发展影响深远。在我国，虽然关于"学校与社区的关系"研究越来越多，但是对于学校与社区良性互动关系的相关问题研究还没有引起足够的重视，这是本书力求探讨的问题。

三、存在的问题

(一)观念存在差距

在观念上，很多地区的学校与社区的互动中，参与的双方对"学社互动"的理念与基本内涵尚未形成正确理解，认识不够全面和深入，也无法充分认识到建立良好的合作关系对学校和社区发展的长远双赢效益。学校的思想意识仍然以自身为中心，人们因对学校知识的评价

---

① 杨颖秀. 美国：营建学校与社区关系的几种常用方法[J]. 中小学管理，2005：3.

颇高，仍对学校寄予厚望。因此，学校也常以教育专家自居，将社区的参与仅仅看作对学校教育的一种补充，难以听取社区公众对教育方面的意见，甚至当社区介入学校的管理和教学时，学校会因自己独断的权利受到冲击而产生反感。

学校是承担着人才培养功能的主要机构，社区参与学校教育难免有外行的嫌疑。这不但不能促使学校发生根本性的变革，而且社区教育的实现也托付给附设于学校的继续教育、成人教育及业余教育等非正规教育。社区的教育功能相比于学校教育总是比较模糊的，社区中的知识也不占主流地位，学校中的科学知识仍然占据统治地位，科学世界的教育对生活世界的教育的压制和蔑视，导致学校社区的关系处于一种非平等的状况。这种观念给学校和社区的沟通和合作带来了不利的影响，存在着双方参与意识淡薄、民众参与不踊跃等现象。比如，有一些学校开放资源的意识淡薄，仅仅把学校资源开放当成是上级任务来完成，没有把学校资源的开放当成日常工作来做，更没有从制度上保证这项工作的开展，从而影响到社区内学校资源的整合。[①]

(二)资源不能及时开放

资源开放的问题是双方比较敏感也容易引发争议的问题。一方面，教育资源的共享可能受到其他利益的驱动而带来种种困扰难以实现；另一方面，受学校中心意识的影响，人们通常认为学校教育资源比社区教育资源更具优越性。社区教育资源仅被视为补充，而不看作对学校教育有重要的改善作用。

目前我国大多数学校只向社区开放一些体育设施、教室之类的资

① 符登霞.学校与社区的互动关系研究[D].长沙：湖南大学，2009：34.

源，而对于图书、网络等资源的开放则很少。如北京市西城区有着丰富的学校资源，对于这些资源的整合也取得了一定的成果，但仍然存在不足，学校对社区开放资源的意识应该进一步加强。这种问题的出现主要是由于学校对经费的考虑，比如对器械的维护费用、管理人员的工资等，学校办学经费的限制影响着学校开放办学资源的积极性。

（三）保障机制不健全

学校与社区的互动最基本的保障机制就是政策法规的保障、经费保障和督导评价机制的保障。首先，我国有相当数量的社区，学校与社区的互动往往随着管理者的决策变化而变化，缺乏与"互动"相关的制度和法规来规范和保障互动的良性运行。其次，就是互动的经费问题。就学校方面来说，目前绝大部分学校的经费来源是国家财政拨款，这些费用仅能满足教师的工资以及学校的正常运作，没有多余的资金来参与社区互动。再次，缺乏必要的督导评价机制。我国的学校教育一直属于垂直式的封闭管理，家长、社区被排斥在学校的围墙之外，他们只需配合学校搞好子女的学习就行了，至于学校的管理体制如何、教师整体素质怎样、自己的孩子是否受到平等的教育机会等现实问题，他们是无权过问的。再加上近些年来，农村学校辍学率增高，校园暴力问题日益突出，学生的公民道德意识下降，而学校在这些方面似乎又无能为力，家长、社区对学校教育日益丧失信心，其参与学校管理的热情也逐渐冷却，这样恶性循环的结果必然不利于学校的长远发展。当前，我国教育理论界不少人把教育视为一种产业，因此，对学校而言，家长便是最大的投资人，他们有权过问并促使学校管理的科学化，以保证其所得服务的质量。①

另外，学校与社区的关系受突发事件的影响比较大。在学校未与社区形成良好的互动关系的情况下，如果学校发生了教学安全事故，那么学校就不那么容易得到社区的信任了。即使之前建立了良好的关系，也可能因为事故而失去信任。这种关系非常脆弱。学校为社会所有、社会所治、社会所享，学校需要社区的参与和评估，社区群众是学校的智囊团，他们对学校的监督、评价和建议可以使学校减少决策的失误，优化学校管理，使学校管理走向民主化的良性发展轨道。

(四)发展不平衡

从地域上来看，由于各地经济、政治、文化发展水平的不同，对学校与社区教育的重视、意识程度有所不同，我国沿海社会经济发达地区的学社互动就呈现出起步早、系统性、规范性强等特性。而欠发达地区和农村地区没有余力大面积开展学校与社区的互动工作，教育发展相对比较滞后，难度较大，而且当地群众对学校与社区互动的作用也没有充分认识，因而学校与社区互动的开展力度不够。因此，这些地区的普遍教育应该得到政府和社会的支持，最大限度地引导和推动教育的发展，以实现全国均衡发展。对于广大农村地区来说，学校与社区的互动还是一个新的概念，值得学习的经验很多，关键是要有明确的认识和足够的重视。

(五)流动儿童在社区的融入

流动儿童融入城市社区不仅是简单的地理位置变化，更多的是心理、社会习俗、城市生活等各个方面相适应的过程。在当前社会剧烈

---

① 符登霞. 学校与社区的互动关系研究[D]. 长沙：湖南大学，2009：33.

变迁、城市化加剧的新时期下，流动儿童融入城市社区也成为学校与社区关系的一个新问题：一方面是城市社区对流动儿童的接纳程度，另一方面是流动儿童对城市的认知和适应程度。我国学者李宇鹏认为，当前流动儿童在城市社区认同和融入中主要出现以下几点问题[1]。

第一，因我国城乡二元分隔的巨大差异，以及户籍制度赋予此群体双重的身份，他们既是农业户口的农民又是新进入城市的新市民，这使得流动儿童的城市社会化过程既不同于城市户籍儿童，又不同于农村同龄儿童。

第二，政府对流动儿童法规和政策的不完善，加大了流动儿童城市整合的难度。

第三，流动儿童较多由农村留守儿童转变而来，其城市融入的过程本身也是在逐步生长和认知社会的过程，这个对新环境和社会本身的双重适应使得他们比同龄群体具有更大的心理负担。

第四，家庭成长环境的局限性、城市打工子弟学校和公立学校的巨大反差、城市社区成长环境的恶劣，使得流动儿童的城市融入困难程度加大。

在我国当前的户籍制度下，将居住空间的地理性变化称为人口迁徙。农村人口迁往城市工作、生活，如果户籍没有改变，可称为流动人口，其中有一部分流动人口在城市生活定居下来，称为城市的新移民，这个群体进入城市后如何融合与沉淀，其本身具有人口迁徙的社会融合的某些特点。

---

① 李宇鹏. 生活在城市边缘的流动儿童[D]. 北京：中央民族大学，2010：39.

第三节　合作的策略

一、依托社区，有效推进学校与社会生活的联系

(一)学校参与社区生活的重要性

如果教职员工积极参与社区生活，将会对发展社区关系产生四个影响：第一，随着公众认识到教职员工对学校工作很负责，他们的基本态度将会转变；第二，参与社区生活，将为教职员工提供发挥领导作用的机会。这种领导作用，最终将会提高教职员工的社会地位；第三，参与社区生活能够使教职员工有机会与其他人讨论学校各种措施的得失；第四，有证据表明，随着教职员工积极参与社区生活，社区公民也会更为关心教育。

(二)如何有效推进学校与社区生活的联系

参与社区生活的教职员工，无论是以教育界人士的角色，还是以私人的身份，如果他想有助于促进学校社区关系，就得先对公众和学校教育都有一定的了解。他们应该熟悉当地的历史、种族构成、宗教信仰、传统风俗、偏见和社会禁忌。他们也应该了解一些有关社区文化、经济生活、社会组织、政府机构、沟通渠道等方面的知识。此外，知道社会组织和社区领导的名字也是很重要的。

这方面的知识可以从社会调查方面的研究成果中获得。具备了这些知识准备，教职员工在参与社区生活的时候，就可能宽容对待社会风俗，容忍社会习惯。这也有助于他们避免与公众发生冲突、形成对抗。同时这也可以帮助教职员工采取合适的办法有效地改善社区关系。

(三)参与社区活动

教师和学生有许多参与社区生活的机会。每个街区都有许多问题需要解决，需要研究。这些问题包括交通堵塞、污水和垃圾处理、青少年娱乐休闲、防火和美化街道等。教师和学生通过认真研究，制订计划，开展恰当的社区公关活动，将会为学校赢得声誉，也可以同时为未来的合作打下良好的基础。

学校管理者、教师和学生应社区机构的要求提供某种特定帮助，也可以达到以上效果。例如，学校可以参与如下活动：调查社区娱乐活动的需求；调查需要配戴眼镜、有网瘾的学生的状况；组织课余棒球队；参与有关社区问题的讨论；参加公共图书馆服务；为青少年组织夏令营等。①

二、学校向社区开放，为社区提供服务

(一)资源开放

学校向社区开放的形式主要分为有形资源的开放和无形资源的开放。

学校对有形资源的开放是适应社会主义市场经济发展的必然需求，学校应树立大环境意识，主动向社区开放有形资源。比如学校的食堂可以被用于社区定期举办活动或宴会，学校体育馆也可以向社区团体开放，开展舞蹈活动、运动会、展览会、社区交际活动等，学校礼堂每年可以使用几百次，用于各种社区组织开展论坛、会议、播放电影、戏剧表演或者其他娱乐活动。在开放之前，学校应利用网络、

---

① 唐·倍根，唐纳德·R·格莱叶.学校与社区关系[M].周海涛，主译.重庆：重庆大学出版社，2003：201-202.

计算机等信息技术手段，建立学校有形资源管理网络，充分掌握信息，加强预测，正确引导。与此同时，对有形资源的开放也应调整和转变观念，树立服务意识，简化手续，严格管理，提高办事效率，充分挖掘学校有形资源的潜力，减少资源闲置和浪费。

学校应加强有形资源的管理，优化学校有形资源服务环境，从学校建设的全局出发制订有形资源整合规划，并最终提高学校的教育资源利用率。随着科学技术的迅速提高和教育事业的发展，学校有形资源及教育教学设备水平逐渐得到提高，这些有形资源是学校从事教学、科研和管理的重要物力基础，面对市场经济的建立、教育改革和办学思想的转变，如何加强有形资源管理，最大限度地发挥这些资源的效益，提高有形资源的利用率，保持与学校教学科研相适应，从而提高办学效益，是学校管理的重要内容。

学校无形资源是指能在长期整合中为学校带来社会利益或经济利益，不具有独立实体的无形要素，主要包括：信息、文化、理念、知识产权(专利权、著作权等)，技术秘密与经济秘密等。从无形资源所界定的内容看，一种是附属于个人，是与人不可分割的一种个人化的人力资源；另一种是组织资源，这是组织在长期运行与实践中，其全体成员共同努力，人与人之间相互协作所形成的一种非个人化的人力资源。① 研究者认为，学校向社会开放的无形资源主要以组织资源为主，这些资源的公开可以促进学校信息、文化和理念在社区中的传播。

(二)参与学校活动

社区参与学校活动最常见的当属"学校开放日"活动，学校开放日

---

① 陈永明. 教育行政新论[M]. 上海：华东师范大学出版社，2003：3.

活动的目的是让公众了解学校的性质、熟悉学校教职员工,并帮助家长更清楚地了解学校的教育工作。这样的活动也可以使家长目睹子女的表现,从而使他们形成对学校的良好看法。

就设计安排方面来说,大部分学校的开放日活动是相当简单的。常用的措施是在教师的带领下,学生伴随家长在校园里参观学校建筑及其内部设施,引见教育管理者和教学人员,展示各种教材教具的用法,开展文体娱乐活动,提供茶水点心等。其他的开放日活动可能还包括在学校礼堂里开会,学校领导汇报学校里的教育措施,学生们进行音乐、艺术表演等。这一环节结束后,通常家长会到教室中参观学生的作品,同时教师会对某一年级、某一科目的教学情况进行讲解。其后,再经过一次更为详细的参观和茶点后,整个开放日活动就结束了。在初级中学中常见的措施还有,家长会按照子女所在班级的课程表听一次课。家长们从一个教室转到另一个教室,认识教师,参观教室内的设施,了解学校教什么内容,学生必须做什么,询问感兴趣的问题等。在夜晚,学校将会准备些点心招待家长。

其他与这些活动类似的开放日活动还有:一整天的观摩教学,家长和教师的午后社交聚会;举办学校政策、挑战和成就论坛;就子女学业问题向家长提供咨询;向社区公众开放的学生大会、家长—教师协会的会议,向学生和家长开放的教师大会等。此外,不同的国家、地区会以不同的形式在不同的时间举办。以美国为例,学校开放日活动通常在每年秋天举行,届时许多学校都会邀请社区公众到学校参观。尽管许多学校对于社区而言是相对透明的,即随时都欢迎公众到学校听课,但是,学校更喜欢每年在特定的日子邀请有关公民到学校参加一到两次特别活动。

（三）社区教育

"社区教育"一词直到 20 世纪才出现，源于美国学者杜威的教育思想，而后又经曼雷、莫托的实验，使社区教育的思想在实践中得以丰富和发展。第二次世界大战以后，联合国正式成立了"社区组织与社区发展小组"来具体负责试行推广世界各地的社区发展运动。1955年联合国发表题为《通过社区发展促进社会进步》的文件，在联合国的大力推广下，社区教育被越来越多的人认识和接受。

社区教育从萌动到自发再到自觉发展的过程中，社区教育的目标从单一孤立走向综合化、层次化，社区教育的对象逐渐扩大，直至走向全员化，社区教育的内容由早期的职业培训和道德教育，发展到人们生产、生活的一切方面。

我国目前的社区中承担实施社区教育任务的基地较为简单，主要有两类：一是以居委会或街道为主体举办的，大多以业余学校的形式进行的，为丰富居民业余文化生活而开设的各种戏剧班、棋类活动、家政培训、专业技能讲座等；另外就是"社区学院"，如上海市的南市社区学院、长宁社区学院、闸北社区学院、金山社区学院等，其办学的目的之一也是适应越来越强的高等教育增长需求，课程设置是根据全社会的就业趋势而定，因而都是当前的一些热门专业。

三、社区为学校提供资源、服务

我国教育突出的问题是，一方面大量社区教育资源闲置浪费，一方面学校教育资源严重不足和存在结构性障碍。发达国家一般都有成熟机制，不但所有公共场所和设施免费向未成年学生开放，大学、企业、社区等"单位"所属场地设施也无偿提供给学生使用。很多学校与社区共建，无偿使用社区的游泳馆、运动场馆、运动器材等，政府无须再给学校单独重复建设一套类似的场馆。这些场馆建设、配置、管理、功能非常专业，与学校教育教学工作紧密结合，是学生课外活动的好去处，周末还有很多父母与孩子一起参加。社区作为社会的一个基本单位和人们最基本的日常活动区域，可以尝试建一些学习组织、学习圈，方便孩子们随时随地学习。

 **相关阅读**

北京市海淀区社区资源和学校资源交互利用

海淀区的教育资源主要体现在组织资源、物质资源、信息资源、文化资源、人力资源机构方面。其中海淀区多所社区具有丰厚的物质资源，如社区的文物、历史遗迹、风景名胜、文化中心、博物馆、影剧院、美术馆、图书馆、社区活动或教育中心、体育场、游泳池、广场、公园、操场等，这些都是社区为学校提供文化学习活动的重要阵地。此外，海淀区社区的文化资源体现在社区乡土文化，即营造社区学习氛围、增强居民社区归属感的重要资源。

此外，2007 年区教委发布《关于在职业高中设立社区教育学校的决定》，在全区 6 所社区学院、职业学校中分别成立曙光社区教育学校、花园路社区教育学校、甘家口社区教育学校、紫竹院社区教育学校、西三旗社区教育学校、北部新区社区教育学校，使全区继街道社区教育中心、农村村校、企业等社会力量办社区教育学校等多种惠及社区教育的办学形式之外，形成新的社区教育学校系列，将优质职业教育资源引入社区，利用职业学校的师资和实训基地为失业人员、农民、外来务工经商人员、残疾人等弱势人群提供就业技能培训等学习服务，同时也为周边居民提供提高生活品质的技能培训，为推进学习型城区建设做出贡献。

用海淀特色的"常青藤"社区终身学习系统整合开发资源。将社会教育资源有效整合，对社区教育的发展至关重要。海淀区有着丰富的社会教育资源，因应日益显现的学习需求，必须要对社会教育资源进行有效组织。2010年5月，中关村学院在原有的社区教育课程服务的基础上，经过理性思考和科学分析，提出建立具有海淀特色的"常青藤"社区，在学院举行的第三次硕博论坛上，受到与会的教育部领导、中国成人教育协会领导和专家的好评，并于当年获批全国教育课题规划办公室的"教育部重点课题"立项。这一系统将集社区教育资源整合、课程服务、学习支持、数字平台、质量监控和学习成果认证与交换等功能于一体，发挥社区学院在区域社区教育工作中的龙头作用，为社区民众提供优质的社区教育服务。

与龙徽葡萄酒博物馆合作建设学习基地。龙徽葡萄酒博物馆是位于海淀区的一家有着100年历史的葡萄酒企业，百年来的发展史与中国的发展相因应，与新中国一起脉动。将其纳入学校基地，使社区和学生通过了解这样一个有着独特文化背景的企业的发展，感受文化在发展中的作用，了解葡萄酒文化，以及以此为基地开展学习活动。

与中国地质大学地质博物馆合作建设了学习基地。地质大学地质博物馆是中国地质大学的校内博物馆，其专业、权威和新颖的展览内容为地质学习者和环境科学关注者有了一个新的学习载体。海淀区高等院校众多，校内学习资源丰富，发挥好它们在社区教育中的特殊作用，意义重大。"地球与环境""地质矿藏""地球与生物"等内容深受学习者欢迎。大学生志愿者在其中的专业服务，也为社区教育发展增添了新的血液，拓展了新的天地。

资料来源：卞爱美，谷婧，田澍辰．立足社区教育 构建区域终身学习系统——以北京市海淀区为例[J]．北京宣武红旗业余大学学报，2015，4(10)：68.

第四节　国际经验与启示

一、美国：加州第二个星期二项目[①]

第二个星期二项目(Second Tuesday Project，STP)是加利福尼亚州里弗赛德市杰弗逊中心中学开发并实施的一个学校与社区合作的项目。杰弗逊中心中学位于里弗赛德市中心位置，它的学生来自整座城市的各个地区，但是大部分来自于低收入家庭和杰弗逊中心中学社区附近的乡村地区。杰弗逊中心中学总共有 1300 名学生，其中有 78% 的学生享受免费午餐；这里 92% 的学生是非裔美国人，只有 4% 的白种人。尽管杰弗逊中心中学不是里弗赛德市最好的中学，甚至还会被认为是最差的中学，但是这里的学生在标准化测试中表现的跟其他学区的同年级学生一样好，甚至还会在某些方面优于其他学区的学生，这些都与杰弗逊中心中学的教育政策，特别是其与社区的合作项目分不开。

(一)教育目标

STP 是一项以社区为基础的研究服务项目，旨在为提高里弗赛德市社区居民的生活质量做出努力，强调学生通过参加体验这个项目并

---

① 转引自：王秀娟．美国中小学与社区互动研究[D]．济南：山东师范大学，2013：31-34.

在为此服务的过程中获得在一般课堂学习中所不能得到的生活经历与意义。

STP 的目的在于发展学生与人顺利沟通与交流的技巧；学会利用先进的研究方法，以寻求解决社区所存在的问题的最佳方案；要求学生将自己的发现、体会整理成文件，并以多媒体幻灯片的形式向大家展示自己的研究成果，然后与大家共同交流讨论，激发学生的思维能力，发展学生的文字整理和研究能力。

（二）具体实施

STP 项目是通过课程设置把社区和学校联系起来，使社区成为学校的课程资源之一。杰弗逊中心中学的教师将 STP 项目定义为：以团体合作为基础，多学科结合，要求参加的每位学生就里弗赛德社区存在的一个特殊社会问题（如饥饿、贫困、环境污染等）进行研究，并在社区服务机构的协助下提出一个可行的解决方案。通过一整学期的课程学习，学生从研究当地报纸等大众媒介所刊登的不同时期存在的问题着手，从中得到启发，寻找自己感兴趣的问题，然后通过诸如专业学术期刊、参考书、网上或图书馆查找等途径获得相关资料，他们还可以通过自己在相关社区组织机构中的志愿服务获得的体验来研究相关问题。每个月学生在专门负责的社区组织机构顾问的监督与帮助下，至少会花一天的时间对其所研究的领域或问题进行学习与志愿服务。

参与 STP 项目的学生有 38 人，年龄在 16～19 岁，都是非裔美国人。参加 STP 项目的学生首先在杰弗逊中心中学接受一段时间的人类服务课程及相关知识的学习，然后根据每个学生的兴趣，要求每个学生到自己所在的社区进行社会体验和志愿服务，从中找出自己感兴趣的问题，并对其进行研究。

　　研究的方式主要是亲身体验、志愿服务以及寻求社区机构的协助，最终把研究的内容整理成文字，提出相应的解决对策。老师根据学生们所服务和研究的领域，把学生分成两组，让他们在课堂上与其他同学进行讨论、交流并分享他们的感受，讨论时间限制在 45 分钟以内，以此来增进学生对社区工作及社区问题的理解。例如，学生凯莉（Carrie）和林内特（Lynette）描述他们在艾滋病（HIV/AIDS）服务机构工作的经历，他们惊奇地发现服务机构会帮助当事人缴费、关心照顾他们的健康等。凯莉和林内特采访了一些患病的当事人，并在当事人同意的前提下与全班同学分享当事人叙述的具体细节。全班同学都震惊于当事人能够从服务机构所获得的财政支持和帮助，并就"是否应该'选择成为同性恋'和社会服务机构为 HIV 阳性买单"进行了激烈的讨论。学生们把各自研究的问题与其他同学分享、交流，开阔了学生的视野，增加了学生对所生活的城市和社区的深入了解，发展了学生良好的品质，丰富了学生的日常经验，帮助他们在以后的生活中做得更好。学校与社区的互动与联系越来越紧密，促进了学生的全面发展和社区的发展，使他们立志成为对社会有用的人，更好地服务于社会。

（三）实施效果

　　以社区为基础的教育作为拓宽和丰富学生学习知识面的一种有效方法被广泛介绍给教师和学生，STP 主要是以课程的形式加强社区与学校教育的沟通、互动，通过设置课程来促进以社区为基础的教育的发展，激发学生的科学兴趣，进而促进学生和社区的发展。学生通过参加 STP 项目，参与研究其所生活的社区的实际问题，学生的责任感油然而生，不仅提高了他们的日常生活经验，加深了对所生活的城市和社区的认识与理解，使学生有机会像科学家一样参与研究，使他们树立起良好的人生观、发展观，培养了他们的责任意识和社会意识，有利于他们的健康成长，在以后的工作生活中更好地服务社会，造福社会，而且还使当地的相关问题得到改善，为所在社区做出了贡献。尽管 STP 项目还不是很完备，还有许多地方诸如语言、课题等方面值得改进，但是不得不承认 STP 项目对于加强社区与学校的沟通所起到的积极作用，对于促进社区生活质量和学生发展都是很有帮助的。

二、中国台湾地区中小学教育的社区化[①]

中国台湾地区中小学教育的社区化，可以说是教育改革理念的落实：主张在学校、学区、县市政府、中央政府四级中，应以学校为核心。在学校层面，强调学校的专业自主与家长参与；学区扮演监督、协调、分配教育经费的角色；地方政府起评价、监督、协调，提供并分配教育资源的职责；中央政府负责评议、统计与研究，监督各级学校，并提供教育资源。换言之，中小学社区强调学校课程与教学应与社区目标与需求紧密结合，学校应能整合社区资源，与社区机构、人士、家长相互合作，并呼吁该社区整体营造的特色，培养具有本土情怀，并能对社区贡献心力的下一代。在这个目标之下，学区、地方政府、中央政府均属于辅助角色，以学校社区化为发展主体。

---

① 转引自：卢松波. 我国中小学学校与社区的互动研究[D]. 济南：山东师范大学，2011：20-22.

(一)建立综合性的社区教育机构，形成有机的网络系统

社区教育馆及社区教育工作站是台湾社区教育的重要特色，它促进了民众知识能力的提升及社区的进步与发展。台湾地区目前有四个社区教育馆，分别设在新竹、彰化、台南、台东四个地区，每一个社区教育馆的辅导区为六七个县市。社教馆为综合性的社区教育机构，除督导所辖各社区教育站的运作外，本身也进行诸多的活动，包括艺术教育、信息教育、媒体素养教育、生命教育、法治教育等。其开展的方式，包括开研习班、研讨会、读书会、音乐会、专题演讲、比赛、展览及旅游学习等。一般社区教育工作站均设执行委员会，并选出一人为召集人，负责总体业务，其实际工作大多由参与的志愿者完成。工作范围及活动内容广泛而多样，凡能充实社区民众知识能力、提升社区生活品质、促进社区进步的活动均涵盖在内。

(二)推动社区总体营造，促进社区教育的发展

社区总体营造是一项社区发展运动，也是社区教育的一个环节。社区总体营造旨在发动社区居民积极参与地方公共事务，凝聚社区共识，配合社区总体营造理念的推动，建立属于自己的文化特色，促进社区的进步与发展。要达成这一目标，关键在于民众共同体意识的培养及参与社区营造的态度，这些均有赖于社区教育的推动。因此，社区教育是达成社区总体营造的最根本要素，人才是一切事务建造的根本，而"造人"的工作就是一项教育的工程。因此，社区教育是社区营造的核心，也是最关键的因素。可以说，社区总体营造本质上是一项社区教育工程，其直接促进了社区教育的发展。

(三)发挥民间组织力量，开辟开放、多元及多样的社区学习途径

台湾地区的民间组织绝大多数属地方团体，他们更能领会地方民

众的学习需求。这些民间组织所提供的内容，包括保健、休闲、自我
成长、婚姻、亲子教养、家人相处沟通、人际关系、社会现状分析、
国际趋势发展等；所采行的方式也极其多样化，包括研习、讲座、读
书会、工作坊、观摩、考察、亲子活动、网络学习、远距教学、旅游
学习等，针对不同的对象，采取不同的方式。众多民间组织形成了广
泛的社区学习网络，对台湾地区的进步与发展起到了积极的促进
作用。

三、国外学校与社区互动的经验借鉴

(一)学校与社区的互动原则，应"以人为本""因地制宜"

学校与社区互动合作的根本目的在于提高每一位受教育者和社区
居民的素质和生活质量。由于个体遗传素质和所处环境不同所导致的
个别差异性，决定了学校与社区互动合作的过程就是要尊重个体个别
差异性的过程。只有基于受教者和社区居民的个性，并在互动中加以
适当的顺应和培养，才能有效促进他们的特长和个性的发展，从而为
建设积极和谐的学校与社区关系奠定良好的氛围，提供取之不竭的人
力资源。

不难发现，国外和其他地区学校鼓励学生积极投身到社区中实
践，在社区担任志愿者，体验社区角色，认识到自己是社区中的一
员，责任感油然而生。学生从中还可以获得成就感，变得更加积极、
自信、乐观，努力为社区发展贡献自己的一分力量，服务于社会，尽
早地适应社会日趋激烈的竞争和多样化的要求，为以后的工作生活打
下良好基础。

(二)学校与社区的互动方式，应该灵活多样

美国学校与社区的互动方式灵活多样，联系也日益密切。不仅鼓

励学生积极参加社区活动，深入到社区，体验不同社会角色，进行服务性学习，还为青少年从社区中寻找榜样的力量，邀请社区组织不定期到学校为学生做报告或者演讲，促使学生树立远大理想，并帮助青少年做好职业生涯规划。此外，社区还成立多种类型的组织机构来关怀青少年的成长。

(三)学校与社区的互动合作，应建立有效的保障机制

教育督导是一种教育行政监控职能活动，教育评价是根据一定的教育目标和价值标准，利用科学可行的方法和手段，对受教育者的发展变化以及影响其发展变化的诸因素进行状态确定和价值判断的过程。在学校与社区互动的实施中，教育督导评价具有导向、鉴别信息技术等互动合作新途径的运用。在学校时间、人员紧张的情况下，美国很多学校正在探讨利用现代媒体技术来扩大学校的开放范围，以更好地建立学校、家庭与社区的良好关系。比如使用包括电话、电子邮件、互联网等现代媒体手段，最大限度地增进学校与家庭的沟通和交往；还有学校充分利用学校网站，通过把学校的基本信息和社区群体信息发布在网站上，来实现有效沟通。

第七章 学校与家庭

第一节 学校与家庭的关系

一、历史变迁

家庭是最基本的和最古老的社会组织，它的出现是人类文明时代开始的重要标志。传统社会的家庭功能包括生产和消费、情感支持、儿童社会化、宗教及教育等功能。而在向现代社会转变的过程中，家庭的功能和结构均发生了显著的变化，其生产功能被企业所取代，宗教等信仰功能由社会团体承担，正式教育功能则主要由学校来负责，传统家庭中以父权为主流的大家庭模式逐渐被核心家庭（由夫妻、子女构成）代替，晚婚、未婚、丁克、分居等家庭结构也越来越多的出现，这些都对传统的家庭观念形成了挑战，同时也深刻地影响着学校教育以及学校与家庭的关系。

在人类历史的大部分时期里，教育主要发生在家庭。直至工业革命之前，家庭是儿童教育和社会化的主体。在生产力水平极低的原始社会，没有专业的教育机构和专职从事教育的人员，教育并没有从社会生活中分化出来成为专门的组织。当时的教育是一种自然的、非制度化的学习方式。多数人的知识经验基本上是从生活中有意无意学到的，身边的熟人就是他们的老师。而到了奴隶社会，随着生产力和剩余产品的出现，社会上出现了脑力劳动与体力劳动的分工，于是，出现了专门从事教育工作的教师，产生了学校教育。然而，由于奴隶社会和封建社会有着强烈的等级性，学校的大门仅为富贵人家而开，平民子女很少有条件进入学校接受正规教育。此时的学校和老师与权贵家庭之间只是君－臣－民的关系，对于平民家庭来说，家庭与学校并不会发生真正的联系。

近代机器大工业取代了男耕女织的生产方式，使得人们走出家庭，离开乡土，迁往城市，进入工厂，从事高度分工合作的社会化大生产。家庭丧失了生产组织的功能，也不再是学习传授劳动知识技能的场所。此时培养大批合格劳动者的责任就落到了学校身上，向平民子女开放的公共学校便应运而生了。同时，由于越来越多的人外出工作，家庭成员的离家时间大大增多，传统的大家族也解体为仅由夫妇和子女组成的核心家庭。这使得留守在家的孩子失去了与成人交往的社会化环境，而以班级授课制为主要组织形式的学校教育正好弥补了家庭在社会化功能上的缺口。随着民主革命推翻等级专制，受教育权作为一项基本公民权利在近代学校里得以实现。家庭和学校开始处于独立而平等的地位，并随着教育功能在家庭和学校间发生分化和转换，双方有了发展合作关系的可能。

二、家校合作的提出与发展

近代学校建立的一个主要目的就是要让父母摆脱看护子女和教育

的负担，以便安心地离家劳动。除了孩子早期发展在父母的教育管理下，家庭的教育功能更多地随着学校教育的普及而萎缩，家庭与学校之间相互分离的关系维持了相当长的时期。对于学校来说，教育意味着专职的、有计划地进行知识技能的传授。学校凭借其专职性获得了专业性的权威，作为非正式教育场所的家庭则失去了（或者说是主动放弃了）在子女教育上的主体地位。相对封建时代而言，此时的家校地位颠倒过来，家庭教育成为学校教育的附庸。

面对家庭与其他让孩子社会化机构之间日益拉大的分裂状况，家庭和学校被赋予了更高的期望，希望通过改革各级水平的学校，让学校教育机构发挥增强家庭支持的服务功能，以加强家庭对孩子的作用，政府和研究机构也开始呼吁重视家庭和学校的合作，在这样的背景下，家校合作作为一个正式的课题被提出来。[①] 人们开始意识到教育意味着促进人的全面发展，意识到学校学习不能脱离个体经验而存在，而且日常生活本身就具有教育意义，那么就会发现学校无法独立地为学生成长提供所有资源，家庭教育亦具有不可替代的价值。而家庭只有成为与学校相对应的主体，双方才会产生主动要求合作的意识。当代家校合作是学校和家庭的教育功能分化后的需要，家校双方各自取得教育上的主体地位是家校合作得以存在的前提。人们对家庭教育的重新审视，为家庭赢回了作为教育者的主体地位。合作的双方应是相互平等的主体，因各有分工和专长产生互助互补的意愿。人们的意识发展到这个阶段，真正意义上的家校合作才算是出现了。

21 世纪以来，多数国家都将教育改革作为国家发展成败的重要标志，掀起了巨大的学校改革浪潮。随着各国学校教育项目、计划的

---

① 杨启光，陈明选. 家庭与学校教育改革的关系：西方的经验与中国的问题[J].华东师范大学学报(教育科学版)，2011.

大量引入和推广，家长们参与到学校教育的机会和程度都显著提升，家庭和学校在学生教育领域内进行着紧密的合作，学校和家庭之间正积极建立起一种新型的合作伙伴关系。

三、家校合作的主要问题

家校合作在英语中的表达方法有"home-school cooperation"（家校合作），"parent-teacher collaboration"（家长－教师合作），其他相关的还有"parent-involving（parental involvement）"（家长参与），"parent participation"（家长参与），"educational intervention"（教育介入）等。从词语表达的异同可以看出，在家校合作这一概念中，家庭和学校二者之间关系、主体地位以及角色的不同直接影响着概念的内涵。家校合作是一种双向活动，既包括家长与学校合作的实际活动，也包括家长与教师之间的交流与相互学习。以学校为中心的家长参与活动和以家庭为中心的家长教育方法指导是家校合作的两个方面。目前，纵观中小学校家校合作的具体实践，存在的主要问题表现在以下几个方面。

（一）缺乏系统的组织管理，家校合作低效

由于学校管理者对家校合作工作缺乏深入研究及有效的探讨，仅限于感性的认识，因而开展具体的家校合作活动时往往流于表面，家校合作的内容及模式难以适应学校现状及凸显时代特色。例如，学校缺乏对家长如何参与到学校教育、参与到哪些领域、学校如何来组织家长的参与、家长参与的评价与反馈机制是什么等问题的研究与思考，这些问题导致学校不能有效地组织家校合作活动及对家校合作活动进行有效的管理。因而，学校在开展家校合作活动中亟待建立从家校合作内容、合作渠道、合作监督管理和合作的反馈等系统的管理机制。

(二)沟通渠道单一，家校合作内容缺乏深度

目前家校合作的沟通途径主要有网络(微信、QQ、微博等)、家长会、家访和电话联系等，相关调查的结果显示：无论是教师或家长，他们之间的相互沟通中都偏爱快捷、方便的网络或电话联系的方式，部分家长会选择利用家长会的时机和教师沟通，教师去家访的机会也相对较少，沟通渠道过于单一；另外，家长关注的主要都是学生的学习状况，其次是学生的行为习惯，而只有少部分教师和家长关注学生的学习能力和学生的个性及人际交往，而对于学生成长经历及家庭背景这些较为隐私的东西却很少涉及，并且对合作的时间进行调查，每次合作的时间都较为短暂，没办法进行深入的交谈及制订出可靠的合作方案。家校合作缺乏深度。[①]可见，目前中小学家校合作普遍是停留在传统意义上的沟通与交流，并没有对学生的学习及发展各个方面进行深入的探讨及合作，家校合作联系的途径应是丰富多样的，学校可以根据自身的状况以及学生、家庭、学校各自不同的特点选择和制订相应可行的活动开展途径与沟通交流渠道等。

(三)学校组织较为封闭，对社会资源的整合与利用不足

有研究表明，学校组织越开放、越融入社区，家长参与学校教育越是容易而踊跃；反之学校组织越是封闭、与社区隔离，家长参与则显得困难重重。从目前中小学开展家校合作的实际情形来看，学校缺乏开放的、系统的关系思维，只是将自己看作一个独立的教育个体，没有真正地意识到学校、家庭和学生均属于社区的一部分，而社区中的商业组织、邻里关系、各类团体及重要人士与学校的发展是息息相关的；社区的准则规范、资源、服务和活动，可使家庭、学校和小区

团结凝聚，亦可使之分崩离析。由于城市化进程的影响，社区新住民和外来人员等文化差异问题也对教育产生了一定的影响。近年来，笔者在相关教育项目中走访社区及访谈过程中发现，社区中的多数工作人员并不明确自己在教育中的重要角色，只认为是配角，甚至有些认为自己不需要承担与社区成员子女相关的教育事情，也不明确社区中哪些是可以利用的教育资源。这些事实，可以反映出学校的教育脱离社区这一大环境，缺乏与社区的合作，没有很好地整合与利用社区的资源。

（四）家校主体地位不平等，家校合作缺乏互动

教师和家长能否正确地对自身进行角色定位，是关系到家校合作成败的重要因素。由于在一些学校的家校合作实践过程中主动权常常掌握在教师手中，通报学生情况、灌输各种教育信息和知识几乎成了活动的全部，家长很少有机会向学校传达自己的思想和看法，有时即使家长向学校反映了情况或提供了建议，也往往得不到足够的重视。这种情况常使家长在合作中陷入被动、缺少表达和参与的机会，教师则无法得到更多的有效信息和合作效果反馈，以致双方互动较少，暗生隔阂，从而降低了家校合作应有的功效。在家校合作中，教师与家长之间应是平等协作的伙伴关系：除了教师可以主动发起与家长的沟通与合作外，家长作为主体的一部分应充分地参与家校合作，包括主动与教师沟通以及对教师主动沟通积极回应等；教师与家长之间相互交流、相互配合，家长与教师之间可以自由表达观点与意见。

第二节　学校与家庭合作的实践

一、学校与家庭的沟通

学校与家庭的合作需要双向的信息与情感的传递与反馈，需要双

向的积极参与和配合。一般而言，家校之间的互动沟通分为正式沟通
与非正式沟通，二者之间只是形式上的区别，其对于家校合作的作用
是不能相互替代的。

(一)正式沟通

家校之间的正式沟通一般包括家访、家长(座谈)会以及正式的书
信或书面通知等。其中正式的书面通知的主题和形式是最为丰富的，
可以是学校发布的校历、致家长一封信、校园网站通告、家长手册、
调查问卷等书面资料及反馈表格等。

1. 家访

家访是教师进行个别家庭教育指导的一种常用方式，教师与家长
面对面沟通情况，交流感情，密切关系，共同商讨教育儿童、青少年
的方法，这种指导方法相对灵活，指导具有具体性、针对性强等特
点。家访通常要完成以下几个任务，如传递孩子在校的学习和行为表
现；告知班级和学校的发展信息，对家庭教育及家校互动进行科学指
导；收集学生成长的家庭背景信息以及家长对学校、班级及教师的建
议等。而随着通信科技的发展，家访的很多职能通过打电话、发短信
等更为简单便捷的方式得以实现，再加上目前中小学教师的压力大、
任务重等客观原因，家访这一传统的家校互动形式不断地被弱化。

2. 家长(座谈)会

家长(座谈)会是教师与家长定期联系的一种传统的、有效的沟通
形式，组织正式的家长会，可以让家长和教师双方沟通交流更多的信
息，教师可以进一步了解学生的生活状况、人格特征，而且家长与家
长之间可以相互交流，分享子女的教育和学习经验，在此基础上，教
师和家长都能够客观地对孩子的各方面表现做出评估，并持续维持家
长与学校的良好关系。

通常，家长会的召开需要教师预先做好以下相关准备工作。

(1)教师要事先评估、准备将和家长讨论的主题和要点，如学生的学业情况，学生在校的各项活动中的表现，课余时间的活动安排、学生的兴趣、态度以及健康和情绪问题等。教师可自己预设主题，也可以向家长征集相关信息生成主题。

(2)及早通知家长并提出相关要求。如制作正式的邀请通知以及签到表，提前通知家长会的时间、地点、会议主题及内容等。及时与家长联络并获得确认参加的反馈信息，并在会议当天做好签到工作，这将有助于提高家长的参与率和参与度。

(3)以积极、正面的态度评价孩子和家庭，避免和消除家长们的顾虑和尴尬。对学生以及家庭予以正面的、积极的评价有助于引导学生和家长朝着正向发展，指责和埋怨只会让座谈会充满紧张气氛，最终导致交流不畅。

(4)创设开放的讨论环境，鼓励家长积极参与。无论家长会的主题是提前预设的，还是经过征集生成的，教师都应该尽力营造一种开放性讨论环境，鼓励更多的家长参与讨论和交流，适当帮助家长延展主题。教师在这一过程中主要是倾听、适时回应而不要打断家长。

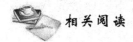 **相关阅读**

中关村一小：家长会开出了"新味道"

家长会怎样开才有意义？家长与孩子真正需要的家长会是什么样的？5月15日下午，中关村一小的老师们开动脑筋，不拘泥于传统形式，使家长会不再是单纯的汇报会、总结会、表彰会，而变成了教育理念的交流会，家校智慧的分享会，家长、教师、学生的欢乐聚会，这样的家长会谁都想开，谁都盼着开！

——家长会开出了"学术味儿"

此次家长会充满学术的味道。尤其是一年级(3)班和(10)班，走进教室，你会看到几张课桌拼在一起，桌上摆放着马克笔和纸，家长们三五一组团团而坐，边讨论边记录，心无旁骛，各抒己见……"班级小论坛"正在热烈有序的氛围中进行着。老师和家长们聚焦孩子成长与教育的具体问题，就"如何养成孩子们的好习惯""如何学会管理时间""如何解决自理能力差的问题"等展开了别开生面的讨论。家长们先在组内交流，再派代表发言，每一位家长都积极踊跃地参与到了过程当中，纷纷献计献策，毫无保留地介绍经验、分享感悟。

会后，各位家长意犹未尽，自发结成对子，继续总结梳理教育观点。家长一致认为，以后要将这种形式坚持下去，让家长会每次都能针对学生成长的一两个问题进行深入探讨，形成一个"成长教育"系列。就这样，家长会变成了交流会、研讨会，家长会开出了"学术味儿"！

通过这次家长会，我们看到了老师们对学生的用心、爱心，感受到了老师们的创造力和研发力，在中关村一小教师自主发展平台的支持下，他们会继续努力，自主发展，自我超越，把"最好的我"奉献给每一位学生！

——家长会融入了"课程味儿"

"什么是融合课程？融合课程是怎么上的？"一年级的老师们利用此次家长会，给家长们带来了一堂生动的展示课，让课程来解答家长们的疑问，让课程来说话！

一年级家长在开会前，都从自己孩子手里领到一张"家长会入场券"，凭票入场。这张入场券可是孩子自己精心设计制作而成的。设计制作"家长会入场券"，是一年级老师们利用家长会这个平台为孩子们精心设计的课程，融入了老师们的教育智慧。"家长会入场券"融合了美术、数学、语文、品德与生活等多门学科元素。入场券的正面是座位位置，学生要用自己的办法让家长根据指示迅速找到座位，有的学生用的是数阵的方式表示，有的学生用一句完整的话来描述，有的学生绘制一幅简易图；入场券背面是"家长会注意事项"，有的学生画图说明，有的学生用中文或英文分条陈述，有的学生图文结合……一张张入场券设计新颖，呈现出了很多奇思妙想，家长们发现学生们上了融合课程以后，知识面更广了，想象力更丰富了。

于××和李××老师还亲自为家长们上了一堂融合课，家长们听得津津有味，暗暗叫好。有位家长在微信上风趣地说："融合真是好，求购缩小药，要求回学校！"此次家长会充分彰显了一小"一名好教师就是一门好课程""一节好课就是让学生动起来、学进去、感兴趣""一名好班主任就是一所好学校"的行动主张。

——家长会体现了"人情味儿"

家长们坐在老师精心布置的教室里，看着眼前孩子们充满想象力的画作、作文、手工制作，听老师分享孩子们近一年来的成绩和进步，你会感受到生命成长的奇妙和老师暖暖的爱意。老师们发放"孩子的行为与家庭教育对照表"，请家长反思家庭教育的状态，注意与孩子的沟通方式；发放"努力度自我确认表"，引导孩子进行自我修正，养成良好习惯；举办心理专家讲座，发放调查问卷，深入研究与思考孩子与家长的教育需要；录制了孩子一天的校内生活，从升旗到课间操到放学，从上课到就餐到课外活动，以更贴心的方式让家长更全面、更直观地了解孩子在学校的学习和生活……

杨××老师为家长阅读绘本故事，分享教育感悟，一位家长感动得热泪盈眶；岳××老师让孩子给自己的家长写了一封信，家长们读着孩子们写的信，心情澎湃，有的家长当场就给孩子写了回信，字里行间流露出浓浓的爱意……还有很多创新、感人的形式，多得不胜枚举，但每一个环节都本着以儿童为中心，以方便与家长协作为原则，为的都是同一个目标——孩子，体现的都是一个词儿——人性：就这样，家长会开出了人情味儿！

——家长会突出了"儿童味儿"

很多老师把家长会视为一种宝贵的教育资源，把它变成了孩子们展示自我、丰富经历的舞台，让孩子当主角，让孩子来展示，让孩子来说话。在这次家长会上，我们看到了一幕幕有趣的课本剧表演、一个个精彩的才艺展示，听到了一段段动情的朗诵、一首首动听的英文歌曲……孩子们在爸爸、妈妈面前着实过了一把"小讲师"的瘾，他们向父母展示班级读书成果，给父母讲述自己的学校生活体验，他们大胆、自信的表演赢得了家长们的阵阵掌声。

在每次的班级活动和日常的学习生活中，老师们都注重给每个学生搭建展示自我的舞台，鼓励学生自主管理、合作成长，激发其主动性、积极性和创造力，帮助每一位学生实现"最好的我"。孩子们的精彩展示，让爸爸妈妈们重温了中关村一小"做最好的我"的核心价值选择，感受到了中关村一小"品德成人、学习成才、做事成功"的学生文化。

老师们不拘一格，勇于创新，设计符合学生和家长需要的家长会，受到了家长们的热烈欢迎。同时，此次家长会也得到了家长们的高度重视与积极配合，三个多小时的活动无一人离场、早退，充分显示了中关村一小"知性、协作、共进"的家长文化。

资料来源：见 http://www.zgcyx.com.cn/cms/zgcyxx/kyjjjt/1699.jhtml.

其实，家长会只是家校合作的一个小小的缩影，家校合作在学校日常活动中开展得更为广泛。中关村一小的家校合作已形成了由家长课程、家长导师团、家长志愿者、"葵园助教"以及各年级各班微信群等构成的家校互动平台，通过这个平台，家长可直接参与学校的日常管理，了解孩子每一天的成长与进步，与学校老师协同并进、通力合作，共同为学生成长提供广阔的空间，为学生成才提供坚实的土壤。

3. 书面通知

书面通知是为了向家长告知特定事项而发出的正式文件。[①]首先，这里的书面通知是面向全体家庭发布信息的通知，而不是个别通知时使用的书面文字材料。其次，我们需要对书面通知做扩展理解，凡是面向全体家长发布的告知特定信息的文字都可以看作书面通知，例如致家长们的一封信、家校联系手册、活动通知、放假通知等。

以"致家长的一封信"为例，正式的书面通知在家校合作互动中发挥着重要的沟通交流作用。教育行政部门或者学校常常用正式的、统一的书信形式告知家长一些事项或以问卷形式收集相关信息，也有以个人名义如某某班教师、某某科目教师、某学校校长等发布公开信。这一形式具有信息量大、覆盖内容宽、解释力度强等特点。一般没有固定的时间和格式，通常会在开学前或放假前等学期开始或结束时使用。

---

① 吴重涵. 家校合作：理论，经验与行动[M]. 南昌：江西教育出版社，2013：304.

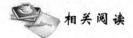 相关阅读

中关村第三小学"致家长一封信"——架起我们的桥

尊敬的各位家长朋友们，大家好！

寒假将至，这是孩子们自由探索知识、自主解决问题，与家长共同学习研究的好时机。亲爱的家长朋友们，您作为教育共同体中的一个重要组成部分，相信您的参与会使孩子在更加温馨的环境下学习成长，使孩子不但学习了知识，更能进一步体会家庭的温暖和亲情的力量，相信孩子们也格外期待与您携手学习、进步。

学生、老师、家长、学校以及其他关联方是一个教育共同体，都是为了孩子的进步和发展。基于此，我们诚挚邀请家长朋友们，与学校、孩子共同组成教育共同体，在寒假以及春季的其他假期中参与"桥·全球教育共同体"活动。与孩子们一同走近我们身边的桥，探索和研究与桥相关的知识、故事、设计、建造等领域，并通过听\说\读\写\话\唱\做等形式，用文字、图片、影像、绘画、模型等多种方式记录下来，在此过程中家长作为孩子学习的支持者、合作者和指导者，给孩子创设更大的探究空间，不拘泥于形式，放飞思维和想象的无限可能。

这是一个"基于项目的学习"主题活动，"桥"是活动载体，通过教育共同体中人与人协同对物理、地理上的桥的研究，来实现对人与人之间（家庭的、师生的、社区的）桥梁的建设与呵护。

我们相信这将是一个我们所有人共同学习和成长、家庭间情感交融的美妙过程。

因孩子还未成年，为安全考量，还需要家人的看护，请与孩子同行。

如有问题，请随时与老师联系，我们相互沟通、共同交流探讨。愿孩子们在寒假生活中能结合自己喜好的领域，获得探索未知的乐趣、感受家庭的温馨与美好。

下学期我们将把"桥"的相关内容融入到我们各学科的日常教学当中去，同时通过多种方式展示孩子们在假期里和开学后的各种研究成果，例如：桥主题分享网站、摄影展、画展、桥结构承重大赛、聆听桥的声音、桥的故事分享会等多种展现形式，届时也会邀请各位家长参与我们的活动，共同分享、共进共赢。

我们还特别邀请您与孩子一道为"桥·全球教育共同体"的主题活动设计活动标识（Logo）。我们也在征集这次主题活动的主题歌，同样期待您的参与。

我们鼓励合作：1）同伴间合作、家庭间合作、学科间合作、年级间合作、学校间合作、民族间合作、国家间合作。这包括城市学校与农村学校合作、国内学校与国外学校合作、汉族学校与少数民族学校合作，要结成伙伴关系，共进共赢。2）跨代的合作（父母与孩子，爷爷、奶奶、姥姥、姥爷等亲属与孩子的合作），强调家庭观念，鼓励并要求家庭参与，尊老爱幼、家庭和睦。

我们鼓励多样综合的表现：鼓励运用跨学科知识和技能，创造并分享对"桥"的认识的印迹。同时，在这个过程中，需要表现出良好的品德行为规范。

我们鼓励绿色出行：在活动过程中不留下垃圾、不涂写涂画桥梁，帮助清理、保持桥梁的整洁。最重要的，是一定要去对公众安全开放的桥，安全第一，杜绝危险行为。

祝孩子能够有一个充实且有意义的寒假，并提前祝您全家春节快乐！

附件：

"桥·全球教育共同体"主题寒假活动指导意见

阶段	内容	时间
1	放假前，教师和学生交流"桥"项目活动意义和方式	2014年1月16日
2	下发家长信和假期活动通知，家校联动	2014年1月17日
3	家长带孩子，开展"桥"主题研究活动	2014年寒假期间
4	建立交流机制，初步积累研究成果	2014年3月
5	学校全面开展"桥"的课程学习项目 各共同体间的实践、研讨、交流、分享活动	2014年3—6月底
6	国际联盟学校展示学习研究成果，各项展示、展演、分享等	2014年7月—暑假

中关村第三小学
2014年元月

资料来源：中关村第三小学网站，http://www.zgc3x.com/cms/zgcsanxiao/jzxx/501.jhtm.

(二)非正式沟通

在学校与家庭的非正式沟通方面，学校、教师与家长之间除了通过日常的电话、短信进行交流外，也可以通过网络平台实现互动。随着网络技术的发展，网络成了人们进行交流的主流方式，为家校搭建互动平台的网络也应运而生。从内容上以及访问平台情况看，现有的家校合作平台的建设主要存在以下 3 种[①]：第一种是以大型教育管理系统为基础建成的互动平台；第二种是电信投入的"家校通""家讯通"等校园通信系统，这种系统让家长和学校联系方便，但是沟通的信息量有限，且没有涉及家校合作中家长教育方面；第三种是各个中小学各自独立建立的基本信息发布网站，即校园网。可见，家校合作互动平台可为教师、家长等用户提供一个界面友好的、方便操作的网络平台，并扩展现有校园网的功能，使其成为获取信息、学习和交流的平台，而且系统模块化设计，便于管理员维护和修改，使平台运行更加安全稳定。

众所周知，校园网、班级通等校园通信系统是每个学校、班级组织向外界展示信息、发布信息的基本平台，也是一个学校、班级重要的网络资源平台。在此基础上搭建一个家校合作平台，不仅为学校、家长和孩子三者共同搭建了高效的、便捷的沟通交流渠道，更有利于整合家庭教育资源和学校已有的资源，避免了现有的许多家校互动平台资源来源单一或是重复开发资源的缺点。

家校合作的网络平台一般由信息展示模块和分享交流模块两部分组成。信息展示平台可包括学校、班级概况、学校新闻、教育教学动态、德育工作、教学资源、留言板等，这一模块的主要功能是给家长及学生提供了解学校、获得相关信息的平台；分享交流模块一般有教

---

① 韦海梅，王红玉．校园网中家校合作互动平台的设计与开发[J]．中国教育技术装备，2013(6)：39．

育心得、育儿方略、今日作业、班级博客、留言板、投票调查等几个部分，既给学校与家长、家长与家长之间搭建了交流信息、分享经验的有效沟通渠道，也为充分实现家校互助合作提供了互动平台。

从家校合作平台服务对象的角度来进行功能的划分，家校合作平台的用户有教师、家长或学生、系统管理员等，用户能进行的操作是通过系统给不同用户分配不同的权限来实现的。权限的分配是根据划分不同组来进行的，通过对会员进行分组能实现对班级成员的有效管理。管理员有对系统进行操作的所有权限，教师则完成与班级管理、教学及教育活动相关的模块建构与操作，如作业模块、班级博客、投票调查等，教师或学校可群发信息，可分组发送，也可以在这些模块中发布文章、上传图片或其他形式的教学资源。如班级博客模块将按班级进行管理，每个班的教师在本班的网站页面上发布作业或者是教学课件及教学资源等。家长可以通过此区域详细地了解学校的课程进度，并以此为依据对学生的学习进行指导。家长有权参与家庭教育、育儿等相关模块的建构，并有留言、发布信息的权限。家长和家长之间也能够相互发布和接收信息，充分实现各用户间的交流。如育儿方略、教育心得等模块，留给各位家长分享自己日常在教育孩子时的感想与体会，同时网站的所有会员都可以对其进行评论，这样可以让所有家长针对某一具体案例进行交流，提升对家庭教育的认识。

目前家校合作的网络平台已成为应用最广泛、最能保障家校合作的一种方式，随着网络技术的不断发展，网络平台的设计和构建将更为完善，也将更充分地发挥其联系学校与家庭、实现家校合作互助的功能。

二、合作的组织

（一）家长委员会

由于现有对于家长委员会的专门研究较少，因此，关于"家长委员会"的概念阐述只零散见于工具书中。《中国中学教学百科全书》中对家长委员会的解释是：家长委员会是由学校出面组织家长代表参加的一种群众性的社会团体。它的任务是密切联系家长，收集并及时反映家长对学校工作的建议和意见，协助并参与学校的教育工作，动员、组织广大家长努力教育好自己的子女，对个别家长的子女教育工作进行帮助和指导①。《教育管理辞典（第三版）》中的解释为②：家长委员会是学校中由家长代表组成的群众性教育合作组织。任务是，一方面代表家长协助学校工作，参加学校教育计划的讨论，反映家长和社会的要求，支持学校教育计划的实施，尤其要帮助学校实施暑假和寒假的教育活动计划；另一方面，协助学校做好家长工作、动员家长为学校教育创造良好的外部环境，帮助学校开好家长会，做好个别家长的工作。

家长委员会由学校进行组织建立，家长委员会是学校的参谋、咨询机构，同时又是促进学校、家庭、社会联系，加强学校、家庭、社会三结合教育的一种组织形式，是学校为了协调可持续发展、整合利用社会教育资源，建立家庭、学校、社区教育网络而成立的一种群体性教育组织。家长委员会按照组建层级还可以分为学校家长委员会、年级家长委员会、班级家长委员会。因此，家长委员会不是附属于学

①　许嘉璐. 中国中学教学百科全书[Z]. 辽宁：沈阳出版社，1990：250-251.
②　俞家庆. 教育管理辞典（第三版）[Z]. 海口：海南出版社，2005：450.

校的组织机构，不是学校管理和领导下的教育组织，它是独立出来的群众性组织。家长委员会与学校的关系实质是一个教育合作的关系，不存在领导与被领导的关系。

在完善家长委员会制度方面，学校、年级和班级三级家长委员会均建立完善各项规章制度，包括家长委员会章程职责、家长代表大会制度、日常工作例会制度、各成员与学校部门对口联系制度、家长义工制度、家长督导评估制度等，认真抓好执行落实，确保各项工作有据可依。学年初，家长委员会制订工作计划草案，提交家长代表大会讨论通过，征求学校意见后执行；学年末，家长委员会对年度工作进行总结，写出工作报告，家长代表大会通过后，公布在学校网站家长委员会专栏。

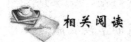 **相关阅读**

廊坊孤儿院手拉手——记中关村一小家委会活动

一年级下学期，我成为×班家委会成员，在班主任×老师的组织下，我们召开了第一次长达2小时的会议。本次会议的主题之一是讨论本学期班级即将开展的一些活动，尤其是关于本周日廊坊弘德家园（孤儿院）爱心之旅。在这次会上，我深切感受到了×老师的爱心、责任心和时刻心系班级的殚精竭虑。自2014年2月16日周日20：49分收到×老师第一个爱心短信至今刚好一周的时间，期间经过多次的沟通和准备，终于于2月23日早上8：00从中关村一小本部出发，两辆49座大巴载着70多位爱心人士、带着满满的爱心物资赶赴位于廊坊市大学城内的弘德家园，天公不作美，大雾弥漫京津高速，但所幸道路畅通无阻，经过不到一个半小时就到达了目的地。

弘德家园的孩子们来到大门口迎接我们，他们都很懂事，帮忙拿物品，嘴里亲切地叫着：叔叔好、阿姨好。×班的孩子们排成整齐的队伍在老师的带领下安静地上了楼，家长们大包小包地把各种物品都拿上楼，大家都在努力地贡献自己的一分力量，二楼的会议室不一会儿就堆得满满当当了。

二楼的光线很暗，主席台的墙上挂着大型的红幅。在大家都到齐之后，弘德家园的工作人员开始介绍情况，这里的孩子们都是来自于边远山区的特困孤儿，有的父母双亡无依无靠，有的家庭因各种灾难丧失父亲或者母亲无任何经济来源。是常辉法师把他们一个一个从山区接到城里，再加上社会上许多热心人士的帮助，圆了他们上学的梦。如今，在弘德家园里生活的孩子们健康、快乐、活泼，比城里同龄人显得懂事、成熟，他们学习很用功，尤其让人感慨的是他们的自我管理能力，尽管他们还是未成年的孩子，但在老师的帮助下，其"衣食起居、柴米油盐酱醋茶"等生活琐事以及财务全部由他们自己负责管理和执行。

情况介绍后，全体小朋友一起背诵《弟子规》，弘德家园的孩子们把《弟子规》背得那么熟，让旁边的一年级小朋友很美慕！此后他们表演了唱歌、舞蹈，博得了阵阵的掌声。全体合影留念后是自由参观时间。大手拉小手，参观了宿舍、餐厅等生活区，虽然看着很简朴，但是干净舒适，他们的生活起居健康规律，墙壁上到处是励志宣传的图片及文字，还有孩子们的心愿墙，看了让人感动。孩子们的精神面貌很不错，健康、自立、阳光，非常懂事和有礼貌，最后一个惊喜来自×××老师的一堂礼仪课……别说是孩子们，就是家长们也一定受益匪浅。虽然孤儿院的孩子们没有父母，但是让他们感受到人间爱的真情，相信他们将来一定会大有出息，一定会幸福快乐！让世界充满爱！

这次有意义的活动，我们将铭记在心。事情虽然很小，但是我们亲自去做了，对于生活在现代浮躁社会中的我们来说，无疑是进行了一次心灵的洗礼……

最后，以×老师短信中的文字作为结尾：我一直有个想法，希望我们班级的孩子们从小拥有一颗爱心，能够通过实际的、有意义的、可操作的社会实践活动让孩子们真正去体验爱的力量。我想孩子们亲身去践行一个善举一定对孩子本身的成长有积极的、正向的影响。让我们积极地参与进来，班级以后的活动还会很多很多……

资料来源：中关村第一小学网站，见 http：//www.zgcyx.com.cn/cms/zgcyxx/kyjjjt/780.jhtml.

(二)家校合作(联合)委员会

中小学家校合作(联合)委员会，又称家校合作联合行动委员会或家校联合委员会，是由家庭、学校、社会三方，通过设定的职责，规范的秩序，高效的沟通系统与协调系统，以持续的活动来促进中小学生身心健康协调发展、学业进步的集合体。中小学家校合作委员会成员主要由家庭、学校、社会等各方的代表组成，委员会成员充分利用组织机构平台，通过高效的沟通协调机制，提高委员会成员的沟通协调能力，解决师生之间、家校之间等存在的矛盾与障碍，实现中小学生的教育目标。中小学家校合作委员会旨在解决中小学生成长过程中的不和谐因素与障碍，解决相关成员间的矛盾，形成合力，帮助中小学生全面健康成长。因此，与其他的营利性组织相比，中小学家校合作委员会是非营利性的、协会性的组织。

中小学家校合作委员会的建立，为家校合作的整体规划和机制健全提供了组织保障，并通过不断地探索、丰富家校合作的途径，形成家校之间规范的沟通渠道和常态信息交流，使得家长、学校、社会能以平等的姿态相互沟通，推动家长、学校、社会常态化协调合作。中小学家校委员会的建立，更有利于对中小学家校合作的领域、内容等进行科学的划分、归类，明确各种不同的家校合作模式的适用性，规范家校合作模式。规范的家校合作模式不仅有利于推动各项家校合作活动责任的落实，也有利于教师在家校合作中的专业化成长。

(三)校友会

家校合作的组织形式除了以上提到的正式组织形式外，还有一些重要的非正式组织，校友会就是一个典型的代表。校友是指在同一学校就读的学生，包括已经毕业的学生和在校的学生，广义的校友还包括曾经和现在正在服务学校的教职员工。校友会是校友们自愿组成的非营利性、自治性的校友联谊或学术型团体。它的中心任务就是为母校建设和发展服务，为校友的发展服务。学校为校友提供声誉、资源以及情感支持，而校友为学校提供人力、信息等多方面的资源。

城市地区的高等院校以及一些拥有悠久历史的名校都有着成熟的校友会建立和管理的经验，校友会在联系学校与社会方面的作用值得关注。多数学校利用校庆的机会建立校友会，由学校的某个机构或某位负责人负责收集校友信息，汇总整理并编辑成册，校友会一般还设立常设的秘书处负责日常的联络和组织业务。中小学校也可以借鉴这些做法和经验，如招募有着丰富社会阅历、创业历程或人生体验的校友为学校提供社会活动的资源，举办专题的家庭教育讲座，为学校或家庭提供资助等，充分发挥校友会在家校合作中的作用。

(四)家长义工组织

家长义工组织是指在学校的统一协调下，由关注教育、关心孩子、拥有爱心的家长代表组成的特殊志愿者团体。他们主动深入学校、家庭和社区，参与教育教学、学校管理与服务全过程，同时把科学的教育方法传递给其他家长，实现了学校教育与家庭教育的有效对接。其主要特征为"主动性、自愿性、公益性、组织性"，以大爱之心行大善之举。[①]

家长义工们具有家长和教育参与者的双重身份，这种双重身份决定了他们是家校合作的最好协调者，是两者之间有效沟通的纽带与桥梁。家长义工是广大家长非常信赖的代表，一方面他们直接参与学校的管理与服务，对学校有较为深入的了解，可以让广大家长真切地把握学校的办学思想和办学行动；另一方面也可以协助学校制订出既适合学生发展，又能满足家长愿望的学生成长计划，促使学校与家庭达成共识，形成教育管理合力。另外，家长义工们有着不同的文化背景、职业，在音乐、曲艺、绘画、书法、体育、设计、摄影、心理等方面协助老师培养孩子的兴趣，挖掘孩子的潜能，较好地补充了学校第二课堂的教学资源，也适当地减轻了教师的负担。

三、具体活动

(一)学校/家长开放日

学校开放日也叫家长开放日或校园开放日，意思是这一天对全体

---

① 李化春.家长义工组织：家校合作的新途径[J].中国德育，2013：10.

家长开放校园内的一切活动，包括课堂、教学等学校教育教学活动的各个领域。有些学校将开放日与其他活动结合在一起，如"六一节××学校开放日"，或将开放日延长为一周或月，作为家校沟通的一种重要形式，通过每学期定期向家长开放，鼓励家长积极参与，实现家校合作。

家校合作的基础就是家庭和学校、教师与家长的彼此理解，相互信任，通过家长开放日活动，家长走进学校，真实感知孩子们在学校的生活及表现，帮助家长客观理智地评价孩子的学习和进步；同时，家长走进校园，能够增进对教育工作的感性认识，了解教育教学内容和方法，体会到教育工作的艰辛，增进了对教师的理解和尊重。对于教师而言，每次既要精心设计准备活动方案，又要面对家长们组织教学和展示教育成果，无形中促进教师努力提高自己的业务水平，提升做家长工作的能力。

家长开放日活动需要学校和教师精心设计和准备，具体实施过程中有以下几个步骤及相关注意事项。

1. 选择合适的时间

开放日的时间选择非常重要，一般校园开放日不宜在新学年的开学之初，而要等待家长对学校、班级和孩子的学习状态有了初步了解之后；同时期中或期末考试期间、毕业考试及中高考前都不适宜举办。另外，还要考虑到家长参与度的问题，要征求家长们的实际情况来合理设置时间，通常情况下，第一个学期开学两个月后即可开始举办开放日活动，第二个学期则相对有更多的选择。

2. 宣传开放日活动

要将开放日活动的重要性以及家校合作的意义给予充分的重视，

学校可通过各种新闻媒介和沟通渠道向家长、教育行政部门的相关人员介绍学校开放日的活动安排、成果展示等，号召和鼓励所有与学校发展利益相关的人员积极参与开放日活动。

3. 发送通知

向所有家长、社区人员、教育主管部门的行政领导等发送通知，至少要提前半个月，以便家长及相关人员协调好自己的时间，对确定参与的家长进行统计，并确认不能参与的家长及相关人员的原因，并于开放日前两天再次提醒家长开放日的时间及安排。

4. 招募家长志愿者

教师可邀请家长们作为志愿者参与到家长开放日活动的准备和安排中，鼓励家长发挥自身的优势，如指导孩子的社会实践活动、同孩子一起准备庆祝活动、为儿童做阅读指导、帮助维持秩序及安全等。通过志愿者活动，家长能够意识到自己对于学校发展的责任和重要性。

5. 营造欢迎的氛围

学校会精心布置校园，使家长进入学校后能够充分地感受到受欢迎的气氛。如可在校门口装饰彩绘、横幅、标语以及播放校园广播等，还要安排专门的执勤教师代表、家长志愿者和学生迎宾问候和欢迎。

6. 活动流程提示

一般家长开放日的整日活动流程和安排都是经过事先精心设计和准备的，并通过各种途径发送给参与活动的家长们和相关人员。活动一般有主题或与近期校园的活动相关，如教学观摩、成果展示、亲子互动、角色体验等。当日校园内的显著位置应当有开放日活动的流程说明，或向家长提供有关活动流程的简易文稿，家长能够按图索骥，顺利参与到活动中。

7. 引导家长参与活动

活动日当天，每个活动功能区都要有显著的标志，教师、家长志愿者和学生代表要及时帮助、引导家长快速、顺利地进入相应的活动区域。切忌不要让家长或活动参与人员在校门口或者走廊等场所滞留，让家长感觉到无所适从或未受到欢迎等。

8. 保障安全措施

开放日的安全管理工作相当重要，要有专人负责并事先将不安全因素考虑到位，如交通疏导、车辆看管、卫生医疗、闲杂社会人员的进出、活动安全等方面，必要时可邀请警务人员和医疗部门协助。

(二)组织家长志愿者活动

宽泛地讲，家长志愿者指的是在任何时间、任何地点以任何方式支持学校教育、教师工作和儿童发展的任何家长。在家长参与的所有家校合作活动中，组织家长志愿者为学校服务处于十分重要的地位。著名的家庭教育专家艾普斯坦认为，家长志愿者服务对学校各方面的发展都具有极大的推动作用。不仅有助于儿童掌握与成人交往的技能，了解家长和其他志愿者的许多技能、才华、职业和贡献，还有利于教师以新的方式鼓励家庭参与，也有益于家长更好地理解教师的工作，相信自己有能力并意识到家庭是受学校欢迎和重视的，能够更好地促进孩子的成长及学校的发展。

作为学校教育工作者的专业人员，需要重视家长志愿者的价值，认真组织招募和培训，灵活设计与协调家长志愿者的活动，并进行科学评估，充分发挥家校共同体的作用。具体实施步骤如下。

1. 设计志愿服务活动

在设计志愿服务活动过程中，学校和教师要充分考虑到家长参与的覆盖面及便利性，尽量吸引各种不同动机的家长志愿者在时间、地点便利的情况下积极参与。志愿服务的活动计划要求任务描述要简洁、清晰，以便志愿者能够清晰地理解活动和工作的定义，判断自己的资源、时间安排，自我权衡和协调安排。每项活动或工作描述应当包括活动名称、目的、所需要的资源或技能、确定的时间以及接受培训安排等。

2. 招募志愿者

招募志愿者从了解家长的志愿意向和能力开始，不仅要了解他们的职业背景、兴趣特长、家庭结构，而且还要了解他们自己的工作时间和安排，尤其要注意发现每个家庭的教育资源的优势和特点，以便深入了解家长能够为学校提供的服务的性质和类型。原则上讲，征集家长志愿者贯穿于整个家校合作的全过程，因而，学校可正式地定期征集，也可以临时地、非正式地个别招募。

3. 培训志愿者

尽管我们按照家长的能力、意愿、资源和时间等多方面要求招募志愿者直接服务于具体的活动或项目，但是学校教育的专业性要求并不为大多数家长所熟知，对家长志愿者进行必要的专业技能培训是必不可少的。对家长志愿者的培训可以分为一般培训和专项培训两类。一般性培训通常是面向全体家长志愿者的基础性培训，可以增进志愿者之间的了解和协调，提高他们对家校合作意义的认识等；专项的培训一般针对具有特殊要求，专门服务于某项活动本身，对志愿者的专业技能、知识素养以及其他方面有较高要求，如关于学生心理咨询辅导、教育讲座或专题培训等。

4. 分享与致谢

志愿活动的顺利开展之后的分享和总结工作尤其重要，学校可以公开展示家长志愿者参加学校活动的照片及成果，如在校报、网站上专门开辟专栏宣传家长志愿者服务活动，供大家下载或浏览，还可以通过家长会讨论分享志愿者服务的心得体会。同时，向志愿者家长表示感谢并表彰优秀的家长志愿者，如颁发证书或徽章，赠送具有纪念意义的小礼物(学校纪念册、纪念杯等)。

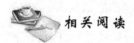 相关阅读

中关村第一小学家长志愿者活动
——团队协作 挑战自我

2013年10月19日星期六，秋高气爽，北京难得的好天气，我们一家三口有幸作为中关村一小三年×班大家庭的一员，参加了班级志愿者协会组织的亲子拓展体验活动。一大早，我们如约来到海淀区中小学综合实践教育中心。衬着青山和蓝天白云，这里的红顶尖塔、整齐划一的太阳能屋顶平房和塑胶运动场显得那么艳丽可爱。

在组织者精心策划下，由专业的教练带领大家很快就进入了角色，首先是破冰活动——大家围成圈一起跳兔子舞，并且变换各种拉手的姿势，难度系数由1.0直线上升到3.0，终于有两位家长忙中出错，被逮个正着，还好两位妈妈充满了"娱乐精神"，很大方地给大家表演指定项目——"大茶壶"，摇曳的身姿逗得大家哈哈大笑。

趣味运动会

大家通过破冰项目心情放松了下来，教练紧接着就指挥大家进入

正式趣味运动会环节，按照事先分好的六个小组，一次三个小组一起比赛，每个小组都是同学们先跑，然后家长接力，符合要求且累计用时最少者获胜。

第一个项目是"毛毛虫总动员"，顾名思义，这项运动还真是用一条超大的充气塑料毛毛虫作为道具，手抓扶手跨骑在"毛毛虫"身上，道具不能着地，孩子们的个子比较小，达到这个要求还是很吃力，可是同学们有的是办法，有的小组是一蹦一蹦往前窜行，有的是喊着口号"左右、左右……"一步一步往前走，当然不管哪种方式都十分费力气，到了折返回来的时候，已经接近身体极限，大家互相鼓励，都是咬着牙坚持到最后的！轮到家长上阵了，场面完全不同了，家长们仰仗着身材高大，有的组竟然可以以惊人的速度"飞奔"，骑跨在"毛毛虫"身上飞奔的样子十分滑稽，逗得围观的同学和家长们都乐弯了腰！

第二个项目是"书写篇章"，道具是巨大的充气塑料铅笔，孩子们用稚嫩的臂膀一起齐心合力将铅笔举过头顶，家长们要接着以翻转的形式把铅笔滚动回起点，由于风大给比赛带来了不小的影响，不过还好由于大家都使出了浑身解数，各小组的成绩都不相上下。

第三个项目是"穿越沼泽"，要求家长和同学一起参赛，手拉手不许松开，一共只给六个垫子交替传到前面的"开路先锋"去铺路，大家要想快点到达终点，必须互相搀扶照顾，大家都非常认真地执行教练提出的要求，脚如果踩到垫子外的"沼泽"就会被罚时5秒，最前面的先锋和最后收垫子的最累啦，中间的大家伙儿拼命挤在一起来节约时间，有的小孩子个子小，几乎是被家长"拎"着前进的，有的是跳过"沼泽"的……八仙过海，各显神通，前进的速度都十分惊人！

最后，教练汇总成绩并公布了每个项目的第一名获得者，大家都玩得很开心，名次已经不重要了！

参观综合实践教育中心

教练带领我们一行八十多人参观了综合实践教育中心，原来这里不仅有这么好的操场，还有一排排排列整齐、头顶太阳能电池板的平房，听这里的工作人员介绍，这里使用的都是清洁能源，太阳能可以发电，并且已经并入国家电网，他们还利用风能发电，真是了不起！希望他们把这么好的技术推广到全国，减少不可再生能源的消耗和由此带来的环境污染问题，还给孩子美丽的蓝天！

挑战自我

随后，我们来到了挑战极限的活动区域，这里主要是各种拓展训练的器械，同学们开始进行挑战自我的拓展体验："勇往直前""水上滚筒桥""悬崖峭壁""穿越组合"……其中，没想到这个"穿越组合"项目竟然成了最困难的一个项目，刚开始大家都没意识到这个项目如此有挑战性，直到有一个个子不高比较瘦弱的女同学，她爬到半空中上不去也下不来的时候呜呜地哭起来了，方老师第一时间发现了她，方老师一边耐心地告诉小女孩不要害怕，一边告诉她转身倒着下来试试看等，但是那个小女孩由于太害怕不知道该如何是好，只是一个劲儿地哭，怎么也不知道如何转身……后来，方老师耐心地安慰了她好半天，她才慢慢平静下来，可是转了身又发现腿不够长依然踩不着栏杆，方老师急中生智伸手让小女孩踩着自己的手下来，就这样终于成功了！小女孩安全下来了，大家都长出了一口气，好在是有惊无险！同学们和家长们后来又一起体验了好几个项目，大家玩得不亦乐乎，非常开心，直呼过瘾！

最后，教练问孩子们："开不开心?"孩子们齐声回答："开心!"教练又问："爸妈以前带你们参加过这类活动吗?"孩子们又几乎齐声回答："没有!"天啊!这样的回答，让在场的所有家长都为之汗颜!是啊，孩子们说得没错，家长们只顾着上班，只顾着给孩子报名上这个补习班、上那个兴趣班，却忽略了这类最重要的亲子体验活动，我心里暗下决心：今后，一定抽时间多陪孩子参加户外活动，到大自然中一起感受亲子活动的乐趣!

体验野炊

长这么大，别说是刚上三年级的孩子们，连我们这些做家长的都没有体验过自己生炉子做饭，这下可有机会了，大家一起试验如何点炉子，被熏得泪流满面还是乐此不疲!一起动手洗菜、切菜、炒菜，这菜的味道那叫一个香啊，大家都吃得格外多!吃饱喝足了，还有最后一个体验项目——磨豆浆和磨玉米面，孩子们争先恐后，有的调皮的男孩子还边推磨边学起了驴叫，把大家都逗乐了!

丰富多彩的活动结束了，大家恋恋不舍地踏上了归途，多么难忘而有意义的一天，让孩子们真正体会到了"团队协作、挑战自我，友谊第一、比赛第二"的真谛，体会到挑战自我后成功的喜悦；同时，也让家长们感悟到应该多抽些时间好好陪陪自己的孩子，多一些这样有意义的亲子体验活动，让孩子能够健康快乐地感受父母对他们的爱!

资料来源：中关村第一小学网站，见 http：//www. zgcyx. com. cn/cms/zgcyxx/kyjjjt/781. jhtml.

(三) 家长学校

家长学校是指向家长传授教养子女的科学知识和方法的学校，旨在宣传家庭教育，帮助家长掌握抚养、培养、教育子女的知识和技能，优化家庭教育环境，提高家庭教育水平，增强家庭与学校之间的相互了解和沟通，使家长自觉配合学校，形成教育合力，促进学校教育目标的实现[①]。目前，我国大多数家长学校是教育行政部门依托中小学来办的，以举办家长学校为代表的我国家庭教育指导工作已经开展 30 多年，家长学校的类别和数量有了很大的发展。根据 2012 年教育部全国家庭教育工作会议上的信息显示：全国 52 万所中职和中小学、幼儿园中，已建立家长学校的约有 33 万所，约占中职和中小学幼儿园总数的 63.5%。[②]

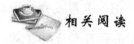 相关阅读

好习惯成就好前程

——人大附小家教系列讲座

家庭是孩子的第一所学校，父母是孩子的第一任老师，而且是孩子的终身教师。每一位家长完全可以成为孩子最好的老师！因为每个孩子身上都潜藏着优秀的 DNA 密码，只要我们找到进入孩子内心的通道，正确挖掘和引导，奇迹就会发生。为此，本周末，我校学生成长中心邀请北京大学家长教育中心师训部主任、"家长教育与人才成长"课题组专家陈艳老师，为我校一至三年级部分学生家长进行家教系列讲座之《好习惯成就好前程》。陈老师从五个方面深入浅出地介绍了好习惯建立的五个根本原则，即和谐亲密的亲子关系，明确具体的

---

① 俞家庆. 教育管理辞典(第三版)[Z]. 海口：海南出版社. 2005：451.
② 新闻中心—中国网(news. China. com. cn)，2012-08-18，教育部：全国家长学校约 33 万所 推动家长委员会建设.

界限和后果，智慧的沟通方式，习惯训练的方法，喜乐等待的心。她详细介绍了习惯养成行之有效的训练方法，21 天法则和 60 天定律，并在操作方法上与家长们进行了深入浅出的分享。孩子不需要懂就可以训练，每个孩子都可以训练，训练是有力量的，有怎样的训练就有怎样的训练后果，要有一个训练计划，要有合适的奖励机制，不要逃避问题，不要变成家长跟孩子之间的一种较量，给孩子选择权，但要承担后果，给予正面的鼓励。她提出每一位家长都要做"三宽家长"——宽厚、宽容、宽松。90 分钟的讲座令家长们受益匪浅。

讲座后，很多家长踊跃购买了由人民大学出版社出版的《人大附小老师这样对家长说》一书。这本书编写的背景是 2013 年年底郑校长在撰写专著《做一件幸福的事》时，曾经写过几个有关家庭教育的小故事。当时编辑阅读后，非常喜欢，而且说家长们会很喜欢读这样的小案例，因为它很接地气，很有亲切感，也很有说服力，具有可操作性。后来因为书的内容太多，校长忍痛割爱。但在校长心中一直有一个情结，那就是什么时候能给家长们写一本书，真真正正、实实在在地帮助家长解决一些在日常生活中培养孩子遇到的问题。恰逢人大附小建校六十周年，"七彩教育成果丛书"出版之际，校长组织部分教师汇集了 4000 多名家长关注的问题进行了编写。

本书着眼于家长朋友们在培养孩子过程中所遇到的困惑或难题，对问题都有解决的实招。同时传递出"家长不是教育孩子，而是培养孩子，陪伴孩子成长"的家长角色观点。经过反复征求意见及修改终于与广大家长见面了，相信阅读此书一定会对您培养孩子有很大帮助。

资料来源：人大附小网站，见 http：//www.rdfx.net/index.php?m＝default.detail&classid＝2&cid＝10&ccid＝114&newsid＝1514.

（四）参与学校决策

引导家长积极参与学校的管理决策，是家校合作活动的最高层次。在我国的教育实践中，家长参与学校事务的管理和决策是有相应的法律法规保障的。2012年教育部《关于建立中小学幼儿园家长委员会的指导意见》中就明确规定了家长委员会"参与学校管理，对学校工作计划和重要决策，特别是事关学生和家长切身利益的事项提出意见和建议"。这里家长参与管理决策既包括学校宏观方面的，也有微观层面的，前者如学校建设和发展规划、教育教学改革、教师的聘任和考核等，后者如参与学校校园设计、伙食质量监控、校园安全管理等。通常情况下，由于家长的背景、素质的差异性，考虑到学校决策事物的专业性，还需要有更加专业的家长代表来参与，学校一般通过家长民意选举，选出家长代表参与学校的管理和决策，家长委员会的主席或志愿者中的优秀代表通常担当此项职责。

家长通过参与学校事务的管理，获得一种归属感和认同感，在参与过程中，家长的参与决策水平和能力不仅能够获得提升，家庭和学校的资源可以较好地利用，更为重要的是形成了团结合作、民主开放的学校组织文化，在这样的文化引领下，学校的发展才能更有利于学生的全面发展。当然，家长的参与水平和决策能力是不一致的，学校在接纳家长参与决策方面还要给予一定的指导和帮助，还有很多挑战性的工作。但是，引导家长积极、正面地参与学校事务的管理和决策将是未来学校管理改革发展的趋势和目标。

第三节　特殊儿童群体的家校合作

随着我国城镇化进程的快速发展，出现了庞大的进城务工人群，进而产生了随家庭进入城市的大量流动儿童，而由于经济、家庭各种原因未能跟随父母进入城市而留守在出生地的留守儿童数量也不容小视。目前，流动儿童和留守儿童已成为我国青少年儿童中的两大特殊群体。而在当今社会，由于人们对家庭和婚姻观念发生了深刻的转变，离婚、分居、未婚先育等家庭现象增多，单亲家庭儿童的数量也呈现逐年上升趋势，被称为继留守儿童、流动儿童之后的第三大特殊儿童群体。

一、家校合作的基本状况

（一）留守儿童群体

留守儿童指父母双方或单方长期在外打工而被交由父母单方或长辈、他人来抚养、教育和管理的年龄在 18 岁及以下的儿童。[①]留守儿童是我国当前快速城市化背景下伴随农民工问题出现的一个特殊青少年群体。由于区域经济发展不均衡，导致了大量劳动力向经济发达地区转移，尤其是大量务工人员主要来自农村或偏远地区。由于其经济收入相对较低，居住环境差，不稳定的现实状况迫使他们无法将子女带在身边，更没有精力和时间照顾孩子的生活和学习。另外，现有的国家政策规定户籍与教育挂钩、适龄儿童就近入学等政策，即便目前有相当一部分城市地区可以接收满足条件的外地户籍的适龄儿童入

---

　　① 叶敬忠.创造变化的空间——农民发展创新的原动力研究.人类学与乡土中国——第三届人类学高级论坛，2005-10-29.

学，但是绝大部分的进城务工父母无法满足条件，促使其不得不把孩子留在老家上学。随着农民工规模的不断扩大，留守儿童数量也在随之逐渐增长。《中国 2010 年第六次人口普查资料》样本数据推算，全国有农村留守儿童 6102.55 万，占农村儿童人口的 37.7%，占全国儿童人口的 21.88%。与 2005 年全国 1‰抽样调查估算数据相比，五年间全国农村留守儿童增加约 242 万。[①]

家庭和学校是留守儿童生活的两个主要场所，家长和教师共同肩负着留守儿童的教育责任，家校合作是整合留守儿童家庭和学校教育力量的有效方式。但是，由于留守儿童家长外出务工，不能提供和子女相处的时间和空间上的保证，家庭教育功能在弱化。与此同时，由于当前农村中小学布局调整政策的实施，以及寄宿制农村中小学数量的增多，留守儿童在校时间延长，学校承担的留守儿童的教育责任在逐渐增大。正是在这个意义上，对于学校来讲，联合家庭教育力量，建立家校合作体系为留守儿童教育的必然选择。

（二）流动儿童群体

流动儿童是指 6—14 周岁（或 7—15 周岁）、随父母或其他监护人在流入地暂时居住半年以上有学习能力的儿童。流动儿童是流动人口现象的附属产物，在农村富余劳动力向城市流动的过程中，越来越多的儿童加入流动人口的行列中。尽管其父母在城市生活既不稳定，又缺乏保障，但养育下一代的责任和家庭团聚的传统观念使之不顾一切地把他们带到城市。根据《中国 2010 年第六次人口普查资料》样本数据推算，1—17 岁城乡流动儿童数量约为 3581 万，流动儿童最多的省

---

① 中国经济网，见 http：//www.ce.cn/xwzx/gnsz/gdxw/201305/10/t20130510_24368366.shtml.

份是广东，占全国的 12.13％，数量达 434 万。

(三)单亲家庭儿童群体

单亲家庭是指由单一的父亲或母亲与不具有完全民事行为能力的子女组成的生活联合体。从结构上看，单亲家庭主要有离婚、丧偶、分居、未婚等形式。目前，单亲家庭儿童已成为继留守儿童、流动儿童之后的第三大备受关注的青少年群体，由单亲家庭带来的各种社会问题日益引起社会的广泛关注。

二、家校合作的特点

(一)家庭职能的弱化及缺失是特殊儿童群体家校合作的最大障碍

家庭缺失理论认为[①]，缺乏文化培养和文化水平低的家庭，家中由于缺少教育传统，不注重教育，对长远的教育成就没有足够的追求，因此家长较少参与子女教育。该理论还认为，问题家长或问题家庭被视为家长参与程度低的核心问题。留守、流动儿童及相当一部分的单亲家庭儿童的家长由于各种原因无法正常行使对子女的抚育、教育职能，再加上其自身教育文化水平相对较低，家庭本身既缺少文化教育氛围，对孩子的教育期望值也不高，导致他们对学校教育的关注不够，参与程度也较低。因此，家庭教育职能的弱化或缺失使得他们在家校合作中主体性缺失，这成为家校合作的最大障碍。

(二)学业、心理问题成为特殊儿童家校合作的重点及难点

作为城市中特殊的、处境相对不利的社会群体，留守、流动儿童以及相当一部分的单亲家庭儿童在教育、心理等各方面发展上令人担

---

① 何瑞珠.家庭学校与社区协助——从理念研究到实践[M].香港：香港中文大学出版社，2002：7.

忧。大量调查研究显示，留守儿童由于与家长长期分离，亲情缺失，其心理、情感以及人格的发展容易遇到问题。如留守生活对留守儿童心理和情感方面会产生诸多负面影响[1]：①柔软无助；②自卑闭锁，自暴自弃，丧失信心；③寂寞空虚；④盲目反抗或逆反心理；⑤对父母充满怨恨，少数孩子认为家里穷，父母无能耐，才会出去挣钱。再如，流动儿童的入学率与在学率都低于全国平均水平，识字率也比平均水平低[2]，并且存在较为普遍的入学延迟问题，进入学校的儿童也面临着较为严重的成绩滑坡现象，学业成绩显著低于一般儿童[3]。流动儿童在心理健康以及城市适应上也存在一些问题，相关研究表明，大多数流动儿童表现出较高的社交焦虑、孤独感与自卑感，以及较低的幸福感，尽管对城市比较认同，却很难融入城市的生活中[4]。有研究者对流动儿童发展过程中遭遇的种种问题的产生原因进行了研究，结果显示家庭对子女教育功能的弱化是较为公认的重要原因之一[5]。上述问题也普遍存在于单亲家庭的儿童身上。

（三）学校将在特殊儿童群体家校合作中发挥主导作用

留守儿童、流动儿童及单亲家庭儿童由于其家庭教育职能的弱化或缺失，使得原本由家庭承担的照顾、教育子女的任务需要部分甚至全部向学校转移。2001 年《国务院关于基础教育改革与发展的决定》

---

① 范先佐．农村"留守儿童"教育面临的问题及对策略[J]．国家教育行政学院学报，2005（7）：78-84.

② 段成荣，梁宏．我国流动儿童状况[J]．人口研究，2004（1）：53-59.

③ 周皓，巫锡炜．流动儿童的教育绩效及其影响因素多层线性模型分析[J]．人口研究，2008（4）：22-32.

④ 周皓．流动儿童心理状况的对比研究[J]．人口与经济，2008（6）：7-14.

⑤ 黄祖辉，许昆鹏．农民工及其子女的教育问题与对策[J]．浙江大学学报（人文社会科学版），2006（4）：108-114.

将调整农村义务教育学校布局列为一项重要工作，并指出在有需要且有条件的地方，可举办寄宿制学校。目前，经过农村义务教育学校布局的调整和完善，农村地区的寄宿制学校已经成为农村地区义务教育的主体，不仅发挥着重要的教育功能，同时对于留守儿童而言提供了基本的日常生活照顾，解决了留守儿童学习无人辅导的问题。由于学校是专门的教育机构，教师是专门从事教育工作的专业人员，与文化教育水平普遍比较低、关心子女较少的这些特殊儿童群体的家长相比，在一定意义上，学校和教师在教育方面更具有优势，同时对于这些特殊家庭而言，学校在家校合作的过程中是发挥着主体作用的。

三、家校合作的策略

由于特殊儿童群体的家校合作存在着不同于普通家庭的特征，因而，除了一般性的家校合作形式和活动类型之外，在这几类家庭的家校合作过程中尤其要注重策略。笔者参考了国内外相关研究文献，现提出如下建议。

(一) 建立合作组织

组织机构是家校合作活动的重要载体。家校合作组织机构的建立与完善可以避免合作过程中的组织松散、管理不善等问题的出现。各农村地区和学校可根据各自不同的情况设立如村教育委员会、家长教育委员会、家长学校等地方性家校合作组织，以利于保持教育目标、内容、方法、途径、评价等方面的同步性和一致性，形成促进学生身心健康发展的合力。

甘肃省在全国率先成立了家校合作教育协会，由热心家庭教育事业的专家、学者、志愿者及从事相关工作的机构、团体自愿参加，动员和依靠社会力量，全面开展高水平的学校和家庭教育合作的学术研讨、经验交流、宣传普及与指导服务工作，促进家长素质和全民族家庭教育水平的提高。[①]这一模式有很强的示范作用。

（二）成长档案/家校联系卡制度

建立留守、流动儿童和单亲家庭学生档案/联系卡是学校开展特殊儿童群体家校合作的基础，学校根据不同的需求建立不同的档案分类，如个人档案、班级档案、特殊案例档案、家校联系信息卡等。在建立学生及家庭档案/联系卡的过程中，学校既可以掌握留守儿童、流动儿童和单亲家庭儿童现状的基本信息及特征、存在的问题，又可以根据实际情况而具体开展针对这些特殊群体儿童的分类管理和教育活动。

以个人档案为例，其中不仅需要包含学生的基本信息，如姓名、年龄、性别、家庭情况（父母婚姻状况、监护人情况、亲属关系等），还应包括心理和性格变化情况，思想品德及行为特征表现、学业情况（各学年记录、各学科记录等）。同时，个人档案还应该反映学生的成长情况，即对学生进行长期的追踪调查，对出现问题及特殊情况的学生做到了解、熟悉并能针对问题进行及时的辅导和帮助。

家校联系手册或联系卡也是一类重要的了解学生信息和情况的家校合作方式/制度。学校通过联系卡/手册及时反馈学生在校的活动和表现情况，并请家长定期与老师沟通和交换意见，使学校和家庭形成教育合力，帮助留守、流动儿童及单亲家庭等特殊儿童群体的成长。

---

① 韩黎明. 农二代家校合作教育功能弱化问题及改进策略——基于西部地区的调查研究[J]. 甘肃高师学报，2014(6)：73.

（三）进行心理干预与辅导

特殊儿童群体在成长过程中由于家庭因素的影响，会出现各种各样的心理、情感上的问题，需要有人与他们及时沟通并进行教育，否则极易出现各种心理及性格扭曲等问题。学校应采取多种形式，有效开展针对留守、流动儿童及单亲家庭儿童的各种心理咨询与辅导活动。如在校内设置心理咨询中心、心理辅导室或心理健康讲座等，由专业的心理咨询人员或心理专家担任辅导教师。学校还可以发动志愿者或社区人员，设置定期的心理咨询服务以满足学生，尤其是特殊儿童群体的心理辅导。

另外，除了面对面的心理咨询和辅导之外，学校还可以设置心理咨询信箱或咨询电话，可以帮助那些不愿意进行面对面心理辅导的学生通过书信、电话等相对隐秘的方式向专业人士寻求帮助。

（四）成立学校/社区活动室

针对留守儿童、流动儿童及单亲家庭儿童的特殊生活状态，尤其是乡镇寄宿制学校或留守儿童比例高的学校，以学校或社区为载体成立各种活动、娱乐的功能教室，为特殊儿童群体课后娱乐、学习和锻炼提供公共活动的场所，以便解决儿童课外时间无人监管的现实情况。

活动室/娱乐室的建设应以安全、实用为基本出发点。可根据实际经济条件配备一定的设施，如报刊图书阅览、电脑网络或基本的体育器材等。学校和社区应对所有设备的维护和材料的使用进行统一管理、统一监督、专人负责。另外，学校和社区可以通过招募志愿者、应聘等形式吸纳一定数量专职或兼职工作人员，专门负责管理和组织各项活动（如定期举办各种主题教育活动、安全演练等），制订相应的规章制度，为流动、留守儿童等提供良好的学习生活条件的同时，更好地保障他们的人身安全，丰富其课外生活，减少家长对孩子的担心。

（五）建立代理家长制度

"代理家长"是针对留守儿童、流动儿童及单亲家庭儿童而特别设置的一项特殊的家校合作形式。为了弥补这些特殊儿童群体在生活、学习和感情上的亲情缺失，由政府主导，社会各界的志愿者承担起留守、流动儿童及单亲家庭儿童的父亲或母亲的职责，从生活、学习、心理和思想情感等各方面对其进行引导和义务帮助的一系列活动。

在针对特殊儿童群体建立个人成长档案的基础上，一般由镇政府选择全镇机关事业单位干部职工、村干部/社区人员、有帮扶能力的社会有识之士，开展一对一与流守、流动儿童和单亲家庭儿童结对组成代理家庭，行使特殊儿童群体的"临时""代理"家长职能。同时，结合家校合作的其他措施，如学校心理咨询室、社区活动室等，有效地形成学校、社会、家庭和政府四位一体的教育格局。

除了上述提到的特别针对留守儿童、流动儿童及单亲家庭儿童的家校合作措施之外，学校和社区还可以通过开通热心服务热线、号召媒体宣传、激发社会组织的爱心等各种有效的形式不断丰富和加强特殊儿童群体的家校合作，呼吁全社会共同关注、关爱这些特殊的儿童群体，为他们营造良好的生活、成长环境。

第四节　国际经验与借鉴

一、美国：农村基础教育家校合作新举措[①]

基于目前美国农村的客观现实的经济、社会发展状况，其农村地

---

① 转引自：赵莹. 美国基础教育家校合作研究[D]. 长春：东北师范大学，2011：25-28.

区基础教育家校合作过程中遇到了很多棘手的问题，在探索农村地区基础教育家校合作过程中通过采取有效的、积极的措施取得了一定成效。

(一)美国农村近期的变化情况

农村人口、社会、经济状况的变化对农村教育产生了深刻的影响。1917年至1940年，美国农村人口发生了大的转变。在1917年，城市人口在美国历史上首次超过了农村人口；1940年美国开始准备面对世界危机时，农村人口又一次出现了无法遏制的下降局面，这种情况一直持续到20世纪80年代。伴随人口增长悬殊出现的是农村人口的失业、贫穷等问题。美国农村面临的这些并不是新问题。这些问题很复杂并与地理位置、较低的人口密度和为获得经济发展机会对中心城市具有历史依附性有关。此外，当美国由一个工业化国家转向一个以信息产业经济为依托的全球市场后，农村状况更加糟糕。

当美国劳动力市场由以农业和工业生产为导向，转为以社会服务业如接待员、销售员、技师、管理人员和科研工作人员等为主导后，美国几乎所有形式的物质生产率迅速下降。如果这种趋势一直持续下去，预计到2080年为止这些产业几乎不再存在。

由于农村年轻人不断向其他受教育条件更好的地方移居，农村人口不断减少，这开始危及农村社区的生存。农村人口移居到大城市后增加了大城市的人口，加强了大城市现存的基础设施的负担。这种人口迁移产生了双重阻碍：城市地区的人口容量不断膨胀，阻碍了发展速度；农村社区人口流失，丧失了经济和社会发展的力量。

随着农村就业机会的减少和随之而来的人口继续流失，美国农村社区对外部更大范围的服务产生了依赖性。随着人口的减少，农村社区失去了支持农村医院、银行、教育、地方经济等服务业的员工。传统的、小的农村社区过去以自给自足和高度一体化为特征，现在随着当地人口的外流，进入了崩溃瓦解状态。同样，美国农村的教育也存在一些问题：农村学生的入学率低于大城市，而辍学率高于大城市。

（二）美国农村家长参与学校教育的特有困难

"美国有研究表明：美国农村居民高度重视社区的学校教育。他们不仅把学校看作社区生活的中心，很多农村地区的居民为教育投入的税率比城市和郊区居民投入的还高。"[①]这一点是促进农村地区家长参与学校教育活动的有利条件。

虽然农村居民对教育持有较积极的态度，农村地区家长参与学校教育也比其他城市、郊区普遍，但是农村教育面临自身独有的困境。这些困境突出地表现在孤立、贫困、缺乏就业机会几个方面。农村的被孤立处境阻碍了农村学校和社区利用能够加强他们教育活动的城区资源，如博物馆、科研图书馆、学院和大学。很多农村社区的贫困限制了家长对子女教育资源的供给能力。缺乏就业机会的问题让农村学生感受不到实现学校教育成功的财政保障。

农村的这种特有困境使得农村家长对教育的参与程度低于城区家长。研究表明，农村家长除了缺乏参与学校教育的基本技能之外，也认识不到参与学校教育对子女的重要性。另外，他们可能对学校的工作程序和期望产生畏惧感。

（三）美国针对农村家校合作问题实施的举措

针对农村教育面临的特有困难处境，美国很多州对此做了专门的

[①]　Herzog，M. J. R，Pittman，R. B．Home，family，and community：Ingredients in the rural education equation [J]．Phi Delta Kappan，1995，7(2)：113-114.

调查研究，设置了一些促进农村家长参与学校教育的实施策略。

1. "齐头开始"方案(Even Start)

美国蒙太纳州实施了"齐头开始"方案。该方案的最终目的是利用现存的教育资源促进家庭与学校教育的合作，最终促进学生和家长受教育机会的改善。该方案强调父母作为交流者、支持者、学习者、教师、决策与建议者五种角色身份参与学校教育。该方案专门设置了一个由乐于奉献的教师和管理者组成的小组，为培训家长提供直接或间接的支持。方案试验结果表明，由蒙太纳州立大学提供的这些活动和资源对促进农村家长充分参与他们子女的教育非常有帮助。

2. "总村项目"(The Total Village Project)

美国弗吉尼亚州在西部农村地区开展了"总村项目"，倡导社区参与到教育社区子女的行动中。该项目通过家庭中心、家庭服务、家访、家长教师合作、课后辅导、协助教师等活动促进合作目的的实现。该方案要实现的最终目的是增加家长参与学校会议和活动的次数，提高父母参与学校和家庭教育的质量、学生自我效能感和出勤率。另外还有改善考试结果，改善家庭、社区、学校合作的目标。

3. 家长教师合作促进学校成功方案(the Teacher-Parent Partner-ship for the Enhancement of School Success)

美国卡罗莱纳州由南卡罗莱纳大学和 18 个农村学校合作，在南部农村地区实施了"家长教师合作促进学校成功方案"。该方案的首要目的是实施家庭和学校合作项目，促进学生受教育机会的增加和学业成功。为了实现这一首要目的，方案同样努力改善家长的自信心，增强家长与子女的交流，改善家庭对教育的支持，加强学校工作人员和家庭的交流。

这些有前途的保障农村家长参与学校教育的方案都是以赫尔佐格（Herzog）和皮特曼（Pittman）的观点为指导的。赫尔佐格和皮特曼认为：农村学校要克服它们的困难并取得成功，就必须利用他们的社区和家庭资源。这一建议提醒了农村教育工作者要把家长和农村商业视为促进家校合作的解决方法，而不是把他们看作问题。

持这种观点既不能忽视部分家长可能需要特殊的帮助，也不可忽视每个社区的商业都能够为学校提供积极的贡献。积极的行动比起无谓的指责是更有效的。农村社区总是因为他们特有的问题受到指责，传统的印象替代了对农村和当地居民及他们面临的问题更有价值的思考。而以上这些能够促进家庭、学校和社区合作的方案对改善学校、实现农村经济复苏和促进社区成员对农村教育新的投入具有潜在的作用。

二、英国：家长作为学校"教学助手"[①]

在英国，家长参与学校教育是英国法律赋予学生家长的一种权利，但这不仅仅是一种权利，而是国家对社会资助者的一种负责任的态度。在学校里，家长担任"教学助手"是英国家长参与学校教育的一个重要举措。

（一）什么是"教学助手"

在英国，"教学助手"是从学生家长中选拔出来的，为了辅助学校教师的教学工作和了解每个学生的学习风格，便于因材施教，"教学助手"都经过专门的教育培训，学习了教育学和教育心理学课程，可

---

① 转引自：蒋苗苗．英美两国家长参与学校教育的研究及启示[D]．曲阜：曲阜师范大学，2014：10-12．

以帮助学校提高教学质量。[①]它是家校合作过程中家长参与学校教育的一种高层次的参与方式。

(二)赫里福郡的"教学助手"

实施背景：在英国，学校聘请家长担任教学助手以赫里福郡比较典型。赫里福郡位于英格兰西部，地处偏僻的农村，以传统的农业经济为主，有特殊需求的学生数量比较多，主要表现在学生逃学率高，厌学、辍学现象严重；除此之外，师资力量不足，教师的工作量大，教学工作压力重。尽快加强学校的教学力量是提升学校教学质量的关键。

具体实施过程：经过调查和研究，该郡决定加强家长参与学校教育的力度。一方面，从学生家长中选拔能为学校服务的人员，这些人从日常家校合作工作中表现积极的家长中选拔，由选拔出来的这些家长来管理家长和学校之间的联系和沟通工作。这些工作主要包括：指导学生家长积极配合学校开展的有助于子女认知发展和促进其社会化的活动，鼓励家长主动乐观地融入子女的学校教育中来，为家长的参与提供教育支持。在这个交往的过程中，一些家长逐渐适应了参与子女学校教育的环境，从开始只参加学校为家长组织的家长之间的活动，到后来发展到陪同子女一起在学校教室学习。另一方面，学校制订措施使家长参与制度化，其中规定学校的教学目标包含了家长教育的内容，明确指出了家长在学校里的权利和义务等。

赫里福郡对"教学助手"一词做了界定：协助学校教师教学工作，辅导学生的学习，以此提升学校的教学质量和学生的学习成绩，具体

---

① 黄河清. 家校合作导论[M]. 上海：华东师范大学出版社，2008：73-75.

发展过程如下：一开始，赫里福郡招聘"教学助手"是为了帮助有学习困难的学生，但后来逐渐发展到"教学助手"主动辅导所有的学生；根据学生不同的学习需要，"教学助手"对学生进行个别教学；"教学助手"本身就是学生家长，更了解学生的个性特征和学习思维方式，可以对症下药，教给学生有效的学习方法和策略。后来，赫里福郡为了进一步提高"教学助手"的教育教学能力和发挥他们对学校学生的帮助作用，还对"教学助手"进行了专门的教育培训，并颁布了聘用"教学助手"的法律条例。学校还联合当地教育主管部门，针对担任"教学助手"的家长以及学校的需求开设家长培训课程。对家长进行多种教育和教学技能培训，其中一些培训有助于参加国家的职业资格证书考试。

具体内容：该郡对"教学助手"的具体工作内容做了规定，主要包括：对学生、教师和学校提供教育支持。

支持学生就是提供个别或小组教学，内容包括：帮助学生做好上节课的复习工作和下节课的预习工作；辅导学生完成课后练习；督促学生主动完成作业；帮助学生养成独立思考和学习的能力；引导学生养成良好的态度和行为习惯；促进学生的认知发展和社会化。

支持教师就是要与教师结成伙伴关系，内容主要包括：一方面作为个别或小组学习助手，必须了解学生的学习课业需求；检查学生是否做好上课预习准备；并为教师制订下一步的教学计划，提供有效的反馈信息；帮助教师传达学习任务，使学习目标变得清晰明了；帮助教师监督学生的学习进度，记录和评价学生的学习进步情况。另一方面在学生管理方面对教师提供支持，帮助教师组织教学；为教师提供个别学习困难学生的学习情况；对学生对于教师上课的理解情况做出及时反馈；督促学生遵守学校行为规范；帮助教师维护良好形象；帮助教师准备教学材料等。

支持学校主要就是根据学校的发展现状，为如何提升学校的教学质量提出合理的建议，积极配合学校搞好日常教学工作，及时反馈子女的学习情况，共同为实现学校教育目标而努力。

（三）"教学助手"的作用

首先，促进了家庭和学校关系的和谐发展。作为学生家长的"教学助手"，和其他家长交流时不会使他们产生太多的顾虑，因而能够了解其他学生家长们的需求、意向、建议等。"教学助手"作为学生家长，熟识身边的环境，能及时向学校反馈社区对学校教育的意见和建议，使学校更多地与社区、家长建立了联系，特别是使学校教师和家长之间的关系更加融洽、和谐。担任"教学助手"的学生家长，教育行政部门对他们进行了教育学和教育心理学方面的培训，使得他们了解教学规律，也具备教育教学的技能，一定程度上提高了家长的教育能力，如此一来，家长担任"教学助手"这一举措大大提升了该地区的家庭教育水平，对当地整体教育质量的提高有很大的帮助。

其次，促进了学生学习质量的提高。在与学校教师的沟通交流方面，"教学助手"和其他教师一样，按时参加学校的日常活动，主要包括参加学校教职工大会、和学校教师探讨工作中的问题、共同商讨解决问题的方法、参加学校组织的教学会议、和学校教师一同去外校参观学习、明确每学期的教学目标和要求。"教学助手"可以将学习中出现困难的学生反馈给学校教师，使教师能顾及每一位学生。"教学助手"还可以为学校教师提出解决有困难学生学习的一些可靠的建议。"教学助手"所提供的关于学生的反馈信息也得到了学校教师的一致肯定，认为这些反馈信息可以帮助教师及时对学生出现的问题采取正确的措施，使得教师的工作效率大大提高，从而提升了学校的教学质量。

最后，对学生的社交和学习方面都有很大的帮助。"教学助手"的出现，使每个学生的学习和情绪方面的变化都得到了关注。"教学助手"可以对学生提供多个方面的帮助和指导，如帮助那些性格内向的儿童，积极引导他们如何与同学交流，帮助他们选择玩伴，鼓励他们与其他儿童交往等。"教学助手"及时将每个孩子的信息反馈给教师或孩子家长，共同帮助儿童克服困难。

三、日本：以专题开展的家校活动 ①

日本 PTA(Parent-Teacher Association)组织的家长参与学校的活动大部分是以专题开展的，如许多小学开展"关于提高学校伙食质量""预防青少年不良行为""为了和平和国际理解""为了维护学校的环境"之类的活动。例如在开展"为了维护学校环境"这一活动时，家长们为了充实学校图书馆，收集各种书籍，帮助修补破损的书籍，制作学校图书阅览室的窗帘，购买制作移动图书的工具等；还有的小学为了修缮上学的道路，家长们跟区政府交涉，争取政府的力量来解决问题。又如在开展"预防青少年不良行为"的活动时，家长们跟当地的儿童社会福利公司联系获得相关资料，并与社会福利公司合作共同促进这一事业的发展。由于许多社会娱乐场所就是产生儿童不良行为的地方，所以为了防止不良现象的产生，家长们与当地的寺院、神社、学校、

---

① 转引自：林悦. 国外小学家校合作研究及对我国的启示[D]. 大连：辽宁师范大学，2007：24.

公园联系，为儿童提供健康快乐的娱乐场所。

另外，日本家长参与学校的活动形式还有班级的月例会、学校和地区运动会、学生成绩汇报表演会、家长参观课堂等。学校和地区的运动会以及学生成绩汇报表演会也是显示家长们作用的重要机会。在召开运动会时，家长们分成不同的组，有的为运动会联系场地、购买奖品，有的给运动会做裁判。在成绩汇报表演会时，家长们也是分组行动，有的排练节目，有的为表演会提供服装。如此可见，日本小学的家长们都各尽所能地参与学校的各项活动。

四、法国：家校之间的"协调人"①

事实上，在家长与学校合作的过程中，双方难免会出现矛盾，这时协调人的作用就显得尤为重要。为了不让一个学生由于学业成绩不理想而掉队，为了加强家庭与学校的协作，法国在 1982 年的《教育优先区域》中提出了发挥协调人在建立和谐的家校关系中的重要作用的策略。

(一)协调人的主要作用

起初，协调人主要被聘请和宗教家庭建立联系，这些家庭大多来自非洲，而协调人的职责是做翻译。在一些农村小学，协调人被称作"接力女士"或是"接力母亲"。后来，他们的职责开始转到向家长解释学校是如何开展工作以及家长应该怎样做才能帮助孩子，协调人的工作对象也逐渐地扩大至所有的家长。一些贫困地区的小学教师反映，家长参与学校重大会议的比例很低，学校和家长联系很困难，关系也

---

① 杨天平.法国学校与家长之间的交流与协调[J].外国教育研究，2004 (1)：43.

很紧张，有时在相互理解方面难免出现矛盾，家长对教师在教育其子女方面所能起到的作用印象并不好，家长经常对学校怀有敌视的态度，学校提供给家长的信息，他们要么收不到，要么理解不彻底。事实证明，当家庭与学校之间出现矛盾时，协调人的作用就显得很突出。

(二)协调人的工作目的

协调人能改善学校内外的关系，把学校和外界紧密地结合起来，使其更好地发挥各自的作用。协调人的工作目的是：使学校更易为家长所接受；为校内外信息交流创造空间；向家长解释学校对他们的要求；在家长帮助自己的孩子完成学习任务方面提供服务；向教师解释不同文化背景的家长是如何看待学校的；代表家长向学校提建议等。

(三)协调人的合适人选

由于协调人的作用复杂而多样，所以选择合适的人选充任十分重要。协调人的选聘标准包括：对当地的人口资源等各种情况非常了解；能说一口流利的当地社会的主流语言；在宗教团体中享有一定的威望；在学校和家庭两者之间保持中立；有很好的交际能力；熟悉学校的工作；听力、交流技能、观察力、外交能力和自我控制能力等各方面的能力都很强等。

(四)协调人的工作内容

协调人的工作内容主要是：解决家长和学校之间的冲突问题；帮助家长做出择校决定；告知家长孩子逃课、暴力、攻击等不良行为的成因；尽量帮助弥补家庭和学校之间缺乏交流的不足，对那些从没有到过学校的家长进行访问；帮助孩子解决学习中的困难；在家长和学校双方处于一种僵持的情形下或在学生被学校开除时，向对学校怀有不满情绪的家长进行解释。

(五)对协调人的工作评价

经过一段时间的情况熟悉之后,教师经常请协调人帮助做一些工作,他们对协调人的评价也较高,因为协调人加强了教师和家长的联系,而这在以前较困难。协调人能够帮教师找到影响学生成长的一些隐含的背景问题,这些问题常常制约着学生的发展,作为教师,不能不把它们考虑在内。一些教师认为,协调人的出现及其工作,改变了他们对学生和家长的看法。在家长作用被低估的学校,学生经常觉得受到两股对抗力量的指挥,现在协调人把家长和学校双方联系起来,解除了这个矛盾,这一点也特别受到家长的欢迎,因为协调人是家长熟悉的人,有固定的联系方式,家长和学校都能随时找到他,特别是在那些认为学校很难理解的家长眼里,协调人是一个很好的桥梁和中介。

五、借鉴

(一)观念转变是基础,角色定位是根本

家校合作的顺利进行,需要家庭和学校这两个主体的积极配合。家长和学校关于家校合作的观念亟待转变。在校方的传统观念中,家长和学校之间是一种利益关系,尽管家长会给学校带来经济与社会评价上的支持,为学校带来最大的利益。但不可否认的是,学校和家长两者之间的利益总是一对矛盾,一旦"利益"这一关键因素介入学校和家庭的关系时,学校一方面会尽力避免家长为自己的利益影响学校;另一方面,学校也会认为,缺乏专业资质的家长群体过多参与学校教育,对学校利益是一种损害,比如增加学校工作负担和教师工作

压力。

家校合作不是合作双方的奉献，更不是某一强势方的索取和获得，而是双方在互动合作中的生成与发展。合作共赢理念应该成为双方理解家校合作的关键点。双向互动、相互服务、合作共赢，是学校与家庭文化不断发展的生命线。因而，家校双方的服务意识和合作能力很大程度上决定了二者在家校合作中的角色定位。事实上，家校合作中家长和学校是双主体地位，不存在谁领导谁的问题，只是根据目的、需要和任务，由某一主体唱主角。学校作为公共服务的提供者，不应是居高临下的官办机构，也不是冷冰冰的、堆满知识符号的仓库，要对家长这一合作主体给予足够的关怀和尊重，并提供适时、适切的服务和指导。在更多的时候，它应该与家庭保持零距离，成为家庭的合作伙伴。而家长在家校合作中成功地担任好学习支持者、学校教育的自愿参与者以及学校教育的决策参与者的角色，由学校教育的"局外人"转变成"局内人"，与学校形成教育合力。

（二）制度完善是保障，组织有效是关键

构建完善的组织机制，协调各方力量使家校合作良好地运行是建立理想的家校合作的关键。不仅要在法律中明确家长的责任，还要赋予他们监督、配合和参与学校的义务和权利，注意保持家长权利和义务的平衡。而且，各级政策和法规应具体可行，并明确其标准。必须将制定保障家长参与学校教育的法规政策放到重要位置，这也是通过强制性措施促使家长不断加深对自己参与学校教育权利的认识，使家长的教育权利真正得到保障。

目前，我国家校合作的组织机制尚处于初步建立阶段。按照教育部颁发的《普通中小学学校督导评估工作指导纲要》的规定，各学校都应成立家长学校、家长委员会等组织，但是这些组织在社会中协调各行各业家长的职能较弱，大多流于形式，家长对学校教育的知情权、参与权无法得到保障，也缺乏统一的自上而下的组织机制。因此，建立全国性以及地方性的保障家长参与学校教育的组织机构切实必要，如成立全国性的从全国到地方的机构，如家长联合会、家长教师联合会、家长教师学生联合会、母亲联合会、父亲联合会等名目的组织来支持家校合作。

(三)提升家长及教师合作技能是途径

加强针对教师及家长的家校合作技能培训是国内外家校合作实践中都普遍面临的一个现实问题。Mary Lou Fuller 指出，即使承认家长参与的重要性，也并不意味着学校管理者和教师都做好了充分的准备，采取积极的手段促进家长参与。[①] 的确，并没有相关部门或政策建议明确要求学校管理者和教师应学习研究家长的参与行为，同时也没有强调学校人员学习鼓励家长参与所需要的技巧。教师是家校合作过程中的主要人物，是活动的具体策划人、组织者和参与者，又是活动的推行人、指导者、咨询者、活动资源的开发人、家长的朋友、交流对象等。因而，教师合作技能的高低直接关系到一切家校合作活动的成败。在家校合作的过程中，教师要与家庭进行有效的沟通，必须具备良好的语言表达能力、组织能力、交往能力以及与合作相关的一些知识，亦应注重教师在家校合作的方式方法、语言表达技巧、人际交往能力等方面的训练；并应配合各小学对广大教师和校长进行家校合作理论的培训和实践的指导，以保证家校合作的顺畅进行。对于家

---

① Mary Lou Fuller & Glenn Olsen. 家庭与学校的联系——如何成功地与家长联系 [M]. 谭军华，等译. 北京：中国轻工业出版社. 2011：112.

长的教育培训，应充分借鉴国外先进理论和成熟经验，开发多种形式的家长培训项目，开办"家长学校"，举行家庭教育讲座，组织家长学习教育方针政策、青少年身心发展、儿童保健、教育科学等方面的知识，增强家长参与教育的信心和能力，让家长参与学校教育不再只是形式上介入学校活动，而是具备充足的教育理论与技能，主动、自信、全面地参与到学校教育中去。

第八章　学校与政府

第一节　学校与政府的关系

一、非营利性组织与政府的关系

非营利性组织（Non－profit organization，NPO）是指不以营利为目的的、为实现某项事业或使命而努力的社会组织。非营利性组织涉及的领域广泛，例如教育、慈善、学术、宗教、环保等方面。一般而言，国际上普遍认为非营利性组织具有六个最关键的特征，分别是：组织性（正规性）、民间性、非营利性、自治性、志愿性和公益性。虽然非营利性组织并不以营利为目的，但是为维持自身的正常运转，需要获得外界的资金、资源等支持。因此，非营利性组织，与营利性组织相同，都需要进行公共关系活动，其目的主要是让公众认可组织及其使命，与公众进行广泛的交流沟通，取得相互的理解与信任，在公众心中树立良好的形象，扩大组织的影响力，并获得资金等方面的支持。

政府是所有社会组织公共关系中最具有权威性和影响力的对象，任何社会组织都免不了和政府打交道。政府关系正是指社会组织与政府及其各职能机构、政府官员和工作人员，即社会组织和政府沟通的具体对象之间的关系。[①] 政府是国家权力的执行机构，任何社会组织，包括营利性组织和非营利性组织，都在政府的监管下生存和发展。因此，与政府建立良好的关系，对于非营利性组织来说，是非常重要且必要的。

从整体上来讲，非营利性组织也被称作第三部门，与第一部门（政府）、第二部门（企业），共同组成影响社会的三股主要力量。而政府与每个非营利性组织的关系，则主要是监管与被监管的关系。

二、学校与政府的关系

(一)学校的特殊性

在我国，非营利性组织一般分为两类：第一类是社会团体组织，如基金会、工会等；另一类是事业性组织，如学校、医院等。学校作为非营利性组织的一种形式，具有自身的独特性。

第一，学校的资金主要来源于政府。在我国，基础教育领域公立学校的财政主要来自政府拨款。虽然也有部分社会组织或个人的捐款，但是整体来讲，学校财政收入的绝大部分都来自政府拨款。与此对应，政府对学校的监管、控制的范围和力度，也远远大于其他非营利性组织。

---

① 周安华. 公共关系：理论、实务与技巧[M]. 北京：中国人民大学出版社，2002：120.

第二，教育活动给学校带来的特殊性。学校是一种有计划、有组织的对受教育者进行系统教育的机构，由于教育活动的特殊性，学校具有目标模糊、机构联系松散、弱技术化和强人格化、上下级之间的非强制控制或弱服从关系、非正式团体的力量、人员的流动等特性。这些特性，都是学校与其他非营利性组织不同的。

第三，学校管理方面具有科层与学术二元特性。也就是说，一方面，学校具有科层组织的属性，即"①在业务系统和管理系统建立起专业分工的体系；②存在权力等级；③制定明确的规章制度；④人员任用有严格的资格限制，并要通过考核"①。另一方面，学校具有学术特性，在学校中，不仅仅是职位可以带来权力，学术影响也会产生权力性威望。教师重视人际关系，希望自己能够受到尊重，而不是处处被约束，并且渴望参与学校管理。学校的这种科层与学术二元特性也是其他非营利性组织所不具备的。

因此，学校与政府的关系，和其他非营利性组织与政府的关系并不完全相同。

(二)学校与政府的关系

由于(公立)学校自身的特殊性，即资金主要来源于政府、教学活动特殊性和管理方面科层与学术二元特性，学校与其他非营利性组织的政府关系并不完全相同。相较于其他非营利性组织而言，学校与政府的关系更为紧密，在行政上受到的管理范围和控制力度更大，在教学活动的目标、内容、方法等方面受到的限制更多。一般而言，我国公立中小学开展政府公关关系的目的，是为了争取政府的财政支持、

① 陈孝彬. 教育管理学[M]. 北京：北京师范大学出版社，2000：410-411.

社会和文化资源支持等,从而更好地促进学校的发展。

　　严格从教育行政学的角度来讲,政府与学校是教育行政对应关系,即教育行政主体与相对方结构关系(relationship between administration subject and its opposite side)。"教育行政主体是依法成立、具有教育行政权力、能够以自己的名义实施教育行政行为并能够承担由此而产生的相应责任的组织,即承担教育行政任务并承担相应权利义务的主体。"①而教育行政相对方则是指在教育行政对应关系中的另一方,但并不是完全被动的承受者。教育行政对应关系不同于教育行政上下级结构关系,教育行政主体和教育行政相对方都具有主体人格和行为能力,拥有权利又承担义务。在教育行政活动中,政府和学校进行互动并建立联系。从理论上讲,政府与学校是两个平等的、独立的主体。从实践上讲,政府和学校的关系并不对等,学校处于相对弱势的地位。例如,政府在行使职权时,学校如果不履行规定的义务,政府可以采取强制措施;政府不履行职责时,学校只能请求对方履行,或通过申诉或者诉讼等方式寻求解决。以学校为主体开展政府公共关系,恰恰是解决学校与政府关系不对等性的一项重要措施。而解决政府与学校关系的这种不对等性,是近几年我国教育行政改革的一个重点。

　　近年来,我国教育管理体制改革的重点主要集中在以下四个方面,分别是权力下放、办学多元化、扩大办学自主权和教育投入多样化。② 在转型的过程中,政府的职责逐渐从管理向服务过渡,对学校的直接干预和微观控制逐渐转变为间接干预和宏观控制,学校也从被

---

① 龚怡祖. 当代教育行政原理[M]. 北京:北京大学出版社,2009:12.
② 成晓霞. 教育行政学[M]. 长春:吉林大学出版社,2014:52.

动地位逐渐转向主动地位。褚宏启指出，"改善政校关系的关键是转变政府的教育行政职能，赋予学校更多的自主权"①。学校与政府关系的未来发展方向，正是学校自主权的增加，而政府需要做的是"把该管好的管好"。在这种前提下，一方面，政府的管理方式有如下变革：由直接干预和微观管理转变为间接干预和宏观管理；由控制型管理转变为服务型管理；由人治型管理转化为法治型管理。另一方面，学校也要进行相应的变革：明确学校的权利与义务、权力与责任；进行校本管理，体现"以基层为本的管理"；克服对政府的依赖，逐步提升办学自主权，增强学校专业性。

在这种宏观背景下，学校亟须加强与政府的关系管理。一方面，学校要认清自身与政府的关系，处理好与政府的教育行政对应关系；另一方面，学校要抓住教育体制变革的大背景，积极面对自身发展道路前的机遇和挑战，以期获得政府对自身发展的帮助和支持。

第二节　学校与政府的互动

一、与政府部门的信息沟通

知己知彼，百战不殆。学校要与政府建立良好的关系，就必须了解政府，这就离不开信息的交流和沟通。一方面，学校要随时关注政府部门的工作动态，熟悉教育主管部门的法律法规和政策通知等，注意其变化趋势；另一方面，学校也需要让政府了解自身的信息，应该将自身的发展动态及时呈报给教育主管部门，让其了解到自身发展过

---

① 褚宏启. 政府与学校的关系重构[J]. 教育科学研究，2004(1)：41-45.

程中遇到的问题和困难，并争取获得指导和帮助。

一般而言，"组织应向政府有关部门传达的信息有：组织的基本情况和发展变动；组织的经济地位和技术地位及其对社会发展的影响；组织缴纳的税金及承担的其他社会责任和义务；组织遵纪守法的情况；组织在执行政府计划过程中遇到的困难、发现的问题；组织需要政府部门在哪些方面提供帮助和支持等。"[1]类似地，公立中小学乡政府有关部门传达的信息大致包括：学校的基本情况和发展变动；学校的教育成果及其对社会发展的影响；学校建设所需要的财政经费及相应的义务；学校对有关部门规定工作的完成情况；学校正面临的困难和问题等。

就信息沟通的方式而言，学校同政府的信息沟通并不仅仅局限于开会、文件传递等形式，微博、微信、政府网站等都成为学校了解政府信息的渠道。这与当今社会科技的发展和进步是分不开的。学校要紧跟时代的步伐，积极利用新渠道，实现与政府信息交流的及时性、全面性和交互性。我国教育部网站（http：//www. moe. edu. cn/）就是一个典型的代表，它包含了工作活动、新闻发布、媒体聚焦、一线风采、教改动态、教育评论、重要文件、政策解读、专家答疑、征求意见等诸多栏目，学校可以从中挖掘出很多有价值的教育信息，归纳出教育方面的动态变化趋势，并根据其内容调整学校的发展步伐。

网站等新兴的信息沟通方式，相较于传统的纸质媒介传播，更加迅捷、简单、环保，信息量更加庞大，传播范围更加广阔。以教育部2015 年工作要点为例，教育部网站上旗帜鲜明地指出了 2015 年工作

---

[1]　周安华. 公共关系：理论、实务与技巧[M]. 北京：中国人民大学出版社，2002：121-122.

的五大要点：第一，深入学习宣传习近平总书记系列重要讲话精神，切实加强党的建设；第二，全面深化教育综合改革，推动基本实现教育现代化；第三，全面推进依法治教，引领、保障教育事业改革发展；第四，全面提高教育质量，促进各级各类教育内涵发展；第五，大力促进教育公平，逐步缩小区域、城乡、校际差距。①学校通过查看2015年工作要点，一方面可以深入认识2015年教育工作的整体规划，进而明确自身在2015年的重点工作和任务；另一方面还可以将2015年工作要点与以往工作要点相比较，得出工作要点的变化趋势及2015年工作的新突破点。然后联系学校实际发展状况，制订出相应的2015年学校教育工作要点。

二、与政府人员广为联系

任何组织都是由人构成的，人在其中发挥了重要的作用，政府也不例外。特别是在中国，学校要想与政府建立良好的关系，就必须与教育主管部门的工作人员打好交道。学校需要熟悉教育主管部门的内部层级、工作范围和办事程序等，与相关部门的工作人员建立良好的伙伴关系，从而减少"踢皮球"和"公文旅行"的现象，提高办事效率。

一般而言，学校人员与政府人员建立联系的渠道可以分为两种：正式联系和非正式联系。正式联系是指学校人员和政府人员因公事而开展的联系，学校人员和政府人员分别扮演着学校和政府工作人员的角色；非正式联系是指学校人员和政府人员在私下进行的个人之间的联系，学校人员和政府人员是摈除相应组织的工作人员角色后的独立

---

① 教育部 2015 年工作要点[EB/OL]. http：//www. moe. edu. cn/publicfiles/business/htmlfiles/moe/moe _ 164/201502/183971. html. 2015-06-07.

个体。需要注意的是，正式联系和非正式联系并不是相互割裂的，而是紧密结合、相辅相成的。学校人员在与政府人员进行联系时，不仅要在公事上进行正式联系，也要加强非正式联系。由于人的整体性的存在，学校人员与政府人员的非正式联系，也可以在一定程度上对公事交涉产生影响。

 **相关阅读**

北达资源中学的创办

1998 年以来，市、区两级反复强调，北京市开始进入申报示范性高中准备阶段，凡是有初中的学校都要对初中进行分离，或者取消初中部。北大附中如果想要成为北京市示范高中，就必须将教学质量名列前茅的初中部分离或者取消。

由于政策严格限定的原因，赵钰琳校长带领学校领导班子多次进行讨论，但一直没有找到两全其美的办法。有一天，赵钰琳校长偶然遇到一位××区教委负责人，把这个问题拿出来和负责人进行商量，负责人提出了建议："把初中改成民办机制的初中，这样北大附中就可以变成纯高中，也可以解决北大教工子弟入初中的问题，还可以通过收费解决经费紧张问题。"赵钰琳校长很受启发。

赵钰琳校长回到学校后，和领导班子讨论通过后，迅速成立了筹办民办中学的工作小组。最终，赵钰琳校长取得了北京大学领导的认可和支持，并与北大资源联合办学，创立了"北达资源中学"。三年下来，北达资源中学的教学质量得到社会认可，同时也保证了北大附中良好的生源和可观的经济回报。

资料来源：赵钰琳. 追求优质教育：我在北大附中当校长[M].北京：中国人民大学出版社，2010：186.

为了解决北大附中高中与初中的分离，赵钰琳校长多次和教委、教育局等工作人员联系，以期获得教育行政部门的支持。这个案例充分说明了学校公关人员积极、主动地与政府人员建立有效的、通畅的沟通渠道以及交流机制的重要性和必要性。

三、扩大组织在政府部门的信誉和影响

学校要争取到政府在人、财、物方面的支持，就必须扩大学校在政府部门的信誉和影响，让政府部门认识到学校的重要性。学校扩大在政府部门的信誉和影响，有直接和间接两种方式。第一，直接方式，即学校与政府直接联系，例如可以利用校庆等活动，邀请教育主管部门参加，在塑造学校良好形象的同时增进与教育主管部门人员的友谊；第二，间接方式，即以学校与政府外的其他组织为媒介，扩大学校在政府部门的影响。例如学校可以与媒体、公众人物、专家学者等保持密切的联系，获得社会的认可和支持，进而运用社会的力量争取教育主管部门的支持。

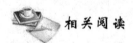 相关阅读

北大附中五十周年校庆

10月6日，北大附中彩旗招展，鲜花装扮的校园映着各届校友和恩师相见时的笑脸分外美丽。北大附中迎来了她的五十岁生日；北大附中的学子们纷纷返回母校，共同祝福母校生日快乐。

上午九时，在庄严的国歌声中，面对鲜艳的五星红旗，全体在场师生起立表达了对祖国61岁生日的祝福。随后，北大附中校长王铮

接过话筒，以主持人的身份采访了到场的北京大学常务副校长林建华，北大附中老校长刘美德、夏学之、赵钰琳、康健，以访谈的方式对附中一脉相承的教育教学理念、良性发展的育人模式进行了梳理。

张思明副校长则访谈了退休教师代表陈剑刚、吴祖兴、柳琪，在校教师代表于璇、李夏对北大附中教师的成长轨迹进行了回顾和总结。凤凰卫视主持人、附中校友陈晓楠则采访了几位校友代表，如饶戈平、李明、许小峰、缪杰等，对不同年代校友在附中的学习成长以及他们对附中的深厚感情进行了回望。

资料来源：北大附中 50 周年校庆 10 月 6 日隆重举行[EB/OL].
http：//edu. sina. com. cn/zhongkao/2010-10-06/1751269893. shtml.
2015-06-15.

北大附中以五十周年校庆为契机，一方面，邀请了政府部门的相关领导与行政人员参加，创造了与政府部门交流的机会，拉近了学校与政府部门的距离，扩大了学校在政府部门的影响力；另一方面，北大附中通过校庆活动在社会公众面前树立了良好的学校形象，获得了社会的认可和支持，扩大了学校在政府部门的信誉和影响。

四、获得政府的资源与支持

教育具有非物质生产性，这决定了教育本身无法创造物质财富。然而学校教育活动的开展离不开人、财、物的支持，所以，学校只能从外界获取资源投入。在我国，公立中小学的主要资源投入都来自政府。一般而言，学校所获得的来自政府的资源与支持，主要包括财政支持、社会和文化资源两大类。财政支持主要指教育行政部门对学校的人、财、物等方面的大力支持；社会和文化资源主要指学校通过政府而获得的官方教育项目、通过政府而获得的企事业投资、高校支持、专业机构支持等。

(一)财政支持

在我国，基础教育公办学校的财政支持来源主要依靠政府。政府的财政支持，是学校获得发展的基础保障和物质前提。如果没有足够的政府财政支持，学校的任何改革都必将是举步维艰。

一般而言，政府对教育的财政投入水平，取决于国家或地区的经济发展水平和经济实力。我国教育经费投入的主要来源是国家财政拨款，此外还有社会投资、受教育者家庭或个人投资等。中小学学校每年度收到的来自中央、地方各级财政或上级主管部门的财政预算内拨款，主要包括三大部分：第一，教育事业费，即"国家从中央财政预算中直接划拨给教育部门的用以维持和发展教育事业的经费"[1]，包括人员经费、公用经费等；第二，教育基本建设费，即被列入各级计划部门基建计划的、由建设银行限额拨款的基建财务拨款，包括建筑校舍费用、购置大型教学设备费用等；第三，其他经费，指除了教育事业费和教育基本建设费以外的其他财政性经费拨款，如专项拨款等。

其中，教育事业费基本上采用的都是"定员定额"方法。"所谓定员定额，就是按事业机构规模的大小或事业的需要，合理地确定其各种编制、房屋和设备标准，行政和业务费用开支额度，器材的储备

---

① 褚宏启，张新平. 教育管理学教程[M]. 北京：北京师范大学出版社，2013：487.

量。"①一般而言，教育事业费分为人员经费和公用经费两类，并分别制订相应的定额标准。而中小学的基建经费，则主要采取"基建预算＋基建补助"的方式。

2012 年，我国年度财政性教育经费支出总额超过 2 万亿元，首次占 GDP 比重达到 4%。国家对教育的整体投入提升至 GDP 的 4%，这对于公立中小学来说无疑是一大喜讯。虽然政府对教育的整体投入有所提升，但是区域之间、城乡之间和学校之间仍然存在一定的差距。实现教育公平，仍是教育工作的重点和难点。在这种大背景下，学校更要抓住机遇，发挥自身的优势，积极向政府争取财政支持，为自身的发展助力。

 **相关阅读**

山西垣曲县移民中学

移民初中是县委、县政府优先发展教育事业，建设教育强县而实施的一项重大民生工程；是我县有史以来一次性投入最多、设计标准最高、设施设备最为完善的学校。

移民初中占地 120 亩，建筑总面积 28893 平方米，工程总投资 1 亿多元。工程于 2010 年 4 月开工，2011 年 8 月投入使用。学校建有教学楼、实验楼、图书楼、办公楼、餐厅、学生公寓、阶梯教室等以及一个标准的 400 米塑胶操场；按照国家一类初中标准建设的教育教学设施设备一应俱全。2012 年，学校大力实施"六化"工程，投资 300 余万元，绿化面积 32000 平方米，占校园总面积的 40%；投资 50 万

---

① 褚宏启，张新平．教育管理学教程[M]．北京：北京师范大学出版社，2013：495-496.

元建设休闲文化长廊，既彰显中国传统建筑艺术魅力，又有利于孩子们放松身心、陶冶情操。目前，学校共有 34 个教学班，学生近 1700 名，教职工 130 人。

资料来源：笔者实地访谈资料。

注：山西垣曲县移民中学乃笔者调研合作的项目学校之一，笔者实地走访多次。

移民初中的建成使用有效解决了公司学校移交地方后初高中分离、小浪底水库移民及进城务工子女上学困难、城区学校班容量过大等一系列问题，标志着全县"十二五"教育重点工程城西学府苑建设又迈出了坚实一步。本着"设施一流、师资一流、管理一流、质量一流"的要求，学校全体师生正努力打造移民初中品牌，使之早日成为河东名校、三晋名校。①

移民初中的建立和发展，离不开政府的财政支持。这所设计标准最高、设施设备最为完善的学校，光鲜背后是政府对于学校建设的大量资金投入。尤其是学校硬件设施的配置，是以雄厚的资金支持为基础的。硬件之于学校，就像身体之于人，人只有身体强壮才能实现更高的价值追求，学校只有硬件设施完善才能更好地发展文化和德行，实现教育人、发展人的最终目的。

---

① 垣曲县移民初中简介［EB/OL］．http：//www. yuanqu. gov. cn/show－article－1203. html. 2015-06-07.

相关阅读

苓洲国小腰鼓阵和环境美化

从 1997 年成立至今，腰鼓阵的每一次表演都同样震撼人心。苓洲国小的腰鼓队在传统腰鼓舞蹈中融入创意抽象的高雄意念，经过不断的发展和完善，最终使得苓洲腰鼓成为一个具有浓厚高雄味的当地腰鼓。这支队伍经常应邀参加地方文物展演，每年的高雄灯会和国际活动展演中也常常看到腰鼓队的风姿。不得不说，苓洲腰鼓已然成为高雄的特色之一。

也正是这样一支代表高雄地区民族特色艺术的小学腰鼓队，多年来通过参与义演和筹款捐赠活动等，获得了政府部门的各种捐赠，解决了苓洲国小因遭受多年自然灾害而破坏的校园环境改善问题。其中争取到的经费有：教育部校园无障碍设施改善经费 35 万元、工务局社区通学道专案 200 多万元、行政院扩大公共建设方案 145 万元、艺术与人文列车专款 15 万元等。

资料来源：陈世聪，等著. 学校公共关系[M]. 台北：五南图书出版股份有限公司，2007：122-125.

苓洲国小与政府之间的互动是显而易见的。近二十年来，苓洲国小对腰鼓阵不断发展和完善，成就了一个具有独特高雄味道的腰鼓阵，已然成为高雄的一种文化符号。而苓洲国小的腰鼓阵凭借高超的表演技术和社会上的良好声誉，多次到总统府等政府部门进行表演，最终扩大了学校在政府的信誉和影响，为学校争取到政府的财政支持、社会和文化资源支持奠定了基础。在校园美化的案例中，为改善

被自然灾害破坏的校园环境，苓洲国小申请了多方的资金支持，积累了大量的经费，最终实现了校园环境改善的传奇。

（二）社会和文化资源

学校想要获得长远的发展，仅仅有政府的财政支持是远远不够的。除了财政支持以外，政府对学校在社会和文化方面的资源支持，也是促进学校发展的重要因素。通过政府这一渠道获得更多的社会和文化资源支持，不仅弥补了政府对公立学校财政支持的不足，也从文化和社会资源的角度间接地促进了学校各方面的发展。尤其是近年来经由政府这个桥梁而引进的一些重大国际援助及贷款项目，如中英西南基础教育项目就是学校经由政府获得资金支持、社会和文化资源支持的典型案例之一。由英国国际发展部捐赠、世界银行贷款的一系列国际援助项目：中英甘肃基础教育项目一期和二期、中英西南基础教育项目等，均是由我国教育部牵头、第三方社会组织作为媒介（英国莫特麦克唐纳咨询有限公司）而达成的近年来最有影响力的、有史以来规模最大的国际教育援助项目。此外还有很多其他的国际组织支援和合作项目，都彰显了政府部门在争取社会资源、引进先进文化理念及管理经验等方面发挥着举足轻重的作用。

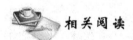 相关阅读

中英西南基础教育项目

中英西南基础教育项目于 2006 年 9 月启动，至 2011 年 3 月结束，涉及中国西南地区的广西、贵州、云南、四川四个省（区）27 个贫困县，是新中国成立以来中国政府与外国政府合作开展最大的教育项目。项目旨在帮助弱势儿童特别是初中阶段的女童公平接受九年义

务教育；通过提高教师发展系统的能力，改善教与学的效果；学校管理系统得到改善，提高最弱势儿童的福利；改进监测与评估能力，以促进教育政策和活动更好地惠及处境最不利女童和男童；教育系统的能力得到提高，满足最弱势儿童的需要。预算总金额为2700万英镑，其中约660万英镑用于为初中学生提供助学金，我国政府提供约200万英镑的政府配套资金，最终惠及166.8万名学龄儿童。

资料来源：张莺. 广西中英西南基础教育项目完工，20余万学生受益［EB/OL］.http：//news.163.com/11/0307/17/6UIE0BVD00014JB5.html. 2015-06-07.

成长在北京海淀的英国学校发展计划项目

2005年年初，经过北京教育科学研究院、英国剑桥教育集团、北京市海淀区教委三方的研讨协商，北京市海淀区教委正式引进了英国学校发展计划项目(简称"中英项目")。为期三年的一期项目选取了12所中小学开展实践探索，项目强调全员参与，强调自下而上，强调共同发展愿景和学校发展目标，强调集体认同。这些思想理念逐步渗透在学校管理的方方面面，促进了管理创新，学校在不同程度上得以发展。

2009年1月，北京市海淀区教委与英国剑桥教育集团签订了"海淀区中英学校发展计划二期项目"，选取了18所中小学进行实践，实现项目两个阶段之间的无缝隙衔接。

资料来源：成长在北京海淀的英国学校发展计划项目[J]. 人民教育，2012(7)：1-2.

参与英国学校发展计划一期项目和二期项目的 30 所中小学，都是以北京市海淀区教委为桥梁，获得北京教育科学研究院和英国剑桥教育集团的支持。这些社会和文化资源方面的支持，已经不仅仅局限在硬件设施的改善上，而是侧重于对学校管理理念的引导和塑造，例如全员参与、自下而上、共同发展愿景和学校发展目标、集体认同等，这对于学校的发展是非常重要且必要的。

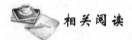 相关阅读

宁夏农村小学教师英语教师速成培训

2005 年 9 月，由福特教育基金资助，华南师大教科院与宁夏高师培训中心合作开展的"宁夏农村小学教师英语教师速成培训"课题项目如期启动，从而填补了宁夏贫困地区小学英语教学的空白，也为我国广大农村探索出了一条高效的小学英语师资培训之路。

福特基金教育项目"农村小学教师英语速成培训班"结合"义教工程"项目在我区实施 3 年来，已为我区农村、特别是宁南山区培养出505 名合格的农村小学英语教师，为缩小全区城乡教育差距、促进基础教育均衡发展做出了积极贡献。

资料来源：福特基金教育项目为宁夏培养农村小学英语教师 505 名 [EB/OL]. http：//www.edu.cn/jioo＿yu＿ren＿cai＿zi＿xun＿52/20071122/t200722＿266804. shtml. 2015-06-22.

福特教育基金会是目前在我国影响力最大、资助范围最广的国际组织之一，"宁夏农村小学教师英语教师速成培训"项目正是在宁夏高师培训中心与华南师大教科院的多方协同努力下而达成的。该项目培

养了大批优秀的农村小学英语教师，弥补了农村地区小学英语教学的空白，一方面缩小了城乡教育差距，另一方面也探索出了一条高校的小学英语师资培训之路。

第三节　国际经验分享

一、英国：公立自治学校

2010 年，英国卡梅伦政府上台。为解决基础教育领域中的诸多现实问题，如偏远地区学生入学困难、教学方式单一等，英国政府试图通过强化中小学办学自主权来提高中小学教学质量。而扩大中小学办学自主权，正是这届政府基础教育改革的重要议题之一。

扩大中小学办学自主权的理论基础是新自由主义。新自由主义认为，市场调节是最优、最完善的机制。[①] 而卡梅伦政府认为新自由主义同样适用于教育领域，故而提倡学校办学的自主化和市场化。

卡梅伦政府的公立自治学校的创建灵感来自 2002 年布莱尔执政期间的"旧"公立自治学校。为了改善教育质量低下、教育不均衡等问题，布莱尔政府建立了这类"旧"公立自治学校。它们不受地方政府的管制，教育经费由政府直接拨款，享有自主经营和管理的权力，并取得了较好的成果。卡梅伦政府上台之后，沿用并发展了这一政策，于 2010 年 3 月出台了《2010 公立自治学校法》(*Academies Act* 2010)，要求在全国范围内建立公立自治学校。该类学校的财政经费由政府公共财政负担，改变了以往地方政府自主管理的模式。相较于"旧"公立自

---

① 贺武华. 新自由主义主导下的学校重建研究[M]. 北京：光明日报出版社，2008：69.

治学校，卡梅伦政府建立的公立自治学校的自主权更广泛、自主程度更深。

目前，公立自治学校建设运动已成为英国中小学改革的大趋势。公立自治学校的最大特点——办学自主权的扩大——具体可以表现为以下三点：第一，课程和教学自主，即公立自治学校可以根据学生兴趣、学校特色、办学理念等自主开展课程和教学，甚至可以改变教学时间安排；第二，人事管理自主，即公立自治学校不会受到政府的控制，在教职工聘任、选拔、培养以及教师人数方面具有自主权；第三，财政和资源自主，即公立自治学校可以在公开透明的原则下自主支配学校经费等。①

英国公立自治学校改革实施以来，已经取得不少成果。据政府发布的《公立自治学校 2010—2011 年度报告》(Academies Act 2010—2011)显示，75 所受抽查的公立自治学校中有 40 所被认定已经或正在为学生提供优质的教学服务，只有 4 所被裁定为不达标。被认为教育质量良好或突出的公立自治学校数与其他表现突出的学校数不相上下；表现极为突出的公立自治学校数却超出其他表现突出学校数 20%。②

这种扩大办学自主权的学校改革方式，对于当下我们处理学校与政府的关系具有一定的借鉴意义。当今中国基础教育领域的主要问题之一，是学校长期缺乏课程设置、教师聘用、财政支配等方面的自主

① 袁益红. 提升中小学办学自主权的实践——英国公立自治学校建设运动解读 [J]. 世界教育信息，2013(11)：41-45.

② Academies Annual Report 2010/11. [EB/OL]. https://www.gov.uk/government/publications/academies-annual-report-201011. 2015-06-15.

权。《国家中长期教育改革和发展规划纲要（2010—2020 年）》旗帜鲜明地指出，"落实和扩大学校办学自主权。政府及其部门要树立服务意识，改进管理方式，完善监管机制，减少和规范对学校的行政审批事项，依法保障学校充分行使办学自主权和承担相应责任"，也进一步印证了扩大学校办学自主权的必要性和迫切性。而英国公立自治学校改革的突出特点，正是学校办学自主权的提升。因此，英国公立自治学校运动的经验可以为我国的中小学改革提供借鉴和参考。具体而言，教育行政部门如何放权、学校如何实行办学自主权等实际操作问题，或许都可以从英国的公立自治学校中获得启迪。

二、韩国和日本：政校关系

21 世纪以来，韩国和日本在学校与政府关系方面也有不少改进措施。

过去，韩国教育为了追求一致性、逃避风险，严重阻碍了学校独特性和自主权的发展。21 世纪以后，为了尽可能消除外界对学校过多的限制，韩国实行了一系列配套的政策措施："首先，政府部门提供法律支持使学校可以拥有和其他教育行政组织平等的地位，重新定义中央教育行政部门，地方教育办公厅以及学校之间构建友谊的关系；其次，如果具备条件，公立学校可以把自己转为独立性学校（independent-type）；再次，加强学校监督委员会的功能，防止学校出现独裁现象和预防腐败；最后，对学校的管理水平和教学质量的评估应该委托给专业评价机构，辅助学校提高教育质量。"[①]

---

① 刘雪. 日本、韩国政—校关系变革的研究[D]. 上海：华东师范大学，2007：27-31.

　　与此同时，韩国学校内部也进行了相应的调整。学校实行校本管理，建立学校责任系统和校本财政系统，对自身的目标负责。学校办学自主权扩大的具体表现为：学校有权利自主制订课程、聘用教师、编制教材、制订计划并进行财政预算等；教师有权利自行选择教材并进行组织，摆脱消极的传授课本内容的教书匠角色。

　　与韩国类似，日本为扩大学校自主权，于 2001 年修订了《学校管理条例》，并在其中指出，"学校有义务向教委提交关于学校教育的有关报告，但是不需要像以前必须得到教委的承认和批准"①。此外，日本学校在人事方面、财政方面的权利也有相应的扩大。

　　总之，韩国和日本的学校与政府关系的变革，主要分为两方面：第一，学校外部，一方面教育行政部门对学校进行放权，包括人事权力、财政权力等，另一方面学校的公开性有所提升，家长、社区等学校外界公众也参与到学校的管理、评价等工作中来；第二，学校内部，学校自治结构逐步完善，例如校本管理等。韩国和日本扩大学校自主权的变革方式，也可以为我国基础教育领域的政校关系改革提供借鉴。

三、美国："特许学校"当今发展

　　20 世纪 90 年代，美国特许学校广受关注，一度成为教育改革领域中的热点话题。所谓特许学校，"是一种新型公立学校，主要由公共教育经费支持，由教师团体、社区组织、企业集团或教师个人申请

---

　　① 刘雪. 日本、韩国政—校关系变革的研究[D]. 上海：华东师范大学，2007：20-23.

开办并管理，在相当程度上独立于学区的领导和管理"①。其创办的理论基础是高绩效理论。在高绩效理论中，授权是核心，教育行政当局仅控制标准和结果，而至于做什么、怎样做等则由地方学校决定。

1992年，美国明尼苏达州的一位教师创办了第一所真正的特许学校，此后特许学校的数量一直上升，到1999年已经有1500所。美国为了实现"每一个州都应该给家长为其子女选择合理的公立学校的权利"，拨出专款资助特许学校的创办。

"从4300所特许学校的开办来看，涌现了很多成功的案例，例如，在纽黑文的特德学院（Amistad Academy），这里的中学生约84％来自低收入家庭，但他们在阅读和数学方面的平均测试分数均优于康涅狄格州的学生，有80％～85％的学生通过了测试。② 2006－2007学年，在布朗克斯的埃坎卡尔（Carl C. lcahn）特许学校中，所有的三、四年级的学生（90％的学生来自低收入家庭）都通过了州数学测试，与三年级61％和四年级52％的州平均通过率相比较，他们的成绩都高于州的平均水平。③同样在2006—2007学年，在几个州——包括田纳西州、马萨诸塞州、阿拉斯加、爱达荷、罗得岛州、犹他州——70％来自低收入家庭的特许学校学生在阅读方面的成绩都高于全州来自低收入家庭的孩子。这些学校证明，高标准和强烈的绩效管理使那些在传统的公立学校中学业失败的孩子取得了好的成绩。尽管特许学校只占公立学校的约4％，但在2008年的新周刊评选的百所中学排行中，

① 赵中建. 今日美国特许学校[J]. 教育发展研究，2000(7)：69-71.

②③　U. S. Department of Education. K-8 Charter Schools: Closing the Achievement Gap［EB/OL］．http：//www2. ed. gov/admins/comm/choice/charterk-8/index. html. 2015-06-18.

就有 13 所特许学校榜上有名。"①

特许学校运动的成果是值得肯定的。第一，特许学校提高了学生的学习成绩和出勤率，并改善了学生的学习态度；第二，特许学校激发了学校与学校、学区与学区之间的竞争，而这种竞争又促使了教育整体水平的提升；第三，特许学校提高了家长对教育的参与度，增加了所有家庭选择学校的机会，尤其是中低收入的家庭。

而目前，特许学校的发展趋势正转向"质量"。黑人教育选择联盟主席杰拉德·罗宾逊指出，"十年前，特许学校用的是'创新'一词，我们关注的是它作为一种新型的教育组织；两三年前，特许学校运动关注的是'绩效'问题；而现在，我们则要转向'质量'，提高特许学校整体的办学质量，开办高水平的特许学校，同时关闭那些表现欠佳者"。②

虽然特许学校取得了相当的成绩，也产生了一批优质的学校，例如埃坎卡尔学校、特德学院等，但是也有一些学校存在质量问题。因此，为提升特许学校的整体办学质量，一方面要创办新的高质量的特许学校，另一方面也要关闭表现欠佳的特许学校。

四、借鉴

(一)学校外部变革：制度支持是基础

学校要扩大办学自主权，制度支持是基础。一方面，只有良好的外在制度支持，学校内部管理变革才能具有合法性与合理性，才能有

---

①② 黄海刚，范大勇. 公平而卓越：美国特许学校运动的新趋势[J]. 外国中小学教育，2009(9)：13-18.

法可依；另一方面，外在支持制度可以为学校内部变革指引方向。

第一，重新定义政校关系。要正确处理学校和政府的关系，首先要从制度层面对政校关系进行科学合理的界定，明确双方的义务和责任，进而指导学校与政府关系管理的实践。

第二，制度上尽可能地消除对学校的过多限制。为扩大学校的办学自主权，增加学校变革的活力，政府必然要在制度层面尽可能地消除对学校的过多限制。只有在制度层面给学校松绑，学校才敢于创新、勇于变革。

第三，开办特殊学校。在英国、韩国和日本的扩大办学自主权的实践中，政府都有为一类特殊学校开辟"绿色通道"。这类特殊学校，比其他学校的自主权更广泛、自主程度更深，并且有相应的配套制度。它们无疑是扩大学校自主权变革中的领头羊。

(二)学校内部变革：多方面自主，形成学校特色

在制度支持的基础上，学校内部也要进行相应的变革。只有在学校内部进行深度变革，才能真正将扩大自主权落实到办学管理实践。学校在进行内部变革时，要将扩大自主权落实到学校管理的方方面面，并在变革过程中形成学校特色。

第一，学校内部管理实现多方面自主，主要有财政和资源自主、人事管理自主、课程和教学自主。财政和资源自主，是指学校遵循公开透明的原则自主支配学校经费和资源等；人事管理自主，是指政府不再控制学校的人事，而是由学校自主管理与"人"相关的事务，如教师的聘任和培养、教师人数控制等；课程和教学自主，是指学校可以自主组织教学活动，如安排课程、选择教材、开展教学等。

第二，学校在变革过程中要形成学校特色。学校特色是一所学校的突出、特别之处，是使自身与其他学校相区分的关键特征。处理政校关系时，学校可以凭借自身特色在众多学校中占据优势，从而获得政府部门的大力支持。

第九章　学校与社会教育机构

第一节　认识社会教育机构

本文当中涉及的教育机构类型主要分为两类：教育科研机构、教育培训(辅导)机构。

一、教育科研机构

教育科研机构，包括地方教科研部门、教育研究院、高校教育研究所、教育研修(培训)机构等，其中地方教科研部门、教育研究院、高校教育研究所等主要从事教育科研活动，开发教育教学科学研究的先进理论成果；而教育研修(培训)机构等除了服务地区与领域内的相关科研活动外，主要负责教师、教育管理人员等的在职培训及研修工作，在我国教育研修(培训)机构主要分为三类：一是教育行政部门的附属机构，包含独立设置的教育学院；二是高等院校特别是师范院校设置的教师培训机构；三是民办私立中小学教师培训机构等。《国家中长期教育改革和发展规划纲要(2010-2020 年)》中对教师继续教育工作做出了明确的规定:"完善培养培训体系,做好培养培训规划,优化队伍结构,提高教师专业水平和教学能力。通过研修培训、学术交流、项目资助等方式,培养教育教学骨干、'双师型'教师、学术带头人和校长,造就一批教学名师和学科领军人才。"改革开放以来,我国教育科学研究发展迅速,在理论上已经形成了适应国家基础教育、有利于人才培养的完整体系。教育科研事业和教育科研机构经过不断地进步和发展,在培养教师、指导教育教学实践和助推教育教学质量的提升等方面,已经具有不可替代的作用。

二、教育培训机构

教育培训(辅导)机构,本文主要指社会性、商业营利性组织,如各种补习教育、"影子教育"都是其典型代表,它伴随着主流教育系统的存在而存在,规模和模式随主流系统变化而变化[1],其主要类型有语言类、文体类、文化补习类、兴趣特长类、考证晋级类[2]等。随着教育的不断发展,学业竞争越发激烈,"不能输在起跑线上"的思维让人们对于教育"质"的要求不断提高,加上教育资源不均衡与人们对于优质教育资源的需求之间的矛盾短时间内难以解决,教育培训(辅导)机构就成为优质教育资源的补充,"辅导班"的市场也是一片火热。比较具有代表性的社会教育培训机构有新东方教育集团、学大教育、学

---

① 陈晓陆.冲突与合作:辅导机构与学校的关系研究[D].南京:南京师范大学教育科学学院,2014:1.

② 尹雪梅,王飞.规范社会培训机构管理的思考[J].吉林省教育学院学报,2014(11):124-127.

而思教育等。这些管理规范、发展健康且各具特色的教育培训（辅导）机构，相比于学校拥有更为优质的教育资源和更为先进的办学理念，除在课外满足学生更高、更多样的教育需求外，还能通过与学校的合作，帮助学校提升办学水平，提高教学质量。

因而，建立教育科研机构、教育培训机构和学校之间的横向沟通机制，对于促进学校自身发展而言，具有重要的意义。

第二节　学校与教育机构的关系

总的来说，学校与教育机构的关系大致可以总结为两个关键词：合作与冲突。由于教育机构所拥有的优质教育资源可以在提升学校办学质量、提高教师专业化水平等方面起到积极的推动作用，同时学校也能够为教育机构提供完善其自身发展的素材和资源，因此，建立合作关系，实现资源共享和互利共赢，是学校和教育机构关系发展的明智之举。然而，学校与教育机构之间的关系并不总是令人乐观的，冲突有时也是在所难免，这一现象主要体现在学校与教育培训（辅导）机构的关系上。由于教育培训（辅导）机构遵循"市场逻辑"，而学校遵循"计划逻辑"，导致在满足个性化需求层面，学校处于一定的劣势地位，加上学校教育资源的分配不均，人们会对优质资源进行择选，一些人会因此失去利用学校的资源优势而转向学校之外更加优质的资源寻求，导致学校和教育机构之间出现了资源、功名等方面的争夺，产生冲突关系。在本节当中，将就学校与教育机构的两种关系形态展开具体论述。

一、合作

通过第一部分的类型描述也可以看出，各类教育机构对于学校的发展具有重要的意义。对于学校而言，与教育机构开展合作，充分利用教育机构的资源促进自身发展，也显得尤为关键。

(一)合作意义

1. 对学校：共享优质教育资源，提高生源教学质量

与教育机构进行合作，有利于学校享受到来自教育机构的优质教育资源，提升其自身生源和教学质量。这种资源共享体现在"软件"和"硬件"两个方面。"软件"方面，学校能够充分利用教育机构的师资力量和先进理念来促进自身发展，例如，学校可以邀请教育培训（辅导）机构的教师走上讲台，调动学生学习积极性，更新自身教学理念；可以得到来自教师培训机构和教育科研机构的专家的指导，推动教学、管理、办学理念等方面的与时俱进和科学发展；可以接触来自各类教育机构的先进理念和教学模式，帮助学校突破固化思维，探索灵活的、受学生欢迎的教学方式；等等。"硬件"方面，教育机构的一些优质的教育硬件资源，例如电子信息平台、优质教材等，也能够与学校共享，促进学校教学水平的全方位提高。

2. 对教师：专业化水平提高

教育培训（辅导）机构优质师资的交流以及培训讲座、教师培训机构的专业化培训以及教育科研机构专业化理论的指导，能够帮助教师提升专业化程度，增强教师教学水平，进而提升学校的教学质量和办学水平。

3. 对学生：以低成本享受优质的教育资源

教育资源的不均衡与人们对优质教育资源的需求之间的矛盾，使得教育培训（辅导）机构的费用始终居高不下。而学校与教育培训机构开展合作，则可以很大程度上减轻学生的负担，让学生有机会接触到原本只有高价才能接触到的优质教育资源。例如，在南京十二中与新东方的合作项目中，学生在校学习新东方课程的费用全部由学校承担，这无疑是学生的福音。

4. 对教育机构：合作共赢

学校与教育机构合作不是学校单方获益的过程，而是双方共赢的过程，在合作的过程中，教育机构也能实现其自身的进一步发展。一方面，教育机构通过与学校的合作，能够扩大自身影响力，提高知名度，促进自身生源的扩大和口碑的提升[主要针对教育培训（辅导）机构]；另一方面，教育机构能够从学校得到一线的教育教学信息与反馈，对于增强教育科研的实践性、实现教育理论水平的进一步提升，具有积极作用（主要针对教育科研机构）。正如《教育科研机构与基础教育教研横向沟通机制的构建》一文中提到的那样，"如果将教育科研机构比作开发商的话，那么基层学校就是它的客户；教育科研机构先进的教育教学科研成果如同新的软件程序，必须在基础教育这个客户端得到应用与检验，否则它就失去了市场价值和存在的意义"。

(二)合作形式与领域

1. 与教育科研机构的合作

教育科研机构（特别是高校）拥有大量的专家资源，涵盖了基础教育的方方面面，可以从办学理念、课程建设、文化建设、管理方式等方面给予学校有力的支持[1]。同时教育科研机构以教育教学研究为主业，教师培训和研究项目众多，能够全方位、广覆盖地帮助学校提升办学水平。其在学校发展过程当中能够为学校提供的帮助包括如下方面。

---

[1] 安京京. 丰台区携手 5 大教科研机构创优质校[N]. 北京考试报，2015-03-04.

(1)提供资源平台

教育科研机构会设立一些资源平台，为学校发展提供各种服务，而学校可主动利用这些平台，解决自身发展过程当中存在的问题。2010年3月，中央教科所成立特色高中项目秘书处，开设了"宏观政策解读、课题研究指导、课题研究进展、课题阶段成果、信息公告"等栏目，为各学校提供交流平台。目前有近200多所学校选择参与了不同项目①。而一些定期的专题性活动也值得学校重视。中央教科所在2014年暑假期间在北仑区开展教育信息化专题系列培训项目，就教育信息化发展前沿对全区中小学校干部教师进行针对性培训，推动了北仑区智慧教育战略的深入实施②。对于此类向各学校开放的资源和提供的服务，学校应主动把握，结合自身状况，通过获取自身所需的资源，实现长远发展。

(2)开展点对点合作

通过签订协议，开展点对点的合作，是学校与教育科研机构合作的一种重要的形式。丰台区就先后与北京师范大学、中国教育科学研究院、首都师范大学、北京教育科学研究院、北京教育学院、清华大学附属中学等携手合作办学，提升了基础教育水平。首都师范大学成立了"学术指导专家委员会"，对合作学校的发展提供整体咨询指导③。这无疑为学校的发展提供了巨大的智力支持和资源保障。

(3)牵头课题项目

教育科研机构会定期组织一些课题项目的研究，而学校可以通过

---

① 见 http：//www.nies.net.cn/ky/syq/szns/gzdt/201504/t20150422_319198.html
② 见 http：//www.nies.net.cn/ky/sjjd/bl/bl_gzjb/201407/t20140710_315525.htm
③ 安京京.丰台区携手5大教科研机构创优质校[N].北京考试报，2015-03-04.

参与由教育科研机构牵头的课题项目，提高自身科研水平。北京师范大学南山附小于 2015 年 4 月 14 日组织了广东省教育研究院及深圳市南山区科技局共四项课题的开题会，其中包括广东省教育研究院完成立项课题《九年一贯制学校课程衔接的行动研究》，南山附小将利用自身办学体制和办学理念上的独特优势，完成课题研究。这不仅对于学校提升自身科研水平有所裨益，对教育科研机构获取一线教育信息，进一步了解学校现状，从而开展更多更有效的科研活动，也具有积极意义。

(4)开展教师培训

与教师培训机构的合作，也将对教师教学水平、教师专业化程度的提高产生积极作用。例如，2014 年 5 月，北京科技大学附属中学与海淀区教师进修学校签约，区进修学校将派副教授以上级别的教研员到校任教，指导语文、数学、外语等学科教学工作；开展校本研修，以项目实验、课题研究等方式提升学校科研水平；以传帮带、师带徒等方式培养学科骨干教师[1]。

2. 与教育培训(辅导)机构的合作

教育培训(辅导)机构拥有优势的教育资源和独特的办学理念，可与学校教育形成互补，在合作当中帮助学校提升办学水平、提高教学质量。学校可主动寻求与教育培训(辅导)机构之间的合作，为自身的发展注入新的活力。

(1)参与课程建设

教育培训(辅导)机构能够利用自身的师资力量和教学条件，在学

---

[1]　王一. 北科大附中与教师进修学校签署战略合作协议. 北京小升初网，2014-08-28.

校开设课程，提高学校的课程质量，而学校可通过签订协议的方式，与教育培训（辅导）机构展开合作。

在南京，新东方与南京第十二中学的合作就是这方面的典范。在新东方的帮助下，南京十二中成立"新东方精品班"（英语特色），实行小班教学，使得每一个学生都能够得到关注，师生互动、生生互动的理想状态成为常态，同时"一对一"的辅导让教学更具针对性和长效性。此外，南京十二中还定期邀请新东方金牌老师到校讲课，有计划地开设"走名高"系列课程及讲座等，并在国家规定课程之外开设新东方特色课程。南京十二中在这个过程中受益良多，不仅借助新东方的优质资源打造了本校的英语特色，建立了学校品牌，同时还提高了教学质量，使该校的高考成绩节节攀升，始终居于全市前列，其英语教学成果更是受到家长和学生的一致好评。

北京也有类似的案例。好未来在 2014 年 10 月与北京市海淀区羊坊店第五小学、亮甲店小学、育鹰小学、第四实验小学、培英小学、定慧里小学 6 所学校签署了小学英语（课程）学科教学合作协议，以北京市最新版小学英语教材为基础配合公立学校完成课本教学任务，而隶属于好未来学而思的乐加乐英语也以优质的师资能力和教学水平备受学生家长认可[1]，对于提升学校英语教学质量、真实提高学生的英语学习水平，起到了积极的促进作用。

这样的合作案例还有很多，且课程和合作内容不局限于文化课的教授，如延庆区引入北京昌汇美术培训中心优秀教师为该县高二年级美术生进行专业辅导[2]，提升美术生的专业能力，便是多元化利用教

---

① 凡塔.好未来与 6 所小学签约，开启均衡教育.搜狐教育，2014-10-27.
② 张静文.民办教师走上公办学校讲台[N].新京报，2014-12-24.

育培训机构的体现。

(2)开展教师培训

教育培训(辅导)机构能够为学校教师带来帮助。2012 年 8 月,新东方优能学校与延庆县的中小学展开合作,对延庆县的中小学教师开展了一系列学科培训,培训的主要形式包括对教师和研训员的培训、对教师的学科专题讲座等,培训内容以新东方擅长的英语学科为主,覆盖其他学科。而延庆县的高考成绩也因此得到了提升,其中以英语成绩为甚,从低于市平均分 2.22 分提升到高于市平均分 1.15 分[①]。开展教师培训方面的合作对于教师教学质量的提升作用是显而易见的。

(3)共享硬件资源

有些教育培训(辅导)机构在一些学习平台的建设、教材的开发等方面有其独特的优势,而学校可以通过合作来寻求这些优质硬件资源的共享。学大教育 CEO 金鑫就表示,除了对合作的初中、小学教师进行通识性课程培训,对小学教师进行全科课程培训外,学大还计划推出 e 学大校园平台,根据我国中小学校内实际教学情况及学生学习习惯,定制 e 学大公益版,以期能够推动校内与社会优质教学资源的有效融合,推进教育信息化的进一步发展[②]。学校利用这些已经较为成熟的教学资源,能够改善教学模式,提高教学效率,从而进一步提高学校的教学质量。

(4)参与课后及社团活动

教育培训(辅导)机构参与学校办学,其作用不仅体现在学科教学

---

① ②　张静文.民办教师走上公办学校讲台[N].新京报,2014-12-24.

上，而是涉及教学改革的方方面面。例如，好未来在与 6 所学校的合作协议里指出，"参与学校组织的课后活动或社团活动"①，全方位参与到学校的日常运作中来，在丰富学生课余生活、提高学生综合素质方面，也起到了积极作用。而公益性讲座、国际交流项目、小语种课程等，则是代表性活动。

二、冲突

学校与教育机构的冲突主要体现在与教育培训（辅导）机构的冲突上，具体表现为"资源之争""功名之斗""秩序之乱"②。"资源之争"主要体现在教育培训机构对于主流学校师资的占用，它们以优良的工作环境、高额的工资和较之学校更为自由的施展空间，吸引学校中的优质教师兼职甚至跳槽，造成了主流学校的师资流失。"功名之争"主要体现在以"成绩"说事，宣扬自身的教学质量，尤其当社会大众对主流教育质量持有怀疑态度时，对学校产生了不小的冲击。而"秩序之乱"则是指，有些教师在教育机构兼职后，知识只在课外讲，没有进行课外"加餐"的学生，就没有机会听到这些知识的讲解。

由以上描述可见，学校与教育机构间的冲突，均属于二者之间的对立关系。要想真正解决这样的冲突，积极寻求合作、实现互利共赢，才是正确之道。

---

① 张静文. 民办教师走上公办学校讲台[N]. 新京报，2014-12-24.
② 陈晓陆. 冲突与合作：辅导机构与学校的关系研究[D]. 南京：南京师范大学，2014：40-47.

第三节　国际经验借鉴

20世纪初,"教育科学化运动"①(the Movement in Education Science)兴起,促使教师开始运用科学的方法解决教育问题,人们也逐渐重视教师的科研能力,特别是20世纪50年代,美国教育家斯腾豪斯呼吁"教师成为研究者"以后,各国教育界对教师的职能重新加以确定,认为教师不仅是知识"搬运工",更是最伟大的理论家和研究者。由此,在各国政府的支持下,教育科研机构开始对中小学进行科研支持,而中小学也积极寻求与教育科研机构之间的发展,以此来提升自身的教学质量。

一、倡导教师参加科研

(一)美国:"2061计划"

1985年,由美国"科学促进协会"制订《普及科学——美国2061计划》,该计划希望从1985年哈雷彗星接近地球到2061年再次接近地球时,能使美国科技教育达到世界最高水平,确保美国科技超级大国的地位,这项计划覆盖全美范围内的从幼儿园到高中阶段的科学教育改革,"它是美国进行科学教育改革的主要项目,也是一个最早由中小学教师、大学教师和中小学家长共同参与的校改项目。"②作为实施该计划的一个措施,美国科学家委员会编著了《科学普及资源》(Resource for Science Literacy)、《科学普及设计》(Design for Science

---

① 参阅张济洲,刘淑芹.发达国家中小学教育科研改革的举措与经验[J].外国中小学教育,2006(3).(有改动)

② 高红梅.美国2061计划简介[J].中小学管理,1997(10).

Literacy)等教材，帮助教师提高自己的科学素质，指导教师专业发展和进行课程改革等；2002 年美国通过了 35 年来联邦政府教育政策最为重大的改革：《不让一个孩子掉队法案》，与此相应，美国教育部公布 2002—2007 年的教育部战略目标，其中战略目标二规定，"支持教师在基于研究的教学工作中获得专业发展""关注于基于研究的教学实践""为新教师开展基于研究的引导和咨询项目"①。

(二)日、英、俄等：颁布法案呼吁教育科研

20 世纪 70 年代，日本教育界针对中小学教学方法的死板，教师满足单纯的传授书本知识，忽视教育科研的弊病，呼吁中小学重视教育研究。为此，日本《教育公务员特别法》明确规定："教育公务员为完成其职责，必须不断地进行教育研究和提高修养"。2000 年，日本内阁总理大臣在"教育改革国民会议"通过 21 世纪教育新生计划，强调"加强对教育研究能力欠缺教师的严格管理(使之离开讲坛)"②。英国在 2002 年教育法中，也对教师的教育研究提出要求，规定合格的教师必须"参与或完成制定的教学研究项目或培训课程。"③苏联教育科学院院长 M.N. 康达科夫也认为，千百万中小学教师是补充教育家和学者队伍的重要源泉。中小学教师的教育科研是整个教育科学事业的一个重要组成部分，俄罗斯联邦教育部在《2000—2005 年俄罗斯联邦教育发展纲要》中，要求政府加强对中小学教师教育研究的鼓励和支

---

① 国家教育发展研究中心. 发达国家教育改革的动向和趋势(第七集)[M]. 北京：人民教育出版社，2004：36.

② 国家教育发展研究中心. 发达国家教育改革的动向和趋势(第七集)[M]. 北京：人民教育出版社，2004：378.

③ 国家教育发展研究中心. 发达国家教育改革的动向和趋势(第七集)[M]. 北京：人民教育出版社，2004：171.

持，提高俄罗斯国民教育系统的国际威望①。

二、加强与教育科研机构的合作

(一)美国：大学与中小学合作建立教师专业发展学校

20 世纪 80 年代以后，"教师专业化"成为世界许多国家关注的中心和焦点之一。世界"教师专业化运动"推动了中小学教育科研的蓬勃发展，提高教师的专业素质和科研能力是中小学教育改革的重点。1990 年、1995 年，霍姆斯小组发表了关于改革中小学教育科研的新报告《明日之学校》(*Tomorrow's School*)和《明日之教育学院》(*Tomorrow's School Education*)，将大学教育学院与中小学联合起来，建立类似于医学行业中教学医院的专业发展学校(简称 PDS 学校)，改变以往大学教育学院或师范学院与中小学教学互相脱节的状况，更好地适应社会和学生发展的需要②。中小学与大学教育研究机构在课程设计、教材编制、师资培训等方面加强科研合作，整体提高中小学的教育科研水平，提升教师素质，使新任教师和成熟教师都能在教育研究方面得到进一步成长。PDS 学校的创建，在中小学与大学间架起了沟通的桥梁，给大学实习生、大学和中小学教师的教育科研的发展都带来了益处，是教师教育多方面"共赢的"好模式。目前，美国全国教育协会(National Education Association)正在建立 PDS 学校网络，并且为 PDS 学校制订了一些条例以规范其健康发展。2000 年，

---

① 张济洲，刘淑芹. 发达国家中小学教育科研改革的举措与经验[J]. 外国中小学教育，2006(3)：20-24.

② Holmes Group. Tommorrow's Schools：Priniciple for the Design of Professional Development School[J]. East Lansing，Inc. 1990.

美国几乎每一个州都有 1000 多所教师专业发展学校，中小学成为教师科研和工作的共同体，中小学教师、教育管理人员和大学教授形成伙伴关系，共同有效地改革教学。

(二)日本：加大投入促进学校与教育科研机构的合作

2001 年日本政府实施教育新生计划，将教育改革作为最重要的国策，为了实现"学校变好、教育变样"的目标，日本政府加强大学与中小学教育科研的合作，努力克服整齐划一的弊病，引进发展个性的教育体系，2002 年日本通过修改的《学校教育法》，其中政府财政预算投入 17 亿日元，促进大学、学会、协会、研究机构与学校教学的合作，创造能使多样的个性和能力充分发展的教育体系。

(三)欧洲"以学校为中心"的大学与中小学一体化校本教研模式

20 世纪 70 年代，英法等欧洲国家针对中小学教师教育理论学习与实践相脱节的诟病，从学校需要出发，以学校为基地开展教研工作，强调大学、师范学院和其他教育机构的伙伴关系(partnership)。20 世纪 80 年代，随着教师专业化运动不断发展，英国、德国、荷兰等国家广泛接受和实施"以学校为中心"的大学与中小学一体化的校本教研模式。

1989 年，法国教育预测专家、巴黎诺儿马学派的著名教授费朗西斯科·瓦尼斯科博士在重要著作《七千万中小学生——学习的欧洲》一书中，设想未来五种教学模式，其中"学术型学校模式"倡导将大学学术型研究引进中小学教育科研，鼓励教师参加教学研究，培养学者型的教师。目前英、法国家已经开始探索实验。

三、重视教育科研成果的推广和应用

(一)美国：开展行动研究，教育理论与实验紧密结合

科研成果必须物化生成实践，才能发挥应有效益。美国科研成果转化率为 80％～85％，日本为 60％～70％，西欧为 50％～60％。美国非常重视科研成果在生产实践的直接推广和应用，这深受美国实用主义传统影响。美国中小学强调教育理论与实验紧密结合，杜威、布鲁纳、布卢姆等世界级的教育改革家都注重教育理论在实践中的推广，事实上"美国行为科学本身就比较发达，一批专家学者就用教育理论、心理理论，在中小学搞调查，做实验，提出新理论，于是就有一批学校、教师去推广和实验"[①]。

1960－1970 年，哥伦比亚大学师范学院"贺拉斯曼——林肯"研究所的勒温(Lewin，K.)、米勒(Mier，A.)等人采用行动研究的方法帮助中小学教师在课堂教学中采用"合作学习策略"，引导教师观察和分析学生的学习行为的变化，及时获取学生和家长的反馈意见，改善教学效果。这项研究取得很大的成功，发展成为"计划——行动——观察——评价——再计划……"的教育行动模式，积极推动了中小学教师参加教育研究，这种模式迅速在全美中小学流传开来。后来，欧美国家的教育管理者认识到，中小学教师应该在教育学术界的引领下从事研究，教育研究也应该从大学、实验室转移到中小学教室和社区中去。

2000 年，美国教育部专门成立"教育研究和改进办公室"，负责

---

① 卢元锴. 当代美国中小学教育的现状和趋向[J]. 中学教育，1995(1)：16.

开展和支持有关教育研究的活动；推广教育研究成果，为解决学校具体问题提供技术援助；收集、分析和传播教育情报服务资料。

（二）日本：政府鼓励科研成果的推广和应用

2001 年，日本文部科学省实施面向 21 世纪彩虹计划，努力构建适应新时代的新型学校，培养人格丰富且有创造性的日本人。为此，日本政府在全国范围内开展中小学教育研究，并将研究成果应用于教育改革实践，努力创造多样化和富有人性化的教育体系。此外，文部省积极鼓励教师将教育科研成果应用到相关学科进行教学实验和探索，日本当代数学教育家远山启所发明的"水道式数学教学实验模式"，在文部省的宣传和推广下，逐渐被日本中小学教育界接受，特别受到中小学数学教师的青睐。

四、科研管理的制度化

（一）成立专门机构管理教育科研

20 世纪 50 年代以后，欧美等发达国家中小学教育科研工作趋向于规范化、制度化，已经建立了一套完善的组织体系和保障机制，中小学教育科研工作开展得有条不紊。英、美国家中小学设立学科教学研究室、法国成立中小学教学研究委员会，学校为中小学教师开展教育科学研究提供经费、人员等支持。日本在中小学成立单科性质的研究会，鼓励教师进行课程设计、学科开发、开展教学实验等，探讨教学、学校发展的问题。此外，中小学教师也可以根据自己的兴趣和爱好成立各种教育领域的研究组织，诸如成立学生生活指导研究委员会、现代化教学手段研究小组之类，教师分工研究课题，共同发表成果。日本将中小学教师的教育科研成果纳入教师考核和评价体系中，进一步刺激教师教育科研的积极性。

　　苏联中小学教育科研工作也颇具特色，苏联教育科研管理机构主要是校务委员会和教学方法委员会，《苏联普通教育学校暂行条例》强调中小学教育研究管理的规范化，"为了发展和完善教育过程，提高教师和指导者的职业能力和创造能力，学校应当成立教学法委员会，教学法委员会的职能之一是组织人员进修，发挥他们的创造性和主动性，推广先进经验。"另外，校务委员会必须充分发挥其管理职责，"支持社会完善和发展青年教学和教育的主动精神、教师的创造性探索和实验性工作；确定学校与科研机构、生产单位、合作社组织、自愿协会、创造协会以及国家和社会其他机构的合作途径，以便为学生多方面发展和教师的创造性工作创造必要的条件。"① 20 世纪 90 年代以后，俄罗斯联邦教育部制定 2010 年俄罗斯实现教育现代化的构想，进一步加强普通教育系统中教育机构与团体的科研、实验、设计管理与协调的机制，"落实普通教育系统中教育与科研工作方面的国家干部政策"。

　　1994 年由美国国会审议通过、克林顿总统签署和发布的《2000 年目标：美国教育法》，其中第九条规定，教育部设立"教育研究和改进办公室"，加强中小学教育科研的管理、推广和资助，提供教育研究培训项目，提高大多数美国公立学校的教学质量，使之达到全国教育目标②。另外，美国许多州、学区和学校建立独立于教育行政管理机

---

① 国家教育发展研究中心．发达国家教育改革的动向和趋势(第一集)[M]．北京：人民教育出版社，1990：60．

② 国家教育发展研究中心．发达国家教育改革的动向和趋势(第六集)[M]．北京：人民教育出版社，1999：177．

构以外的地方教育理事会，在学区和学校科研管理上，地方学校理事会扮演重要的角色。学校理事会的职责是加强教师科研管理、提高中小学教师参加课程开发、设计的能力。此外，还承担师资培训、教育经费预算和学校改革等重大问题。

（二）强调校长的管理和领导作用

欧美国家非常注重校长对中小学教育科研工作的管理和领导作用，德国认为校长必须是教育与教学专家。英国规定中学校长的主要任务之一是引领教师参与课程编制、教学管理和科研工作。美国教育学者珊娜·斯蒂格鲍尔将美国中小学校长的职责归结为三条：一是确定学校目标；二是组织教学工作，即对教学提出要求，制定目标、研究方法，保证教学质量不断提高；三是领导改革，校长要学习如何创新，吸取对改革的意见，与教师合作开展校改实验，预测教师需求，给予教师满足。在《美国教育部 2002—2007 年战略规划》中，教育部将通过《初等和中等教育法》（ESEA）的 Title II 项目，鼓励发展创造性培训模式，提高中学校长的教育科研管理能力，支持现任校长的专业发展。[①]

五、启示

（一）转变理念，重视教育科研

从以上发达国家的教育改革及发展经验来看，教育科研是教育的生命，是学校进行教育改革、促进教师专业化、提高教育教学质量的有效途径。然而在我国，中小学教育科研仍处于起步阶段，很多学校

---

① 张济洲，刘淑芹. 发达国家中小学教育科研改革的举措与经验[J]. 外国中小学教育，2006(3)：1-5.

对于教育科研的认识和重视程度仍有不足。例如，由于以升学率为一切工作的中心，学校在教育科研方面的投入明显不足；教师教育科研以获奖、评职称等功利目的为导向，导致科研与教学分离；等等。在这样的情况下，学校必须转变理念，认识到教育科研对于学校乃至整个教育事业发展的重要性，加大对于教育科研活动的投入和重视程度，积极寻求各种方式以提高学校的科研水平，在提升学校竞争力的同时，实现"科研兴教"的愿景。

(二)建立学校与教育科研机构之间的合作

教育科学研究所、高校等教育科研机构是教育科研的重要阵地，对于促进教育科研事业的发展也具有重要意义。通过建立学校与教育科研机构之间的合作，一方面能够使教育科研机构的教育科研成果得到实践和应用，使理论成果真正能够转化为效益；另一方面能够帮助学校提升教师的教学和科研水平，推动教学质量的提高。

(三)为中小学教育科研提供制度保障与资源支持

学校与教育科研机构之间的合作，还需要国家和政府的大力支持；发达国家的教育科研事业的顺利发展离不开制度的保障和资源的大力扶持。这也启示我们应当从国家和政府的层面对教育科研予以帮助。首先，政府可以牵头组织一些合作项目，推动学校和教育科研机构之间的合作；其次，政府应当通过出台一些制度性文件，同时建立管理教育科研的专门机构，为教育科研事业的开展提供制度和机构保障，使学校在与相关教育机构开展合作时，没有后顾之忧；最后，政府应当加大对于教育科研事业的投入力度，通过财政扶持、资源建设等方式，帮助学校和相关机构在更好的环境下开展科研活动。

(四)"影子教育"的应对之道

教育培训(辅导)机构并不是中国特色，而是各国教育事业当中面对的共同现象。数据显示，不管是发达国家德国(有 110 万的学生在补习，占学生总数的 14.8%)、法国(有 25% 的初中生和 33% 的高中生接受补习)等，还是发展中国家如埃及(50% 的小学生和 80% 的初中生接受过课外辅导)等，"影子教育"都是一种较为普遍的现象。而一些国家应对这一现象的成功经验，也能够为我们的应对之策带来启示。

1. 表现形式及案例

(1)新加坡：学校主动下发培训信息[①]

在新加坡，参与课后补习班是一件普遍的事情，学校甚至会主动下发培训信息，鼓励学生去参与课后补习班。而这些补习班通常都与升学关系密切，以文化课补习为主，同时辅以一些与学校特长要求息息相关的培训项目，比如希望孩子读华侨中学或是莱佛士书院，那就优先选乒乓球作为特长；如果想读南洋女中、莱佛士女中，绘画、民族管弦乐就好使。一点不夸张地说，补习生活随新加坡的孩子从幼儿园到高中。

(2)美国：和谐共生[②]

在当今美国，辅导机构被纳入了公立学校系统；公立学校也纷纷开设课后教育项目，内容除了学科辅导还涵盖有运动、社团活动等诸多方面。这显然具备"影子教育"特征，同时又延伸了其服务范围。在美国，"影子教育"最为典型的两个项目就是课后教育项目和补充性教育服务。被纳入公立教育系统后，美国的校外培训具有强调公平、政

---

① 郑江. 新加坡课后培训也疯狂：全班孩子都在补习. 新浪教育，2013-05-31.

② 陈晓陆. 冲突与合作：辅导机构与学校的关系研究[D]. 南京：南京师范大学，2014：59.

府拨款、市场运作及自主选择等特点。影子教育在美国的这一转变说明，美国在一定程度上实现了主流学校"正规军"对辅导机构"游击队"的整编，且实现了学校和辅导机构功能的整合，从而使得学校具有了辅导机构的特点和优势，具备了二者的双重功能；同时辅导机构也没有失去自己的生存空间，只是相关费用从原来的个人承担变成了政府埋单。

(3)加拿大：辅导机构学校化[①]

来自加拿大的经验与实证研究则表明，加拿大兴旺的私人辅导生意得益于由公共学校改革引起的家长的不确定、困惑与不安，面对愈演愈烈的教育竞争，许多家长对于孩子的教育越来越采取超前的立场，"影子教育"由此发展为特许经营——这是加拿大辅导产业激增与转型背后的主要动力。加拿大的私人辅导（连同其他形式的私立教育），已然呈现一个光明的前景（a bright future），随着从"影子教育"供应到"学习中心"特许经营的转型，私人辅导这种大规模成长的产业正在开疆扩土：传统影子教育者紧随学校课程，提供短期家庭作业辅助与备考服务；而学习中心则开发自己的课程和测评工具，提供综合服务菜单，瞄准培育长期技能。如此这般行事，辅导行当（tutoring businesses）正在变得越来越像学校（school-like），正在超越"补习教育"（supplementary education)而迈向公共学校教育的更完满的替代者（towards a fuller alternative to public schooling）。从"影子教育"在加拿大的发展状况来看，"影子教育"已经走出"影子"，辅导机构在向主流学校的替代地位靠拢；"辅导机构学校化"在一定意义上已经

---

① 陈晓陆.冲突与合作：辅导机构与学校的关系研究[D].南京：南京师范大学，2014：59.

映现。

（4）日本：政府推动合作①

20世纪90年代之后，形成了学校教育和"影子教育"并存的局面。为了支持学生课后学习，一些地方政府从2000年开始寻求学校和私塾间的合作，"影子教育"被允许进入学校，在公共教育中逐步拥有合法地位。"影子教育"在这之后的发展事实表明：当日本与世界范围的高等教育扩张接轨之时，日本改革开始走向新兴的以终身发展为目标的全球教育模式，并以此取代为人员配备和精英生产而进行的学校教育，影子教育行业在这个方向上也发生了显著改变。

2. 启示

（1）对学校：通过合作和学习，提升自身综合水平

正如前文所言，学校面临着辅导机构"抢生""夺师""争功"，甚至"篡位"等情景，在资源有限的情况下，敌对和打压的态度恐怕是行不通的。积极寻求与辅导机构之间的合作，并向其学习先进经验，提升自身综合水平，才是其突破困局、走出囹圄的有效途径。从学校的管理到师资的选拔，从教材的选择到作业的批改，从课堂的组织到多媒体的运用，具有相当规模的辅导机构皆有学校可借鉴之处，充分利用和整合这些优势资源，为我所用，从而真正避免二者之间的冲突关系，实现和谐发展。

（2）对教育培训（辅导）机构：找准定位，多点开花

在当前中国，辅导机构要实现像加拿大那样的"学校化"甚至取代公共教育的地位，似乎不太现实。较为合理的发展方向是，一方面，

① 陈晓陆. 冲突与合作：辅导机构与学校的关系研究[D]. 南京：南京师范大学，2014：38.

辅导机构要继续提高自身竞争力，以优质的师资、先进的教学理念和灵活的教学模式给学生们带来不同的学习体验，提高他们的学习兴趣；另一方面，辅导机构也要积极主动地参与到与学校的合作中来，除了在教学层面给予学校共享和帮助之外，还可以通过参与社团活动等方式参与学校运作，找准定位，多点开花，最大限度地发挥自身对于学生发展的服务作用。

（3）对政府：加强管理，推动主流教育与"影子教育"的和谐共生

辅导机构整体上还处于一种不规范的状态，多个政府部门对辅导机构都有一定的管理权，且缺少相应的法律法规，这也是导致目前我国辅导机构出现一些乱象的主要原因。在这样的情况下，政府应当明确辅导机构的管理职权，并出台相关的法律法规来规范辅导机构的发展，同时牵头学校与辅导机构的合作，为其提供制度保障与政策扶持，推动主流教育与"影子教育"的和谐共生。

第十章　学校与媒体

第一节　学校与媒体的关系

组织与大众传播媒体之间的关系，通常被称作"媒体关系"。学校作为公共领域中组织的一种重要类型，如何能让学校想要传达出去的信息顺利地通过大众传播媒体传递开来，并借此树立学校的良好形象，就成了学校需要思考和探讨的重要问题。

一、媒体的分类

大众传媒即通常所说的媒体，以传递新闻信息为主要特征。基于其影响力大、威望高、波及范围广的特点，引导民意，影响社会的舆论。在现代社会，继立法、司法、行政三大权力之后，被称为"第四权力"。因此，新闻媒体是学校接触的重要公众之一，从学校立场出发，与媒体能否建立良好的关系成为学校公共关系树立成功与否的重要标志。

在现当代社会，学校与媒体的连接大部分通过报纸、杂志、网络等传播媒介实现。报纸是大众传播媒体中时间最为久远、起步最早、数量最大、分类形式较为多样的纸质媒介。由于报纸信息量大、用户覆盖面广、阅读自由度大、便于保存等特征，成为学校公共关系实务中的重中之重①。另一方面，现如今，网络传播已经成长为一个较为成熟的媒体，其实时性、海量性、交互性、广泛性、多媒体性等特征使其成为最具影响力之一的社会媒体。学校必须了解网络媒体的特性并能熟练加以灵活地应用，使其为学校形象增光添彩。

二、学校与媒介公共关系的重要性

维系良好的媒介公众关系是任何一个组织都无法回避的重要事务。组织经常运用报纸、电视、杂志和广播等大众传播媒体，通过新闻宣传的方式，将信息传递给受众，以达到在公众心中建立良好的组织形象的效果。毋庸置疑，大众传播媒体是组织向外传递信息的重要载体。

记者被人们誉为"无冕王"，探索着事件真相，引导着舆论方向。因此，大众传播媒体被认为是最能影响组织对外形象的力量。而由于新闻媒体拥有以下强大的功能，因此，相对于其他社会团体，媒体对塑造组织形象往往拥有更大的力量。这些功能主要有以下几方面。

第一，"设定议程"的权力。大众传播媒体能引发大众关心的议题，引导舆论导向。在现实生活中，我们不难感受到，往往新闻媒体报道哪些事，就能引导大众去讨论、关心这些话题，甚至有些大众会

① 李磊. 公共关系实务[M]. 北京：中国广播电视出版社，2004：158-160.

积极发表自己的看法和态度，提出支持或反对的意见。传播学者 Max McCombs 等人指出"设定议程"是"大众传播活动中的重大效应，它的能力，在帮我们预拟并组织一个'我们的世界'。简单地说，大众传播或许无法指示我们怎么去思想，但它们在告知我们应该想些什么，在这一件事情上，它们已有惊人成就。"①

第二，筛选的权力。与组织有关的信息能否进入大众的视野，由大众传播媒体筛选、过滤并做出决定。

第三，有先入为主的"权力"，相对来说较受社会大众的信赖。新闻媒体往往能将消息第一时间呈现在大众面前，是大众获得讯息的第一途径。在没有条件进行一手调研的基础之上，新闻媒体的报道往往能在大众脑中形成第一印象。因此，一般人都倾向于相信新闻报道最迅速、最真实，大众传播媒体也就拥有了先入为主的"权力"。新闻媒体拥有了以上这三种权力，相对于其他来自社会的各种冲击，就拥有了更能影响组织对外形象的力量②。

学校作为公共领域的一种重要组织类型，除了上述共性以外，还具有其自身发展的特性。

首先，新闻媒介是学校与外界沟通的桥梁。一方面，它可以介绍学校的现阶段发展状况、帮助学校发布实时信息、宣扬学校改革的成就等；另一方面，现代社会的公众也往往是通过新闻媒介来获悉讯息，包括学校在内的各种社会组织的进展状况都需要依靠其进行传递。因此，与媒体从业人员建立广泛而良好的合作关系，是成功维系良好媒介关系的重要基础与前提。

---

① 程之行. 传播理论[M]. 台湾：台北远流出版事业股份有限公司，1993：333.
② 姚惠忠. 公共关系理论与实务[M]. 北京：北京大学出版社，2011. 305-306.

其次，新闻媒介是塑造学校形象的宣传员。新闻媒介是公众信息的"守门员"，担当着信息传递的卫士。一方面，他们手上的宣传工具就是他们的武器，可以利用大众舆论的力量来维护公众群体的利益；另一方面，并不是所有的新闻媒体都站在价值中立的立场上来对事实进行阐释。记者可能通过对学校的走访、收集学校各方面信息，对学校的教学质量问题、教育改革现状等进行或褒或贬的评价，从而对学校形象产生或正面或负面的影响；不仅如此，他们还可以通过引发公众对学校的讨论、引导社会舆论来提升学校的影响力、扩大学校知名度等。这些对学校发展的作用显而易见。

最后，需要非常注意的一点是，新闻媒介对于学校具有重要的信息反馈作用。在采访、报道过程中，新闻媒介可以监督学校的发展进程，并对学校采取的各种改革措施的实施情况进行督促。在此基础上，可以通过对公众意见、态度的采集和整合对学校进行反馈，在改革及发展等各个方面建言献策。与此同时，当公众舆论呈现积极的导向时，可以对学校的现阶段工作进行正向鼓励；当公众舆论呈现消极的导向时，可以对学校的现阶段工作起到一定的提醒和警诫作用。在此基础之上，我们可以很容易得出结论，学校应该重视新闻媒介的信息反馈作用，把公众的态度和意见作为参照的指标，来对照、调整、修正自己的办学方向、发展思路和改革措施。

对于学校与媒体的关系，不同学者提出了自己不同的观点。张东娇教授认为："媒体认为自己有义务报道包括教育在内的公共领域的一切问题，但学校和教育者担心媒体会损害学校名誉，对其持怀疑态度，但是记者的确有责任报道公立学校的教育。"①这就强调了学校与媒体作为两个主体之间的互动和博弈。也有学者将二者关系进行了这样的概括："大众传播媒介公众是一个具有双重意义的特殊公众，它既是学校公共关系活动赖以实现其公关目标的重要媒介，又是学校公共关系所必须尽力去争取的重要公众。一方面，学校公共关系必须通过新闻媒介的传播才能有效、迅速、及时地形成有利的社会舆论，为塑造良好的学校形象服务；另一方面，媒体本身也是一种公众，只有搞好了与这一'公众'的关系，才能充分发挥新闻传播媒介作为工具的作用。"

学校与媒体之间的关系是复杂而多变的。当学校通过媒体发布有关组织的各类信息或者通过自媒体等平台发布信息时，学校是信息的主要发布者，学校占据了主导地位；当学校事件被媒体曝光并报道出来时，媒体掌握了先机，是信息的主要发布者，此时，媒体就占据了主导地位。

本书认为，学校与媒体之间的关系预设不应是敌对的、对立的，而应是积极的、可沟通的。学校一方面要重视媒体这一外部公众，塑造良好学校形象；另一方面要充分发挥新闻媒介的工具作用，使其为塑造良好学校形象而服务。

---

① 张东娇.学校公共关系管理导论[M].重庆：重庆大学出版社，2005：199-200.

第二节 学校与媒体的互动

一、互动的原则

学校在处理与媒体有关的公共关系事务时，建议遵循以下原则。

(一)学校应主动加强与媒体的联系并寻求合作

学校在处理与媒体的关系时，应化被动为主动，将主动权掌握在自己手中，不要在媒体找上门时再被动应对。学校公共关系人员应定期与新闻媒体联络，在学校近期发展状况、教学方向、改革进程等方面主动与媒体进行沟通。同时，了解媒体该段时间的报道主题和方向，为学校规避风险、寻求机会。在遇到突发事件时，学校应积极针对危机进行公关，主动与媒体沟通，积极配合媒体采访，以此来最大可能地把握事件发展方向。学校公关人员要注意的是，学校与媒体之间的关系是双向而非单向的。一方面，学校公关人员需要通过记者这个媒介将学校的信息快速、及时地传递给受众；另一方面，记者也需要通过学校公关人员这个渠道来获取有关学校的最新信息，发掘具有新闻价值的素材，最大限度地丰富新闻报道的内容。二者的关系是互惠互利的。

(二)学校应尊重媒体的职业习惯及特点

首先，学校在处理公共关系时，应与公关对象保持着平等、尊重、互惠互利的原则和态度。媒体作为学校的重要公众之一，自然也应秉承着这样的态度和原则，创造良好的沟通氛围。

其次，媒体有其自身的职业习惯和特点，学校在与其交往的过程中，只有真正了解并尊重媒体的职业习惯，才能在一个更为和谐的平台上进行沟通。新闻有其自身的公正性、客观性、及时性和价值中立性，不能受任何利益集团及势力的左右，尤其是作为报道主体的学校。学校在与媒体沟通交流的过程中，应尊重新闻记者的独立性，不要擅自通过打扰、强迫甚至威逼利诱的手段来影响记者的报道。媒体是学校对外传播的窗口，但不只是宣传学校的工具。只有尊重媒体的职业特点和习惯，才能真正得到媒体的合作与支持，建立良好的关系。

(三)学校应鼓励媒体真实传播信息

失去真实性的新闻是不具有有效意义的新闻。只有真正做到实事求是、如实报道，才是有价值的新闻，才能真实地传播学校信息，也是对媒体的尊重。当学校出现危机事件时，学校不应将重点放在如何"遮丑"上，而应将心思放在如何解决上。在该种情况下，学校公关人员只有迅速与媒体取得联系，进行有效沟通，并将自己的补救方案和真诚的态度传递出去，表现自己改正的决心，才能最大限度地得到公众的谅解，将负面影响降到最低值。

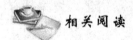 相关阅读

复旦大学投毒案

轰轰烈烈的"复旦投毒案"体现了学校与媒体之间重要而又复杂的关系，在该案件中，复旦大学官方微博起到了信息发布、知晓公众态度的重要作用。

据复旦大学官方微博消息，该校 2010 级硕士研究生黄洋经抢救无效，于 2013 年 4 月 16 日 15 点 23 分在附属中山医院去世。15 日，复旦大学官方微博通报称，该校一医科在读研究生病重入院，警方介

入后称该生寝室饮水机检出有毒化合物，并基本认定同寝室林某有重大作案嫌疑，林某已被刑事拘留。

2013年4月16日，复旦大学官方微博发布消息："我们怀着万分沉痛的心情通报，我校2010级硕士研究生黄洋同学经抢救无效，于4月16日15：23在附属中山医院去世。黄洋住院期间，医院组织全力抢救、多次会诊，我们为挽救自己的学生尽了最大的努力。家长失去爱子，学校失去宝贵学生，我们表示沉痛的哀悼！"复旦大学的官方微博头像由原来的红色黯淡成黑白，这所著名的高等学府，在第一时间以这样的方式痛悼她的优秀学子。

警方经现场勘察和调查走访，锁定黄洋同寝室同学林森浩有重大作案嫌疑。当月19日，上海警方以涉嫌故意杀人罪向检察机关提请逮捕复旦大学"4·1"案犯罪嫌疑人林森浩。11月27日，该案在上海市第二中级人民法院开庭审理。检方指控，林森浩与黄洋居住在同一寝室内。林森浩因琐事与黄洋不和，逐渐对黄怀恨在心。2013年3月底，林森浩决意采取投毒的方法杀害黄洋。林森浩承认了上述犯罪事实。

资料来源：http：//edu. gmw. cn/node_ 39185. html.

二、合作形式

学校与媒体的合作同样包括两个方面：一是媒体本位的合作——即以新闻记者的需要为中心，学校为媒体着想，获得好感，累积信任；二是学校本位的合作——即以学校公共关系需要为中心，在获得好感的基础上，考虑如何利用媒体提升学校形象，获得更多媒体公众的好感。

(一)媒体本位的学校沟通

媒体本位的学校沟通的意图是强调学校与媒介一道工作——了解媒介，知道怎样与每一个媒介一道工作，怎样针对每一个媒介制作的不同内容，怎样满足每一个媒介的截稿日期，怎样坚持特定的风格要求，怎样吸引每一个媒介的受众。卡特里普的告诫是真诚的[①]：必须建立和维护相互尊重和信任的关系。他认为，这种关系是互惠互利的，但是核心仍然是对手关系，不同行业有不同的传播目标。从业人员和新闻记者在一个互相依赖和互惠互利的关系中运作，在各自的切身利益中，有时作为敌手，有时作为同事相互合作。

(二)学校本位的媒体沟通

学校管理与媒体关系的目的是要建立、维持、发展学校与媒体之间的良好关系，争取有利于学校的新闻报道，增进媒体公众对学校的了解，为学校的发展创造良好的媒体环境。与媒体建立了良好的关系之后，学校对自己的成就和问题就应该展开新闻宣传工作，利用机遇，巩固形象，消除威胁，开展指向性公共关系。以学校的问题为合作目的，利用媒体对学校正面报道或消除消极影响。在学校公共关系的管理中，经常会使用包括新闻稿的撰写、公共关系广告、新闻摄影、策划新闻事件、新闻发布会等方式和技能。新闻发布会一般在处理重大公共关系时会使用。

学校管理媒体关系的步骤是：成立领导机构，负责宣传事务；指定主要负责人；鼓励教职工直接参与宣传活动，鼓励他们提供志愿服务；掌握发起宣传攻势的最佳时机。

---

① 格伦·布鲁姆，艾伦·森特，斯科特·卡特里普. 有效的公共关系[M]. 明安香，译. 北京：华夏出版社，2002.

学校管理媒体关系的主要内容是新闻写作和策划等。张映红认为①，公共关系的新闻媒体活动主要包括三个方面的工作：新闻发现、新闻策划、新闻联络。

新闻发现：发现和发觉学校中有价值的新闻事实及其材料。

新闻策划：通过公共关系策划人员的创造性思维、谋划和科学的操作实施，使某项公共关系活动表现出包含诸多新闻要素的特征，以引起媒介关注，出现有利报道，使公共关系达到更好的传播效果。

新闻联络：通过加强与新闻媒介的交往和沟通，加深彼此的了解和信任，谋取新闻媒介对于学校的支持和帮助。

三、新闻媒介对策

媒体是学校最主要的公关对象之一。如何与媒体维系良好的关系，达到在媒体面前树立学校的良好形象，并通过媒体将学校良好形象传递给大众，成为学校公共关系人员需要认真思考的问题。下面，我们就从学校与媒体合作的对策、主要形式、实例等方面入手，对该方面进行阐释。

(一)学校与媒体合作的对策

结合著名公共关系学家 Scott M. Cutlip 和 Don Bagin 的观点，可以归纳出以下的学校媒介关系和与媒体的合作指南，为我国学校处理与媒体的公共关系提供参考②。

1. 学校媒介关系合作指南

(1)避免使用教育学术语和行话

当就学校有关事件和记者及报社进行沟通时，不要使用教育学术

① 张映红. 公共关系管理[M]. 北京：首都经济贸易大学出版社，2002：289.
② 格伦·布鲁姆，艾伦·森特，斯科特·卡特里普. 有效的公共关系[M]. 明安香，译. 北京：华夏出版社，2002：269-273.

语和行话。一方面，容易使双方之间产生隔阂，使得双方的交流出现障碍；另一方面，可能使得记者曲解学校的意思，导致不实报道发出。当出现不得不使用术语或者行话的情况时，学校要积极主动地对其进行解释，以防在双方之间竖起屏障。

（2）开诚布公

在面对记者时，学校最好的态度是开诚布公，带着真诚的态度，秉承公开透明的原则。在和媒体沟通时，不要遮遮掩掩、躲躲藏藏。当面对媒体提问时，要实事求是地针对问题进行回答。同时，有备才能无患。学校在公共关系方面需要精确地制定和媒体打交道的程序，根据行政排位或对事件了解程度进行排位，开会确定如果校长不在的话，谁应是第二、第三、第四号的顺位发言人。负责与媒体打交道的最好是学校较为重要的领导成员。

（3）提供服务

获得记者最迅速和最有把握的方式是当他们需要的时候，以他们可以方便使用的形式，给他们提供所需要的、有新闻价值的、有趣味的和及时的报道和图像。新闻不能等待任何人和任何事，学校要严格遵守最后期限。

（4）及时向上级领导汇报，避免冲突

无论是在向记者提供大量信息之前，还是从记者处得到大量信息之后，学校公共关系人员都要迅速向上级汇报，由上级召开会议统一口径，避免前后矛盾或者一人一个说法。

（5）不要企图讨好记者，也不要吹毛求疵

如果讨好记者，就丧失了平等的合作关系；如果吹毛求疵，就相当于质疑了作者的工作能力和判断力。这样不仅不能达到目标，还有可能适得其反。

（6）不要试图封杀媒体

学校没有这个权力去对其工作进行裁制，更没有权力去干涉媒体从业人员的自由。

（7）要有的放矢，不要盲目地撒网捞鱼

要对媒体进行遴选，不要将新闻稿发给所有的媒体，只将精品信息发给最适合的媒体。

（8）及时做出反应

作为学校公共关系人员，需要具体掌握各个媒体的投稿截稿日期、记者的发稿周期、各媒体的刊登习惯和选稿周期等，可谓知己知彼。并对这些信息进行归档，使得公关工作能够流程化、体系化、专业化，提高效率。当记者主动寻求沟通时，学校管理层或学校公共人员要及时积极地进行回复。要熟悉邮件礼仪和电话礼仪，不要自己先挂电话，不要太晚打电话，不要畏惧说"我不清楚"，但是一定要记得加上"不好意思，10分钟后我再打给你"。如果记者给了期限，切记在期限内回复。

2. 与媒体合作指南

学校应了解新闻媒体的职业习惯和职业权力，并从认知和技能这两个方面入手，进行训练并全力配合，以此来增强新闻媒体的好感度。学校与媒体合作需要注意以下几个方面[①]。

首先，应该从公众利益的角度谈问题，让新闻容易阅读和使用；开头陈述最重要的事情；不要与记者争论或者失去自制，不重复问题

---

① 贺红扬. 我在美国做公关[M]. 北京：清华大学出版社，2004：35.

中你不喜欢的冒犯语言或言辞；如果记者问的是直截了当的问题，你就给一个同样直截了当的回答——不知道某个问题的答案应该说："我不知道，但是我将为你找到答案"；除非你确实拥有记者所认为的新闻，否则不要举行记者招待会。

明白"不做记录"和"禁登期"意味着什么。要求记者"不做记录"意味着你在提供仅供记者知道但是不能公布于众的消息。但记者就是记者，他有别人无法左右的权利和利益动机。学校管理者要了解这一点，谨慎从事。"禁登期"一般用于企业的新产品发布——是公共关系人员在正式公布产品新闻前，向其所认定的关键性媒体透露有关事件的所有消息，并要求这些报纸杂志承诺，在产品正式公布之前，不公开刊登任何有关此产品的情况。"不做记录"和"禁登期"是个两难问题，需要注意的是：避免不加区别地在新闻稿上使用"禁登期"；不随便透露"不做记录"的信息；设身处地为记者着想，如果公布此文会使公众的损失降到最低；记者会毫不犹豫违反"不做记录"和"禁登期"的规定。

(二)学校与媒体合作的主要形式

学校与新闻媒体的合作主要有媒体进行新闻报道、学校自行召开新闻发布会等形式。以学校为动作发出主体的合作形式主要为新闻发布会，以媒体为动作发出主体的合作形式主要为新闻报道。而根据新闻报道媒体的不同，可以分为电视新闻、广播新闻、报纸杂志上的新闻稿、网络新闻报道等。

1. 新闻发布会

新闻发布会是学校可以自主有效调控的主要形式。

新闻发布会是学校直接向媒体发布有关组织信息、解释组织重大事件而举办的活动，是一种主动传播各类有关学校的信息，以谋求媒体对学校或学校组织的活动、事件进行客观而公正报道的一种有效沟通方式。学校可以通过召开新闻发布会来达到两个目的：一是与媒体保持较为密切的联系，二是能自主地广泛传播有关本学校的重要信息。但是我们需要在这里做一个概念的范围界定，新闻发布会和记者招待会并不是两个完全重叠的概念。如果记者招待会只是组织出于一种与媒体朋友维系良好关系的需要而举办的招待会，并没有发布什么重要新闻，那么就不能称之为新闻发布会。因此，不是所有的记者招待会都是新闻发布会。

（1）新闻发布会的特点

作为一种特殊的会议，新闻发布会主要具有以下几个特点。

①新闻发布会省去了和各个媒体分别沟通的时间和步骤，以该形式传播组织想要传递出去的信息具有成本优势。

②新闻发布会是一种较为正式的形式，通过该形式传播组织的各类信息，能够给人们一种郑重其事的感觉。

③新闻发布会对主持人和新闻发言人具有较高的要求，需要对事件有较深的理解，且需具备较强的临场应变和反应能力。

④召开新闻发布会，从影响力来说，可以使得有关本组织重要信息的传播纵向有深度，横向有广度。

（2）召开新闻发布会的注意事项

新闻发布会是组织可控的、能够发挥主观能动性的重要公关活动。要想使得这一活动能够达到预期的效果和目标，需要组织的公共关系人员在发布会之前做好周密的计划和完善的筹备，能够把握整个发布会的动态。以下是学校在召开发布会时需要注意的具体要素。

①确定举行新闻发布会的必要性

在确定举行新闻发布会之前，要对发布会召开的必要性进行评估。首先，要对所要发布的事件进行归纳和整合；其次，要对该事件进行解读，分析其利弊；再次，要对发布该事件的重要性进行评估；最后，要从信息源、发布时机、新闻价值等多个要素入手，对该事件进行认真的研究。

②选择举办新闻发布会的地点和时间

一方面，只有在最佳时机将事件进行发布，才能使得想要传递的信息能够在最合适的时间被受众接收到，才能达到信息发布的最大效益。在时间选择时要从两个角度出发，首先，对于事件本身来说，这是否是该信息最具有新闻价值的时候；其次，从新闻媒体的角度考虑，这是否是邀请的记者都能出席的时间。另一方面，发布地点是重要的环境背景，也对发布效果具有重大的影响。在选择地点时，不同情境具有不同的最佳选择。如果发布会侧重于推广学校，主题涉及学校发展状况、改革方向等，就可以将地点选择在学校，可以便于邀请记者进行实地参观。如果发布会侧重于对重大事件的发布或者回应，则可选择在省、市政府所在地甚至首都，以彰显对于该事件的重视。

③敲定主持人和发言人

在新闻发布会中，记者是学校的首要公众和目标公众。受思维定式和职业习惯的影响，记者往往具有探究精神和"打破砂锅问到底"的欲望。当记者提出一些较为尖锐、犀利的问题时，主持人必须能够随机应变，而发言人必须能够自如地应对记者提出的问题。这就需要挑选出有较高主持技巧、思维敏锐的人来担任主持人。而新闻发言人则应是对事件有足够了解且反应较为迅速的中高层领导担任。

④精心确定邀请记者的范围

对于学校公共关系人员来说，如何确定邀请记者的范围也是一个重要的命题，需要综合信息重要性、事件发生区域、影响区域等多个因素来考虑。从地域角度出发，如果该新闻内容属于本地新闻，则主要邀请当地新闻单位的记者出席。如果该新闻内容涉及全国范围，则应邀请国家级报纸杂志和中央新闻单位的记者出席，同时在媒体类别上，既要有摄影记者，也要有文字记者；既要有报纸杂志的记者，也要有电台、电视台的记者。此外，学校属于教育领域，应邀请与教育有关的专业新闻媒体出席。只有通过形成立体传播的态势，才能使得学校发布的重要新闻无损地传递给受众。

⑤准备翔实的材料

材料准备的重要性毋庸置疑。在正式召开新闻发布会之前，学校必须准备包括文字材料、图片材料、影像材料等在内的各类材料。并且需要注意的是，学校应在发布会召开之前，将背景材料和流程材料进行整合，打印、装帧之后当场向记者发放，以帮助记者迅速了解事态、进入情境。在发布会开始之前，也应在学校内部召开有关人员的会议，保证全体人员对外统一口径，发布会开始前和召开时保证统一口径。

⑥布置会场

在会前准备中，布置会场无疑是重要的步骤之一。一般来说，对良好的会议环境的要求为无干扰、较为安静、硬件设施（如座椅）等舒适、灯光适宜、音响设备良好。如果是中大型新闻发布会，可以采用设主持人主持台、主席台席位、记者席位、来宾席位等形式。如果是较为小型的新闻发布会，则可以将会场安排成圆桌会议的形式，这样能够使得与会人员交流更为便利，会议气氛更为轻松。除此之外，还要从细节入手为与会记者提供便利。如为到会记者准备好摄像和录音的辅助器材，准备好电池、记录本、中性笔等备用器材。此外，要注意会标、座签等物资的摆放。

⑦做好组织记者参观的准备

可以结合会议主题，在新闻发布会召开前后组织记者对学校进行参观。给记者创造一些实地采访、考察、摄影录像的机会，不仅可以为记者提供一手材料，还可以使得记者对新闻发布会的发布内容有一个更为感性和清晰的认识。但是要注意的是，要想使得参观活动达到校方预期的目的，应该安排好参观流程，计划好要参观的路线，并派素质较高的专人陪同、接待、向记者介绍情况。

（3）会后工作要点

学校公共关系人员应在会后做好收尾工作。为使新闻发布会这一专题活动达到预期的效果，在会议结束以后，学校还应细心做好以下几项工作。

①第一时间将新闻发布会的记录材料整理出来，并对新闻发布会这项活动的组织、筹备与开展情况进行评估和反思。在此基础之上，总结经验，找出不足，并将整理出的会议材料发给参会记者，便于其撰稿。

②根据会议签到簿，对照与会记者的名单，挨个去联系记者问询，或自行查找与会记者是否报道了与本次新闻发布会相关的内容。在查找完毕后，将所有发布稿件进行整合，并进行归档，分析是否达到了举办此次新闻发布会的预期目标。

③如果在新闻报道中出现了不利于学校的报道，学校公共关系人员应迅速采取适合的应对策略。一方面，如果是歪曲事实的或者没有对发布内容理解到位的报道，应及时采取行动，向新闻媒体说明事实

真相，向有关的新闻报道机构提出更正要求；另一方面，即便报道的是正确事实，但是如果不利于学校，是负面报道，则学校应该通过报道该事件的媒体向公众表达歉意，并提出改进方案，表明改正决心，以此来挽回学校的声誉。

④与与会记者取得联络，礼貌地询问关于新闻发布会的建议和意见，并以此为鉴，改进今后工作[①]。

2. 新闻报道

新闻报道即对最新发生的事实的报道，媒体是新闻报道的发出者。

用事实说话是新闻的最根本要求，新闻是对客观事实进行报道和传播而形成的信息，是对真实事件的传达，新闻要秉承对受众负责的态度。但是我们要注意的是，并不是说客观事实就是新闻，新闻实际上是被编辑加工过的二手资料，是报道者根据收集到的信息资料及事件在自身头脑中的映像合成的观念性信息，里面多多少少包含有报道者的主观印象。这也就从侧面反映了学校与媒体处理好关系的重要性。

在当今社会，电视报道、报纸杂志上的新闻稿和网络信息报道具有大量受众，是学校塑造公共形象关系的主要窗口。

(1)电视新闻报道

电视新闻报道是通过电视屏幕，全方位、多层次地向观众传递新闻信息的一种手段，既能传播声音又能传播图像。其制作步骤主要包括电视摄像、记者采访、镜头设计、拍摄、剪辑、写解说词、配音等，可以形象地、系统地报道事物发展的动态过程。从制作步骤中我

---

① 肖辉. 实用公共关系学[M]. 北京：北京大学出版社，2001：346-348.

们可以看到，学校如果想积极地塑造学校良好形象，可主要抓住电视摄像和记者采访这两个关键步骤。

如为学校主动邀请电视台进行摄影，应注意以下几个方面。

①挑选适当时间

在邀请电视台进行摄影时，应根据报道内容、报道目的等要素来挑选适当的时间。如要报道有关教师教学或学生学习等方面的内容，应邀请电视台在正课时间进行录像。不要因为安排时间不合理，让电视台工作人员过度等候，浪费时间。另外，学校也应根据天气情况进行时间的选择，如拍摄目的是为了宣传学校良好形象，则不要选在雾霾、阴雨、大雪等极端天气进行。一方面，给电视台工作人员带来麻烦和困扰；另一方面，有可能影响拍摄效果。

②选择合适地点

学校应规划好路线并准备好备择方案。在电视台的工作人员到来之前，学校应召开会议，认真规划路线，选择能展现学校良好形象的地点。同时，要让陪同人员熟悉路线，并了解选择该路线的目的，为更好地介绍学校做准备。

③真诚与摄像人员交流

在摄像人员进行拍摄过程中，学校公关人员不要遮遮掩掩，不要含糊其辞，要大大方方地介绍学校情况，协助工作人员进行拍摄。另外，如果拍摄时间较长，应为工作人员准备餐食，并对其工作表示感谢。

④其他事项

在物资准备方面，首先要准备好常规的物资，比如水、伞、横幅等，以备不时之需。同时也要为摄影人员贴心考虑，准备电池、三脚架等备用物资，为拍摄工作提供保障。

如为学校接洽记者对学校情况和事件进行采访，应注意以下几个方面的内容。

①预约恰当时间

学校公共关系人员应起到桥梁和纽带的作用。应协调记者和被采访者的时间，以免出现记者扑空或者影响被采访者日常学习、工作和作息的情况。同时，尽量选择较为舒适的天气，为采访营造良好的氛围。

②选择合适采访地点

采访地点的选取相当重要。如果是针对某一事件进行采访，可以安排记者到事发地点进行采访；如果是对学校基本情况进行采访，可以选取教室、操场等较能体现学校特色的地点进行采访。如果当天天气不好，可选择在室内进行采访，如办公室、会议室等，为采访提供良好的环境和条件。

③进行充分交流

在采访开始之前，要主动向记者提供被采访者的基本资料，并询问记者能否了解大致的采访提纲和采访要点。这样才能使双方都做到知己知彼，提升采访质量和效率。

 相关阅读

扩展阅读：镜头中的人大附小

近日，中央电视台对人大附小做出了报道，中国少年先锋队成立62周年纪念日之际，在人大附小，一场名为"珍爱生命，快乐成长"的主题大队会在校园里举行。除了各种主题演出活动之外，全校师生上了一节安全教育课，授课老师都是交警和医生。过马路时如何看懂交警的指挥、遇到危险时如何自救，都是这堂课的主要内容，以互动

的形式让学生们都能了解生命的意义。此外，999 急救中心还为每个班都配备了急救包。并且一旦有学生出现意外，急救中心还会免费出车，为学生进行救治。

北京电视台对人大附小的三级校本课程做出了报道，人大附小课堂秉承着"有兴趣，才能出成绩"，多学科教师共同授课，体验快乐学习。以毽子为例，这不仅是一堂体育课，还有语文老师给孩子们讲毽子的历史，有美术历史教孩子们做毽子……融合多学科的知识，使一堂课最大限度地丰富多彩，激发孩子们的想象力和创造力。

此外，还有中央电视台少儿频道、教育电视台、北京晨报、现代报刊等多家媒体对人大附小进行了报道。

资料来源：http：//www. rdfx. net/index. php? m＝default. news _ list＆classid＝2＆cid＝12.

借助媒体的力量，使得学校最大可能地迎进来、走出去，成为如今各级各类学校塑造公共关系的重要议题。通过媒体将学校的理念和各类活动推广出去，在学校公共关系事务中，能够事半功倍，达到最佳的影响和效果。

（2）新闻稿

新闻稿是学校、机构、政府、公司等组织与媒体通信的重要渠道，以公布有关本组织的具有新闻价值的消息。通常可采用电子邮件、传真、书信（电脑打印）等形式发送给杂志、报社、电台、电视台等方面的编辑。

首先，新闻稿的地位和重要性不言而喻。新闻稿长期以来被视为组织的官方声明，对学校来说，是学校永久、公开记录的一部分，是品牌内容的重要资产。每一篇新闻稿都应该具有明确、正式的消息来源，每个学校都应该只发布自身为主体或者跟自身直接相关的新闻资讯。在现如今碎片化的传播大环境下，明确的消息来源有助于保证学校信息的真实性与可信度，使学校成为教育领域内相关话题专业、权威、可追溯、可信任的消息来源。通过学校官方或新闻专线发布的新闻稿，具备正式官方的消息来源，对其他社会媒体来说是内容可靠性的保证，也是学校保护自身品牌免受干扰侵犯的有效手段。

其次，学校应在招聘时尽可能选择专业对口的新闻人员，并对负责新闻稿撰写的宣传人员进行专职培训。新闻稿包括"五个 W"：Who（何人）、What（何事）、When（何时）、Where（何地）、Why（何故）和"一个 H"：How（如何），这六个要素，缺一不可。同时，在写作方法上面，要明确新闻稿可分为消息、通讯、评论等种类；结构上包括标题、导语、主体、结语和背景这五个部分，其中前三者是主要部分，后两者是辅助部分。标题应高度概括，抓人眼球；导语用来提示消息的重要事实，使读者能够一目了然；主体紧随导语之后，是消息的主干，是集中叙述事件、阐发问题和表明观点的中心部分，是全篇的关键所在；结语一般指消息的最后一句或一段话，是消息的结尾，它依内容的需要，可有可无；而背景是事物的历史状况或存在的环境、条件，是消息的从属部分，常插在主体部分，也插在导语或结语之中。只有掌握了这些新闻稿写作的基本方法，并将其与实践结合加以运用和润色，才能为学校形象增光添彩。

再次，新闻稿具有观点鲜明、真实具体、迅速及时、简洁准确的特点。只有同时具备这些特点的新闻稿，才具有新闻价值。学校在撰写新闻稿时应从学校的角度出发，将掌握的信息进行梳理整合，选取出有新闻价值并能取得良好收益的部分。并应保证润色而不失真，传递真实具体的信息。此外，"新闻"即"新鲜的见闻"，"新鲜"是其主要特征，信息一旦过时，就失去了作为新闻传递的必要性。并且在撰写新闻稿过程中切忌辞藻华丽、铺张冗长，应简明扼要地将信息进行陈述和阐释。

最后，在发布新闻稿时，学校可以与公关公司合作。公关公司在公关传播服务方面比较专业，并且掌握大量媒体资源，具备较为规范化的流程。公关公司可以通过挖掘学校的新闻事件，撰写成新闻稿，然后通过公司的媒体资源发布到全国各大媒体。但学校作为教育领域的公共性组织，不以营利为目的，通常不需要通过公关公司来扩大自己的影响。学校可以自主建立媒体关系，并将媒体关系进行整理和归档，并不断进行扩充。这种方式的优点是比较直接迅速，费用较少；缺点是工作难度大，媒体范围小，发稿数量受限制，稿件发布率低。

同时，学校公共关系人员需要着重注意的一点是，记者在撰稿之后，如果没有主动将稿子发给学校，一定要定期询问进度，保证能在印刷出稿之前对稿子进行审阅，留下沟通和转圜的时间和余地。

(3)网络报道

中国网络发展迅猛异常，中国网民总数早已超过美国，跃居世界首位。数量庞大的网络民众所形成的舆论场是组织公共形象塑造的重要阵地。而在网络繁杂浩瀚的信息海洋中，网络新闻占据举足轻重的位置。与数字技术的广泛运用和网络传播的快速普及相伴相生的，是走在了时代最前沿的网络新闻。据中国互联网络信息中心发布的统计

报告显示①：截至 2009 年 6 月，我国共有 3.38 亿网民，其中，2.26
亿网民看网络新闻，新闻跟帖已经成为最为大众化、草根化的网络舆
论。如果说信息是新闻的价值所在，那么在信息高速发展、网络普及
的今天，传统新闻传播方式的领地正在被互联网瓜分。因此，学校如
果想塑造自身良好的形象，也要利用好网络这一传播媒介，关注舆论
走向，发布有利信息。

　　在网络媒体成为新的主流媒体之后，学校公共关系人员应该注意
到以下变化并采取有效策略加以应对。

　　首先，传统的传播双方授受关系和格局被网络媒体打破，双赢成
为公共关系发展的方向。在网络媒体出现之前，更多的情况下社会组
织是信息的主动发出者，公众是被动接受者。学校可以通过精心筹
备，将想要传达的信息通过已建立的媒体资源发布出去；也可以通过
自媒体进行信息发布。无论是前者还是后者，在大多数情况下受众知
晓的都是学校愿意公布的，其目的是为了趋利避害，更好地塑造学校
的良好形象。传播学中有"把关人"理论，即媒介总是倾向于报道那
些符合传媒立场和利益的事件，与传媒利益一致的内容更容易优先入
选，优先得到传播。因此，在传统的公共关系互动中，公众由于缺少
媒体资源，掌握较少的话语权，往往处于弱势地位。而当网络媒体出
现并开始成为强势媒体之后，社会公众具有了前所未有的媒体接近
权，掌握了从未有过的媒体表达权。公众可以足不出户，只需要动动
手指，就能通过网络随时随地与社会组织和他人之间进行交流及沟
通，由此自觉、自发地组成了一个结构松散但却空前强大的受众群

---

① http://www.cnnic.net.cn/gywm/xwzx/rdxw/2014/201407/t20140721_47439.htm.

体。不仅如此，面对网上 24 小时滚动播出的海量信息，公众可以自主选择，最大程度地契合个人需求。大众传媒随心所欲地左右公众视线与喜好的情况也不复存在了。

其次，公众在一定程度上获得话语的主动权。在原来的社会网络中，社会组织往往占据强势地位，和公众之间是自上而下的关系，而"足不出户，便通天下"的互联网打破了这种格局，从纵向自上而下的关系变成了横向双向沟通的关系。现如今，公众不仅拥有了接触海量信息的权利，还被赋予了自主选择信息进行浏览、筛选、加工的权利。在这样的网络环境中，组织能做的就是尽可能地发布有关组织的正面信息，及时对负面报道做出回应，以塑造组织的正面形象。学校作为组织中的一种类型，不仅应该通过门户网站发布有关组织的官方信息，对贴吧、论坛等较为活跃的、能集中体现组织形象的网站进行管理，对与学校有关的信息做出及时的回应。除此之外，学校还应开通便捷、人性化的服务通道来为想知晓学校信息的公众提供沟通渠道。只有社会组织真正地为公众考虑，提升自己的服务意识，将公众放在与组织对等的位置上来解构公共关系的含义和功能，通过富有人情味和深厚人文关怀的公关活动来争取公众的理解和支持，才能真正达到公关活动的目的，最终实现双赢。

最后，网络媒体重新定义了媒体和社会组织、社会组织和公众的关系，打破了以往公共关系活动中媒体占据主动地位、公众处于被动地位的局面。网络媒体的出现，打破了传统媒体垄断的局面，社会组织可以利用网络建立自媒体平台，自己成为自己对外宣传的窗口和媒介，这就颠覆了传统媒体把握着组织外部形象的"生杀大权"的局面，组织和媒体之间形成了更为平等的关系。

 **相关阅读**

衡水二中铁栏杆事件

2015 年 4 月 21 日，一组河北省衡水二中教学楼遍装铁栏杆的照片，在网上引发极大关注。当日下午，衡水市教育局告诉记者，称已注意到网上关于衡水二中教学楼加装栏杆的争议，并正在核实相关情况。据京华时报报道，4 月 21 日下午，衡水二中校办公室的陈老师表示，学校确实是为了学生的安全考虑在教学楼安装了护栏，安装护栏时也考虑到太封闭可能气氛不太好，就在护栏上加装了吊兰，"如果有了这些装饰可能会好一些"。

对于网友评论学校安装护栏简直就是监狱的评论，陈老师称，作为校方不想让舆论将学校推上风口浪尖，"我们不打算回应网友的这些评论，还是想做好我们的本职工作"。

"防跳楼"一说一直未得到校方证实，但 2014 年 10 月和今年 3 月该校先后有两名高三学生跳楼身亡，人们很难不做出这样的联想。两起跳楼事件的原因校方至今讳莫如深，坊间多猜测是学校封闭式管理和紧张学习的压力所致，这就成为又一拨讨伐"衡水模式"的新罪证。网友纷纷吐槽"学校和监狱没有什么两样""这是我们教育的失败"等。而校方一直没有做出任何回应，4 月到 5 月对于"衡水模式"的争论也愈演愈烈。

对于校方对媒体的回应态度，网上也有不同的声音和看法：

> 家长：表示能够理解，学校是为了不让孩子们分心。

老师：衡水老师称不打算回应网友的这些评论，还是想做好我们的本职工作，不想让舆论将学校推上风口浪尖。

众说纷纭："不回应就说明学校觉得这个模式是有理而可行的，军事监狱依然存在。"

"学校说怕把学校推上风口浪尖，衡水不应该在风口浪尖习惯了？"

"学校是学习的地方，不回应也有他的道理吧。"

……

资料来源：http://www.hi.chinanews.com/zt/2015/0422/46566.html。

在社会组织和公众的关系中，公众不仅能够自己挑选个人需要的信息，还能够对信息做出加工和分析，赋予其带有自身价值意义的符号和概念。更为重要的是，公众可以自由地在网站上发表评论，甚至可能引导舆论的方向，对组织的外部形象造成影响。因此，在组织公共关系活动中，公众已经从单纯的受众变成了"顾客"一样的存在。学校公共关系人员在互联网上维护自己的形象时，要注意到自己的一言一行。且网络可以清晰地记录下学校的每一条信息、每一个回复，一个闪失就有可能使得学校的形象毁于一旦，并且迅速、广泛地传播出去，对学校名誉造成重大的影响。

3. 新媒体平台

(1)新媒体

"新媒体"在不同历史阶段有着不同的内涵，是一个具有时代特征的、相对流动的概念。每当新的传播技术诞生并得到推广和应用，人们就会对"新媒体"和"旧媒体"的概念进行新的定义。属于该阶段的"新媒体"不断产生和发展，并在新一轮传播技术更新之时被归于"旧媒体"的范畴，实现一个完整的、不间断的循环圈。

目前，我们处在信息技术高度发展的时代，以互联网技术、计算机技术、移动终端技术等为代表的数字化信息传播技术蓬勃发展，以此为平台的新媒体也不断创新，占领大众的视野。因此，新媒体时代以数字传播、网络传播和全球传播为主要特征，以自由、迅速、交互为主要优势。相对于报刊、户外、广播、电视四大传统意义上的媒体，新媒体被形象地称为"第五媒体"。新媒体技术的诞生是人们将平面媒体信息获取的枯燥性、延迟性、刻板性、非互动性等不足的方面加以整合，运用数字技术、无线技术和互联网三方面改善了受众群体对于信息量冗杂以及信息质量残损的劣势，使得信息在保证量的基础上更加能使多个受众群体得到及时的沟通、交流、反馈，达到了市场、受众、市场反馈的良好循环模式。因此，新媒体得到了大众的良好反馈，并被不断加以推广和应用。

(2)新媒体应用

通过微博、微信、腾讯等网络媒体发布有关组织的重要信息，已成为现如今不可抵抗的信息传播潮流。将微博等自媒体当作组织发布信息的门户，能够使得组织更为直接地与公众进行交流，并获得信息反馈。

如今很多中小学也抓住机会，搭上了"新媒体"这班顺风车。利用微信公众平台、微博官方账号等新媒体平台，发布关于学校的一手信息，在第一时间为公众提供有关学校的服务，以塑造学校的良好形象，营造良好的公共关系。

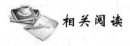 **相关阅读**

中关村三小的新时空

2015 年 4 月 19 日，中关村第三小学官方微信平台推送了名为《大家·聚焦——中关村三小的新时空》。"什么是班组群、真实的学习如何开展、小学阶段的项目学习怎样实施、什么是学校 3.0 理念……4 月 2 日上午，在中关村三小梦想剧场，关于近年来我们探索、尝试、改革与转变的帷幕缓缓拉开，中关村三小的'新时空'逐渐清晰地呈现在人们眼前……"

资料来源：引自中关村三小的微信平台：@DaJiaSanXiao

　　该篇推送，总结了各位嘉宾的发言稿，如李希贵校长的发言："改革最大的困难来自我们内心，能否愿意满足学生的真实需求。听完刘可钦校长的发言，我感觉到她心中有一个梦想。这个新校舍带来三室一厅的空间变化，必然带来学生自主智慧的产生和素养的变化，学生的不同需求必然带来课程的变化，从而带来真实的学习。学校改革最大的困难来自我们的内心。当我们应对学生需求的时候，我们能否放下身段、承认学生就是服务对象。如果是，我们又能否弄清学生真正的需求，又愿不愿意配置各种资源、克服困难去满足学生需求？而随之而来的就是将学生放在中央之后的课程体系建设、开发、完善和评价。这个改革的难度我能深切地体会，但一般来说，最难的阶段也就 3 年时间左右，我相信三小会有一个美好的未来。"

　　通过对各位来宾的发言进行梳理，使得三小的理念更为全面、立体地展现在公众面前，对于提升学校形象大有裨益。

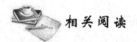 相关阅读

招生微信"走红"朋友圈

　　近日，一则"2015 清华附中朝阳学校排球特长生招生啦"的微信刷爆教育朋友圈，这则排球特长生招生的微信采用最新的翻页宣传海报特效，时尚的页面设计和讲故事方式的招生介绍，让人眼前一亮。

　　记者最近发现，在社交网络发达的今天，北京中小学早把目光投向了新媒体，学校微信公众号"玩得"不亦乐乎。记者粗略统计，当下很多北京中小学校都开设了微信公众账号，抢占新媒体传播的"先机"，有些学校更是微信上的"活跃分子"。清华附小、灯市口小学、人大附小、北京一师附小、中关村二小、翠微小学、十一学校、太平

路中学、北理工附中、人大附中、北京十二中、三十五中国际部、鼎石国际学校等，都早早开设了微信号，发布学校活动的各类信息。

学校"自媒体"传播力不容小觑，在新媒体时代，微信公众号更像是学校形象展示的"自媒体"。

太平路中学校长高新桥表示，在新媒体时代，微信的传播力更快捷、更方便，能够让老师和家长第一时间了解学校发生的大事，对学生和老师来说，不仅是宣传，更是一种激励。树立学校形象的同时，也易于接受监督和评价。

高新桥表示，目前学校公众号在家长中的关注度很高，"家长们在微信上看到自己孩子的在校表现，更会倍感骄傲，而家长们在朋友圈的转发，无疑又在传播上形成了几何级数的增长。"

资料来源：http：//www.ltjy.org/index.php？aid＝2841.

第三节　校长的媒体应对策略

在新形势下，如何更好地通过媒体公关塑造形象，已经成为各大中小学校所要研究和思考的问题。而我国学校主要实行党委领导下的校长负责制，校长的理念和决策往往对整个学校具有举足轻重的影响。因此，我们将从以下五个方面，为校长在媒体公共关系方面的工作提供建议和参考。

一、重视信息收集意识

要重视培养学校工作人员的信息收集意识，在评判工作时，要能从新闻报道的视角出发，督促学校各部门工作出新、出彩。这是维系好学校公共关系的基础步骤。如何能够从大家都在做的工作中脱颖而出，如何能在有契机进行报道时抓住机会、为学校形象增光添彩，那么就需要在日常工作中有一双善于发现的眼睛。"吸睛"是媒体报道的需要之一，往往媒体报道幅度较多的事件一定是在相同领域中做法较为与众不同、效果较为明显、思路比较新颖的。因此，校长应该将新闻报道的要求引入学校各级各类工作中，收集学校具有新闻价值的各类事件，这也能在一定程度上起到督促各项工作出新、出彩的作用。同时，该意识还能调动学校各部门宣传工作的积极性，从而形成人人重视宣传、人人参与宣传、不断推陈出新的良好氛围，以此来推动学校的各项工作顺利开展。

二、进行新闻策划

学校应把握和利用合适的报道时机，主动进行新闻策划。在做好信息收集工作的基础之上，观察媒体报道的关注点和喜好，把握和利用合适的报道时机，与媒体联手进行系列的典型性报道，这样既能做出品质精良、关注度高的新闻，又能宣传学校的工作、提升学校的形象，以达到学校和媒体"双赢"的局面。

三、变被动为主动

自媒体（We Media）又称"公民媒体"或"个人媒体"，是指私人化、平民化、普泛化、自主化的传播者，以现代化、电子化的手段，向不特定的大多数或者特定的单个人传递规范性及非规范性信息的新媒体的总称。自媒体及自媒体舆情的应对是各类组织面临的一个新课题，由于自媒体来源的特殊性、广泛性和不可控性，学校要坚持提前谋划，将主动权掌握在自己手中。一方面，学校应主动邀请老师、家长、学生参与学校管理与决策，主动接受家长、社会经常化、规范化的监督；另一方面，要通过各种渠道，采取多种方法，理性化解矛盾纠纷，在一些敏感、热点、难点问题的处理上，一定要集思广益、注重程序、自觉接受社会监督。要多"走出去""请进来"，多渠道地加强与媒体的联系与沟通，增进了解、加深感情，使他们了解和理解教育工作的艰辛与特殊性，正确把握个体形象对群体形象的影响和损害后果，使之成为教育工作的同盟军①。

四、突发事件的媒体应对策略

当学校面临突发的危机事件时，学校的应对方法往往对事件走势具有重要影响，显得尤为重要。当遇到突发事件时，学校应遵循以下原则：第一，时间原则。突发事件的首份新闻稿宜短不宜长，只需在第一时间发布已认定的事实信息，而对于原因可先不作交代；第二，口径一致原则，负责新闻发布工作的部门应及时把新闻发布内容和答问口径向其他有关部门通报，一致对外，否则易引起猜疑；第三，动态真实原则，学校要根据事件的发展和社会反响，持续不断地发布消息，更新内容；此外，还要遵循以人为本原则和用事实说话原则等。面对突发事件时，学校应该摆正自己的位置，综合运用这些原则，这样才能更好地控制事件发展态势，对学校形象产生正向积极的影响②。

---

① 王华．学校应对自媒体浅见[J]．新课程（中），2015：186.

② 李喜镦．新媒介环境下学校突发事件的媒体应对[J]．新闻知识，2011(12)：38-39.

五、广告宣传增光添彩

作为补充部分，学校应在必要时进行有策划的广告宣传，甚至可以进行有偿报道，以此来加大宣传力度，使得报道效果大大增强。也就是说，除了进行学校常规的新闻宣传之外，在特殊的时期也可以进行一些有目的、有计划、有充足准备的广告宣传，以加大宣传力度，最大可能地塑造学校的良好形象。如学校可在校庆时发布校庆公告，也可在有里程碑意义的重要时间将精心策划的形象宣传品和招生宣传品投放在具有一定影响力的媒体上。这都能吸引公众眼球，大大地提升学校形象。

后　记

　　本书的写作接近尾声，在写作过程中，笔者不断地反思着学校发展变革所嵌入的社会大环境：近二十年来，我国城镇化建设步伐逐步加快，伴着政治、经济、教育体制改革的不断深化，社会、经济、文化等外部大环境都处于重要的转型变革时期，教育领域，尤其是义务教育学校更面临着前所未有的挑战和冲击，校长在学校变革、发展的过程中，在应对复杂的、多变的外部环境时，不断地遭遇新的问题和困惑，如由于大规模的劳动力人口的地域流动，导致城市和农村地区的人员结构、公共服务部门的职责功能均发生着不同程度的改变；居民家庭结构也愈加复杂化、多元化，特殊儿童群体，如流动儿童、留守儿童以及各种由于家庭生活发生改变而衍生的儿童群体（单亲家庭儿童、再婚家庭儿童等）数量不断增加；与此同时，社会各级各类教育服务机构层出不穷，其社会教育和服务功能参差不齐，差异较大，给义务教育体系带来不小的冲击和影响。这些都需要我们的校长们在不断地提升自身的专业素养及能力的同时，既要冷静思考、缜密部署，又要敢于尝试、灵活应对。

在这样的大背景下，2012年12月国家教育部相应出台了《义务教育学校校长专业标准（试行）》（以下简称《标准》）。该《标准》对义务教育学校合格校长的专业素质提出了具体要求，其中，"如何调适外部环境"被列为六项重要的专业职责之一，并分别在"专业理解与认识""专业知识与方法"以及"专业能力与行为"上提出了明确的具体要求。

一、在"专业理解与认识"上提出："坚持把服务社会（社区）作为学校的重要功能，勇于承担社会责任；坚持把合作共赢作为学校对外关系准则，积极开展校内外合作与交流；坚信学校与家庭、社会（社区）的良性互动是办学水平的重要体现。"

二、在"专业知识与方法"上强调："掌握学校公共关系及家校合作的理论与方法；了解所在社区、学生家庭的基本情况，积极获取与学生成长、学校发展相关的信息；熟悉各级各类社会公共服务机构的教育功能。"

三、在"专业能力与行为"上，重点突出：

（一）学校与社区的关系："积极发挥学校在社区建设中的作用，鼓励并组织学校师生参与服务社会（社区）的有益活动；优化外部育人环境，努力争取社会（社区）的教育资源对学校教育的支持。"

（二）学校与家庭的关系："充分发挥家长委员会支持学校工作的积极作用，引导社区和有关专业人士参与学校管理和监督，接受改进学校工作的合理建议；建立健全家校合作育人机制，建立教师家访制度，通过家长学校、家长会、家长开放日等形式，指导和帮助家长了解学校工作情况和学生身心发展特点，掌握科学育人方法。"

本书正是根据该《标准》的逻辑要求，就义务教育学校校长在新时期、新阶段如何来调适复杂而多变的外部环境而编写的一本理论与实践相结合的实用型读本。全书结构分为上下两篇，第一篇为理论基础篇，共有五章，着重阐释该领域的重要理念、核心概念、历史演变及国内外相关研究现状等；下篇为实践指导篇，共分为五章，分别以学校与社区、学校与家庭、学校与政府、学校与社会教育机构以及学校与媒体的公共关系管理为主题，在详细阐释互动主体的关系内涵的基础上，分别介绍各类具体相关技术、模式、策略、方法等，同时辅以经典案例及相关阅读加以分析说明。最后在主要章节中呈现了当前最新的国际经验及对我们的启示。

本书的框架和内容设计由姜男、王莉方负责，姜男完成最终的统稿、定稿工作。各章节写作的具体分工如下：第一章，学校公共关系管理的基本解读，王莉方；第二章，学校公共关系的今昔，戴玉茹；第三章，学校公共关系的理论基础，姜绵茹；第四章，学校公共关系管理的实施，王倩；第五章，学校危机管理，王倩；第六章，学校与社区，潘安琪；第七章，学校与家庭，姜男；第八章，学校与政府，史杰萍；第九章，学校与社会教育机构，陈凌岳；第十章，学校与媒体，彭浥尘。

姜男

北京师范大学

2016 年 2 月